BATTLE GROUND

Ten Conflicts that Explain the New Middle East

騷動火藥庫

10場衝突全解新中東

CHRISTOPHER PHILLIPS
克利斯多夫・菲力普斯——著
林玉菁——譯

目錄

中東

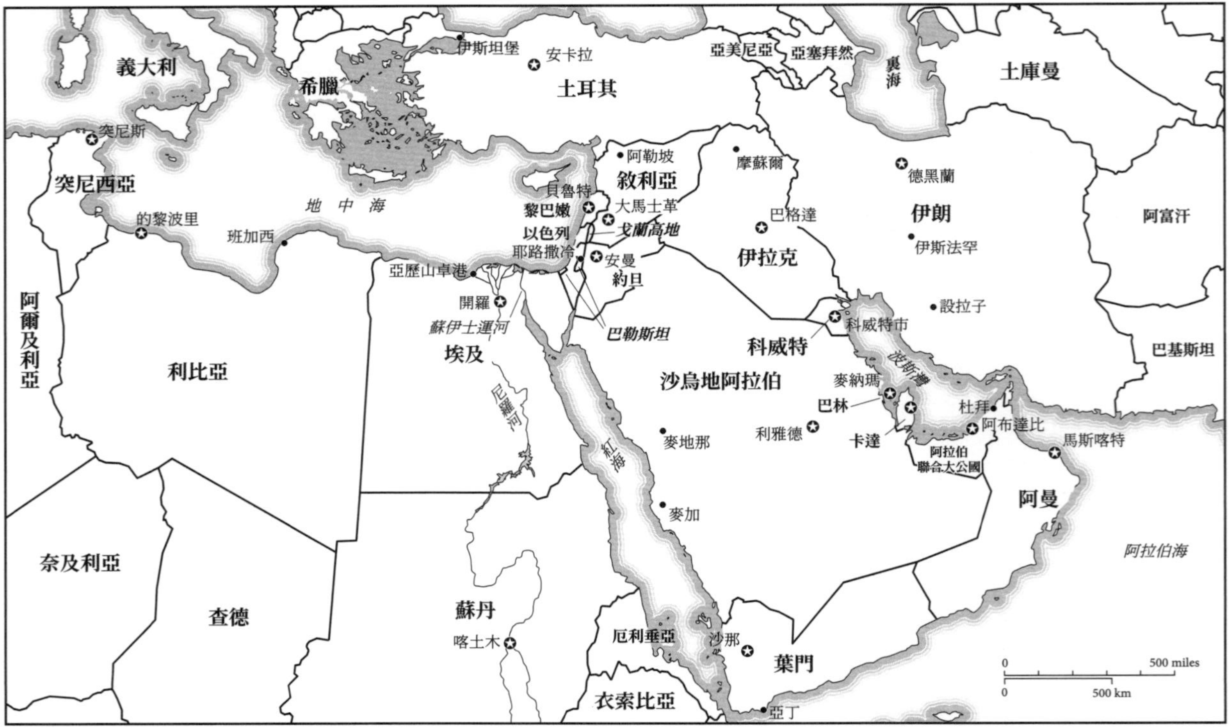

義大利
希臘
伊斯坦堡
安卡拉
土耳其
亞美尼亞
亞塞拜然
裏海
土庫曼
突尼斯
突尼西亞
的黎波里
班加西
地中海
阿勒坡
敘利亞
摩蘇爾
德黑蘭
伊朗
阿富汗
貝魯特
黎巴嫩
大馬士革
以色列
戈蘭高地
耶路撒冷
安曼
約旦
巴格達
伊拉克
伊斯法罕
設拉子
亞歷山卓港
開羅
蘇伊士運河
巴勒斯坦
科威特市
科威特
巴基斯坦
阿爾及利亞
利比亞
埃及
沙烏地阿拉伯
波斯灣
麥納瑪
巴林
杜拜
阿布達比
利雅德
卡達
馬斯喀特
阿拉伯聯合大公國
麥地那
尼羅河
紅海
阿曼
麥加
阿拉伯海
奈及利亞
查德
蘇丹
喀土木
厄利垂亞
沙那
葉門
衣索比亞
亞丁
0
500 miles
0
500 km

序言

中東地區的國際關係十分複雜，此事不言而喻。依據我們對「中東」的不同定義，此地區至少包含十四個不同的獨立國家，外加巴勒斯坦。這些國家相互征戰、干涉、貿易、結盟、封鎖、入侵、譴責與彼此寬恕——這些都只是過去十年間發生的事。這個區域也特別受到外界特別的關注。自一九七〇年代以來，美國一直是此區域的重要影響力，冷戰時期蘇聯也曾扮演類似角色。在此之前，英國與法國曾也以殖民強權的身分，主導這個地區。今日則是俄羅斯，尤其是中國的參與日益加深。再加上各國獨特的內部政治背景，在繁複的歷史與現代創傷的影響下，以「複雜」一詞形容這個地區似乎過於輕描淡寫。

然而，西方媒體、評論員及政治家，往往簡化這種複雜性，常利用簡化的解釋來描述中東的地緣政治。[1]宗教就是這類簡化的解釋之一。所謂的遜尼派（Sunni）與什葉派（Shia）

穆斯林之間的「古老仇恨」，就被拿來解釋伊拉克或敘利亞的內戰，或者沙烏地阿拉伯與伊朗之間的區域競爭。以色列跟巴勒斯坦及其他周邊鄰國的衝突，也同樣被歸咎於猶太人與穆斯林之間根深柢固的差異。石油是另一個信手拈來解釋的因素，因為中東地區擁有龐大的化石燃料儲量，常被用來解釋外部勢力頻繁介入的原因。另一個流行的解釋，則是西方帝國主義，這種解釋通常是譴責歐洲帝國建構現代中東國家的方式，造成國家內部和外部的分歧；或者譴責美國近年來的主導地位。這些陳腔濫調的解釋或許能促進報紙銷量，或者為某些政策提供辯護，但對試圖理解中東地區政治動態的人來說，毫無助益，甚至常常導致糟糕的決策與更加糟糕的結果。這些因素在中東現代史的某些階段的確發揮了作用，但並不存在單一、簡單的解釋。現實情況就是這樣複雜。

本書是為了想理解這種複雜性，並尋求探索起點的讀者而寫。本書從一個關鍵面向——衝突——出發，來介紹中東的地緣政治。此處採取「衝突」的廣泛定義，不只是敘利亞或葉門這類戰爭，也包括伊拉克及黎巴嫩的棘手政治或波斯灣地區及庫德斯坦的區域爭端。我並非暗示中東只能被定義成一個衝突地區，這只是對該地區的刻板印象，實際上，中東在現代歷史中經歷的戰爭頻率與形式，跟全球的趨勢一致。儘管如此，二十一世紀，中東暴力衝突的規模急劇上升，導致此地區占全球戰爭相關死亡人數的比例，遠高於前一世紀。[2]這個區域多變且繁複，欲了解此地的國際政治可以採取多種途徑。不過，從我的觀點來看，檢視中東的衝突——無論是暴力抑或政治衝突，都是個不錯的切入點。這些衝突是理解該地區地緣政治的一扇窗，揭示單一國家或地區的內部政治，如何在其歷史及當時統治精英的決策下，與外部勢力互動——無論是鄰國政府，還是出手干涉的超級大國。宗教、石油、帝國主義及其他流行的詮釋，確實都扮演了一定角色，但都不是衝突與分裂的唯一原因。相反地，這些衝突是多面向事件，由內部與外部力量的互動所促成。

本書將依序探討十個衝突：敘利亞、利比亞、葉門、巴勒斯坦、伊拉克、埃及、黎巴嫩、庫德斯坦、波斯灣地區及非洲之角。這些衝突彼此深刻相連。例如，若不考量土耳其在敘利亞的經驗，將難以理解它在利比亞的行為；若不清楚美國對伊拉克的影響，便無法解釋它對這兩場衝突的態度；欲理解沙烏地阿拉伯及阿拉伯聯合大公國（UAE）對其波斯灣鄰國卡達（Qatar）的敵對態度，得先考慮這三國對埃及、葉門、敘利亞及利比亞的介入。因此，歡迎讀者從單一個案或整體角度，來探索這些衝突。每一章都是獨立書寫，但也可視為今日中東國際關係的十部章節之一來閱讀。除了書中探討的十個衝突外，每章還將擇一討論十個關鍵的區域與國際角色：美國、俄羅斯、中國、歐盟（EU）、土耳其、伊朗、沙烏地阿拉伯、以色列、卡達及阿拉伯聯合大公國。即便其他政府也時常涉入其中，但這十個國家的行動對該地區的衝突最具影響力。

除了介紹中東地緣政治之外，本書還希望提出幾個論點。首先，如前所述，衝突——無論軍事抑或政治，都十分複雜，這一點適用於世界上的任何衝突。雖然中東與其他地區相較，有其獨特性，特別是它的地理位置橫跨三大洲，具有特殊的宗教文化遺產，以及擁有豐富的石油儲備，但將此地區的裂痕歸因於這些因素，則過於簡化且欠缺精準。[3] 探索這些特徵如何影響複雜的決策過程，而非偷懶地將之視為預設解釋，將更有幫助。其次，內部與外部因素在衝突的爆發與延續裡，扮演著至關重要的互動角色。儘管學者與評論員在解釋爭端時，往往傾向於將當地或外部參與者的作用視為主要原因，但本書的案例將顯示，通常是兩者的相互作用，令緊張局勢更加劇烈且擴大。第三，對中東來說，美國一直是關鍵的外部勢力，並且在二十一世紀對該地區的衝突有不成比例的影響。華府首先在一九九〇及二〇〇〇年代過度干預中東，隨後在二〇一〇年代又退縮，造成區域安全及政治的真空。此真空由地區及國際勢力填補，如沙烏地阿拉伯、伊朗及俄羅斯，並進一步讓衝突升溫。現代中東特別容易陷入此類競爭的影響，部分原因即是有意介入的勢力遠高於過往。

我是在研究敘利亞內戰期間，首度形成此一論點。在西方媒體跟其他地方，常將這場衝突描述為敘利亞的遜尼派與什葉派穆斯林之間的教派爭端，而伊朗、沙烏地阿拉伯、土耳其、俄羅斯及美國等外部敵對勢力則是被捲入其中。然而，我在我的書《為敘利亞而戰》中，挑戰了這種描述。[4]我說明衝突的成因相當複雜，並不僅是教派間的緊張關係；我也指出，這場戰爭並不是一場捲入外國勢力的內戰，而是一場自始即由內外力量交互作用，從而影響了戰爭的範圍與形式。我特別強調美國在其中的關鍵角色：反對派勢力及其區域支持者，寄望主宰該地區數十年的超級大國，會為己方做出決定性干預，但當華府拒絕時，這個策略就潰解了。最終，我呈現這場戰爭又是如何在伊朗、俄羅斯、沙烏地阿拉伯、卡達及土耳其等一連串外部干預下，愈發劇烈且延長，而美國此時的角色較諸過往幾十年，顯得節制且不具決定性。我在研究過程中愈發明確發現，敘利亞並非特例，同樣模式不僅發生在葉門及利比亞等類似的戰爭中，也出現在（主要為）非暴力的政治衝突中，如埃及和黎巴嫩。二十一世紀中東的大部分地區，已成為外部競爭的角力場。本書寫作的目的，正在於解釋這些現象的成因與過程。

中東的定義

深入探討之前，我們需要澄清觀察的對象及研究方法。「中東」是一個人為建立的概念，一百年前幾乎沒人會用這個詞。它一開始是由英國人想像出來的殖民術語，根據各個區域與倫敦的距離，來區分不同區域：「近東（the near east）」、「遠東」（the far east），以及介於兩者之間的「中東」（Middle East）。[5]這個詞後來為美國官員所採用，逐漸成為西方的日常用語。雖然該區域內有些人接受這個概念，但更多人在認同上更能接受其他的分類，例如伊斯蘭（Islamic）世界或阿拉伯（Arab）世界；或更具有地方色彩的稱呼，如黎凡特（Levant，地中海東部）、馬什里克（Mashriq，黎凡特加上伊拉克）、波斯灣或馬格里布（Maghreb，北非）。考慮到地球上的每一點，都是其他地方的「中間」或「東邊」，很少有人會認定自己身處「中間」或「東邊」。

這片（主要位於）西亞的區域，經濟跟文化繁複多樣，其中的許多人並不會自然地認同其他也被標籤成「中東人」的人。在該地區，多數人講阿拉伯語，但伊朗、土耳其和以色列並非阿拉伯語國家；而阿拉伯國家內部，也存在相當數量的庫德語及其他非阿拉伯語族群。

此外，並非所有講阿拉伯語的人——這種語言擁有龐大數量的方言——都將「阿拉伯性」視為超越語言的共通特徵，也並非所有阿拉伯語使用者都位於「中東」。[6]宗教也不是統一特徵。雖然多數人是穆斯林，但在以色列，伊斯蘭並非主要宗教；而在另一個國家黎巴嫩，伊斯蘭與基督教幾乎平起平坐。其他地方也有相當數量的基督教社群，以及多種不同伊斯蘭教派——什葉派、德魯茲派（Druze）、伊巴德派（Ibadi）等，與占多數的遜尼派有所區別。此外，雖然伊斯蘭是該區的主要宗教，最神聖的聖地也位於此，但世界上大多數的穆斯林卻生活在中東以外。

由於這個詞語的人造起源，又缺乏明顯統一特徵，因此要精準界定「中東」的具體範圍並不容易。土耳其算不算中東的一部分？阿富汗呢？蘇丹呢？北非又如何？在本書中，我關注的是狹義的中東，從北方的土耳其到南方的葉門，東至伊朗，西至埃及。此外，我將利比亞與非洲之角視為「中東廣泛延伸」的一部分。然而，這些邊界主要是我任意劃定的。我大可輕易地將研究擴展到北方的亞塞拜然（Azerbaijan）、西方的摩洛哥（Morocco）、阿爾及利亞（Algeria）及突尼西亞（Tunisia），甚至包含東方的阿富汗或其他中亞共和國。我相信，我在本書中呈現的中東「心臟」區域案例，將對理解該地區的國際關係有幫助，但我並不主張這是中東範圍的最終定義。事實上，當前有股強烈的呼聲，欲完全摒棄「中東」一詞，改用較不具殖民色彩的「西亞」（West Asia）取而代之。[7]

不管如何稱呼這個區域，我們該如何探討研究此地的衝突呢？在國際關係領域中，許多學者採取不同取向、視角或理論來解釋事件。雖然這些解釋通常比聚焦於「宗教」或「石油」的媒體敘事更為複雜，但許多學者仍傾向將某特定理論提升至其他理論之上，冒著相同的簡化風險。其中之一是強調內部政治，有些專家專注研究衝突國的內部結構——例如統治政權的配置、國家形成的歷史遺產，或某些群體的權力分配問題。另一些人則優先考慮衝突參與者的能動性，無論是決策精英還是草根基層行動者。還有些人關注身分認同，如宗教、民族主義或意識形態，如何影響短期決策或長期政治結構。第二種取向則更強調涉入外國衝突的國際行為者的角色。有些人考察國際結構，研究鄰國與超級大國之間的權力平衡如何影響衝突中的決策者。另一些人則關注干預他國政治的外國領導人的能動性。有些人探討身分認同如何形塑及影響外國政府在衝突中的利益。還有一些更特定的取向，著眼於種族、性別、環境或其他因素如何影響參與者的世界觀。[8]

這些理論全都在理解中東衝突時有其價值，然而無一能夠提供全面性解釋。因此，本書採取一種多元主義取向（pluralist approach），[9]在研究過程中採擷綜合許多觀點。在本書的十個衝突中將會看見，內部與國際因素經常以互補的方式交互影響。無論是殖民當局或地方統治者，其建構國家、社會及統治政權的方式，都影響衝突的走向，但這並不意味著崩潰是必然——統治精英與挑戰其政權的行動者，都扮演了至關重要的角色。中東的權力平衡——特別是美國的退縮下，區域強權及俄羅斯與中國等外部勢力的崛起——形塑了無數衝突的樣貌，但最終是否介入還是由特定領導人所決定。他們的參與形式及程度，往往取決於個別當權者的個人性格。對內部跟外部行為者來說，身分認同同樣發揮關鍵作用——從美國認定它應當支持（或至少被視為支持）民主派行動者，到伊朗視自己為伊拉克、敘利亞及黎巴嫩什葉派社群的捍衛者。種族、性別及環境問題也同樣形塑了歷史或當代的結果，進而對當前所探討的衝突產生影響。

確立了中東的範疇，以及我們將如何進行探討後，接下來簡要說明一下「觀察者」的身分。我是一名國際關係教授，研究中東地緣政治已有二十年時間。我曾在當地生活多年，也頻繁造訪中東進行研究。我是一名白人西方男性，自我首度訪問中東，這個特權身分就影響我跟這個地區的互動。[10]我的經歷影響了我的世界觀與理解；換作另一種性別、種族或背景，這些經歷可能會有所不同。我試圖在學術研究中努力意識到這些影響，卻無法完全消除。更重要的是，我並非出身中東，即便我書寫這個地區，我無意也無法代表中東人發言。相反地，我刻意維持著外部觀察者的角度。我以西方人的身分，主要為中東以外讀者書寫，這些讀者充滿好奇心，希望了解中東的國際關係，特別是西方在其中的角色（多數是負面）。中東研究有無數優秀學者與評論家，我引述了許多人的意見，也在本書註釋及延伸閱讀中列出。我鼓勵讀者進一步參閱他們的作品，以補充本書的研究。

「新」中東

了解了「地點」、「方法」及「研究者」之後，我們接著討論「時間」及「緣由」。本書以二十一世紀的中東為中心，特別是二〇一一年阿拉伯起義（Arab Uprisings）的後續——這一系列抗議活動推翻了數名中東獨裁者，似乎標誌著一波新的區域衝突與不穩。已故的英國倫敦政治經濟學院國際關係教授弗瑞德．霍利代（Fred Halliday）指出，中東地緣政治的根基似乎每十年會被撼動一次，無論是二〇〇一年的九一一事件、一九九一年的波斯灣戰爭，還是一九七九年的伊朗革命。[11]二〇一一年的阿拉伯起義也同樣造成動盪。然而，霍利代敦促評論者保持謹慎，勿急於宣稱此類事件將徹底轉變區域內的地緣政治：所有劇變之下，仍保有強大的延續性。二〇一一年的情況大致如此。部分國家因為暴力或政治紊亂而變得脆弱，其他則趁鄰國脆弱之際強大起來，但區域的基本狀態仍舊如故：一群獨立國家，多數相互競爭也結盟，並與外部行為者結盟，以增進自身利益。話雖如此，起義後經過十年左右的時間，我認為某些明顯的改變已足以合理支撐本書的副標題──「新中東」。

首先是美國角色的轉變。冷戰結束後的二十年間，美國曾是主導中東地區的外部力量。到了二十一世紀初，區域內多數國家都是美國的堅定盟友，經常設有美軍基地，（多數時候）默從華府的政策。反抗美國主導的國家被刻畫為異類：例如伊拉克、伊朗及利比亞等「惡棍」國家。然而，這種情況卻造成了不平衡，許多華府盟友預期美國將永遠領導，因此當美國撤退時，令他們深感意外。[12]數個因素促成美國的退縮。以全球來看，中國的崛起，俄羅斯軍事行動增加，以及二〇〇八年金融危機後世界經濟的東移，都促使華府後冷戰全球霸主地位的結束。美國仍舊是最強大的國家，卻不再是不受挑戰的存在。

美國國內，入侵伊拉克與阿富汗後的戰爭疲勞，促使連續三任總統——歐巴馬、川普及拜登——削減全球行動，並反覆承諾「不再部署地面部隊」，特別是中東地區。[13] 隨著二〇〇三年入侵伊拉克的陰影籠罩，以及在全球地位削弱的情況下，當二〇一一年阿拉伯起義爆發時，華府意識到自己在中東的能力有限。儘管如此，它仍舊願意介入衝突，一如利比亞及伊拉克與敘利亞的伊斯蘭國（Islamic State）[14] 的情況所示。科技的發展，尤其是無人機戰爭的興起，也讓美國能以更不定期且不直接涉入的方式介入。美國仍舊維持區域內的關鍵優先事項，例如限制伊朗的核能力，保衛以色列以及維持波斯灣上的美軍基地。然而，美國不願認真涉入敘利亞、利比亞（二〇一二年後）及葉門，對於埃及回歸獨裁政權的默許，以及接受俄羅斯、土耳其及沙烏地阿拉伯等區域及全球強權，在它曾經主導的場域發號施令，在在都標誌著美國政策的轉變。中東短暫的「美國和平」（Pax Americana）時期已經結束了；「後美國中東」開始浮現。[15]

與此相關的第二個變化，是區域強權在美國撤出之後的真空中增加的活動，有六個大國特別積極參與。伊朗已經受益於薩達姆・海珊（Saddam Hussein）政權在二〇〇三年垮台，並擴大在伊拉克及其他地區的影響力。二〇一一年之後的時期，為德黑蘭（Tehran）提供了進一步擴展的機會，加深它在伊拉克跟敘利亞的實際角色，並強化跟黎巴嫩及葉門盟友的聯結。伊朗的主要對手沙烏地阿拉伯，則藉由增加區域事務的直接參與，放棄傳統的保留態度，來回應伊朗的擴張。自二〇一一年以來，為了抵禦伊朗及另一個區域敵人——穆斯林兄弟會（Muslim Brotherhood），利雅德（Riyadh）當局直接介入葉門，啟動對卡達的封鎖，支持埃及的政變，並支持敘利亞內戰反抗軍。除了這些舊對手之外，二〇一一年後的時代也見證了新的區域行動者崛起，傳統強權則有所削減。敘利亞、伊拉克與埃及歷經十多年暴力及／或動盪後國力衰減。相較之下，一度邊緣化且傾向西方的土耳其，卻成為主要行動者，介入敘利亞、伊拉克及利比亞，支持穆斯林兄弟會，這讓土耳其跟沙烏地阿拉伯及阿拉伯聯合大公國發生衝突。連阿拉伯聯合大公國這個小國，也出乎意料地成了活躍的參與者，介入葉門、非洲之角、埃及和利比亞，並支持封鎖卡達。卡達本身也漸趨積極，尤其是在利比亞、敘利亞、埃及和非洲之角的事務上，儘管受封鎖的影響使它略微收斂。以色列則擁有區域內最強大的軍隊及經濟體之一，選擇避免過度捲入區域衝突，但持續長期以來對鄰國黎巴嫩及敘利亞的干預行為。以色列也持續占領並殖民一九六七年時奪取的巴勒斯坦領土。

這些區域行動並非新鮮事。二次世界大戰後取得獨立的國家中，當時的區域「強權」

如埃及、伊拉克跟以色列，也經常干涉鄰國事務。然而，通常只有一兩個國家涉入其中：如一九六〇年代，埃及跟沙烏地阿拉伯分別支持葉門內戰的對立方；或者一九八〇年代，敘利亞跟以色列在黎巴嫩內部的對立中，也有類似情況。但在二〇一一年後，無論來自區域內或區域外的干預者數量，都遠超過以往。無論是暴力還是政治衝突，都吸引多個外部支持者，這對區域來說是有害的新發展。舉例而言，一九四五至二〇〇八年間，中東各種內戰每次平均會吸引略多於兩個外國干預者。二〇〇八年以來，區域內部衝突平均會吸引超過六個外國參與者。[16]一九七五至一九九〇年的黎巴嫩內戰，一九六三年至一九七六年的阿曼（Oman）內戰是兩個例外情況，這兩次內戰都有大量外國強權參與（黎巴嫩內戰有四個，阿曼內戰有七個）；但此一趨勢在二〇一一年之後，幾乎成為所有衝突的常態，在敘利亞、利比亞跟葉門的戰爭中，干預戰爭的國家數量都超過七個以上。[17]此一趨勢也出現在政治衝突中，多股外部勢力競相影響埃及、非洲之角、伊拉克、庫德斯坦及黎巴嫩的政治，不像過去只有一兩個主導者。

第三個重要變化，是這些區域行動者可以競爭的範圍擴大了。[18]二〇一一年前的幾十年裡，多數中東國家相對「強大」，因為它們壟斷暴力，擁有安全邊界，儘管這些通常是專制國家。只有少數例外，如黎巴嫩及二〇〇三年起的伊拉克；這些空間就成了全球及區域競爭對手的戰場。二〇一一年的動盪讓更多國家加入這張名單：敘利亞、葉門、利比亞，以及一段時間內的埃及與巴林。二〇一〇年代也看到，這些競爭勢力甚至願意對那些尚未經歷內戰的對立政府，發動陰謀擾亂。例如，沙烏地阿拉伯成功協助推翻埃及的民選政府（與阿拉伯聯合大公國聯手），它也跟約旦及卡達的失敗政變陰謀有關，還試圖讓黎巴嫩總理下台。[19] 伊朗也同樣干涉伊拉克與黎巴嫩的政治。

與此相關的最後一個轉變是，暴力的非國家行動者數量的增長——亦即不隸屬於政府或國家正式安全部隊的武裝力量。這也不是新鮮事，非國家行動者過去也曾出現在國家力量薄弱的地區，如黎巴嫩和伊拉克。隨著弱國數量增加，加上願意支持這些非國家行動者的區域及國際行動者增加，造成非國家行動者的數量也相應增加。[20] 這些團體跟政府的關係各不相同。部分團體，如伊斯蘭國，完全拒絕任何政府的合法性。另一些，如庫德族分裂主義者——庫德工人黨（Kurdistan Workers' Party，Partiya Karkeren Kurdistan，簡稱 PKK）或民主聯盟黨（Democratic Union Party，簡稱 PYD）或伊拉克部分什葉派民兵，最初是由單一國家（伊朗）協助建立。雖然他們保持獨立，有自己的地方支持者，依然深受外國支持者的影響，與其路線一致。最極端的是，有些團體是為了服務外國議題而成立，例如伊拉克某些什葉派團體服務伊朗，或某些敘利亞反叛組織服務土耳其。此外，外國政府派遣傭兵進入中東的現象也在增加，例如俄羅斯使用瓦格納集團（Wagner Group）及敘利亞傭兵，土耳其將不同敘利亞團體送進利比亞，阿拉伯聯合大公國在利比亞跟葉門境內也僱用各種外國人。

這四項變化共同展現出一幅「新」的中東地緣政治圖像，與二〇一〇年代初期相比，今日情況大相逕庭，值得深入探討。當前的中東有更多不穩定的國家和區域，更多非國家行動者在其中活動，以及更多區域和國際強權有意介入這些場域，無論是透過支持國內行動者，還是派遣自己的軍隊。本書中探討的十個衝突將有助於說明這些變化的成因與過程。

如何閱讀本書

本書分為十章，每章鎖定一個不同國家或地區的衝突，無論是暴力衝突還是政治衝突，最後以結論總結。每章可以單獨閱讀，亦可視為整體，以全面了解書中所描寫的衝突如何重疊交織。作為本書多元主義取向的一部分，每章首先探討各衝突區域的歷史，考察國家與社會如何發展，然後轉向檢視當代危機。章節中會考慮到衝突的內部與國際驅動因素，討論結構性成因以及相關個人的主導作用。本書主要是政治敘述，因此多數重心會放在國內外的精英決策上。本書雖然肯認更廣泛的社會經濟發展對國內及國際政治的重要性，但討論僅限於此類因素直接影響政治的時候。每章還有一處延伸段落，介紹中東地緣政治中十個主要外部行動者之一，通常是因為該衝突對這個外部行動者具有較高重要性。讀畢本書，讀者將對這十個衝突以及十個涉入其中的主要外部行動者，建立更全面的認識。

前三章鎖定暴力衝突：二〇一一年以來遭到內戰撕裂的國家。首先，我們探討敘利亞，著重點關注俄羅斯的涉入。第二章轉向利比亞，介紹早期介入的卡達。第三章則考察葉門，著重於二〇一五年領導軍事聯盟介入的沙烏地阿拉伯。接下來的第四章則分析巴勒斯坦的敏感案例，以及以色列在持續衝突中的角色。

接下來三章，我們將探討三個受到外部對抗勢力的影響，使國內政治陷入政治衝突的國家。這些衝突時而暴力（經常出現在伊拉克的案例中），但不像前四個案例存在著生死存亡的統治爭奪。第五章，我們將探索伊拉克，特別關注鄰國伊朗在伊拉克政治扮演的角色。第六章檢視埃及跟它的親密盟友美國在二〇一一年動盪之後的介入。第七章描述黎巴嫩，並分析歐盟如何試圖影響黎巴嫩錯綜複雜的精英階層。

最後三章以地區為核心，而非國家。第八章聚焦庫德斯坦，這是個橫跨四個中東國家的多山地區，並探討土耳其如何試圖鎮壓庫德族分裂主義者。第九章關注波斯灣地區，描繪中國逐漸滲透這個傳統上由美國主導的地區。最後，第十章帶我們走出中東，前往非洲之角，有幾個發源自中東的敵對關係往這個區域擴散，重心將放在雄心勃勃的阿拉伯聯合大公國。

不過，首先我們將探索敘利亞，二〇一一年起義後的殘酷戰爭，將這個一度穩定的國家，轉變成美國、俄羅斯、土耳其、伊朗、以色列、沙烏地阿拉伯及卡達相互爭奪的戰場。

敘利亞

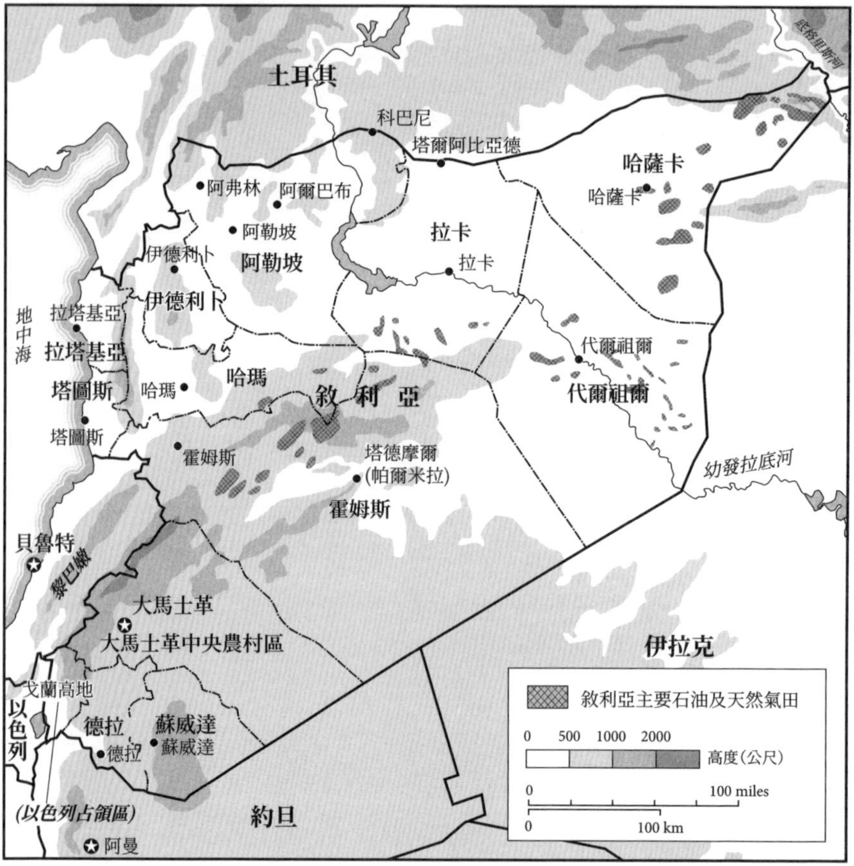
土耳其
底格里斯河
科巴尼
塔爾阿比亞德
哈薩卡
哈薩卡
阿弗林
阿爾巴布
阿勒坡
阿勒坡
伊德利卜
伊德利卜
拉卡
拉卡
地中海
拉塔基亞
拉塔基亞
塔圖斯
塔圖斯
哈瑪
哈瑪
敘利亞
代爾祖爾
代爾祖爾
幼發拉底河
霍姆斯
塔德摩爾
(帕爾米拉)
霍姆斯
貝魯特
黎巴嫩
大馬士革
大馬士革中央農村區
伊拉克
戈蘭高地
以色列
德拉
德拉
蘇威達
蘇威達
(以色列占領區)
約旦
阿曼
敘利亞主要石油及天然氣田
0 500 1000 2000
高度(公尺)
0 100 miles
0 100 km

第一章

敘利亞
破碎的馬賽克

二〇二三年初，一場地震重創土耳其南部及敘利亞北部。在土耳其，一些建造不良的樓房，由於缺乏正確的防護，在地震中像鬆餅一樣坍塌堆疊，導致數萬人在睡夢中失去生命。鄰近的敘利亞同樣受苦，但在全世界播報的畫面卻大相逕庭。敘利亞遭到地震重創的建築，竟與十多年戰爭造成的毀壞難以區分。土耳其救援人員奮力尋找生還者，而部分敘利亞地區卻數天內未曾獲得任何援助，少年們只得徒手清除瓦礫。二〇二三年的敘利亞，跟二〇一〇年名列《紐約時報》（*New York Times*）「必遊之地」的那個國家，無法同日而語。[1]那個敘利亞擁有十字軍城堡、羅馬遺跡、迷宮般的市集、誘人美食及熱情東道主。今日，團體旅遊與精品酒店早已不復存在。對多數觀察者來說，這個國家的名字已經等同衝突、大屠殺、難民與恐怖主義。二〇一一年展開的內戰令這個國家支離破碎。城堡遭到炮擊，遺跡被炸毀，市集付之一炬。而一度以熱情好客聞名的敘利亞人，面臨著貧困。超過半數的人口不得不逃離家園，歷經十年內戰後，八〇%的人生活在貧窮之中。[2]對許多人來說，在毀壞的建築中尋找親人並非新體驗，而是在悲傷中逐漸習慣的日常。

這場悲劇並非全然由敘利亞自身造成。確實，很大一部分得歸咎於敘利亞總統巴沙爾・阿薩德（Bashar al-Assad），他採取暴力鎮壓和平抗議，以固守權力，成為戰爭的導火線。不過他的對手也非聖人，部分反對者擁抱暴力的伊斯蘭意識形態。但從戰爭一開始，就吸引了外國政府介入，各自試圖讓戰爭倒向己方的利益。資金、武器和軍隊流入敘利亞，內戰演變成區域及國際競逐的戰場。這些國內外緊張局勢的交互作用，致使今日的敘利亞成為昔日的殘影。阿薩德在主要盟友俄羅斯與伊朗的支持下，仍舊掌握敘利亞大部分地區；這兩國在敘利亞擁有深厚的軍事與經濟影響力。然而，東部及北部部分地區分別受到美國與土耳其的阻擋，不在他的掌握中，這兩國各自支持著不同的敘利亞反對派盟友。很可能未來幾年，敘利亞的命運最終是由這些外國政府，而非大馬士革或剩餘的叛軍來決定。

起源：阿薩德的敘利亞

如同許多鄰國，現代敘利亞是在第一次世界大戰之後誕生。在此之前，它是龐大的鄂圖曼帝國的一部分，這個帝國一度統治了大部分阿拉伯世界、土耳其與巴爾幹半島。然而，一九二〇年，戰勝的法國與英國奪走鄂圖曼帝國剩餘的阿拉伯土地，轉而在這沒有任何民族國家的區域，創造出一系列西方式的民族國家：敘利亞、伊拉克、黎巴嫩、巴勒斯坦及約旦。[3]這些人為創造的國家跟它們的直線邊界全都顯得不太協調，「敘利亞」也不例外。敘利亞擁有兩個繁榮的主要貿易城市，大馬士革（Damascus）與阿勒坡（Aleppo），但它過往依賴的貿易港如今卻屬於其他國家。敘利亞的宗教多數是遜尼派伊斯蘭，但也有大量的什葉派穆斯林與基督教少數族群。大多數人都講阿拉伯語，但北部和東部地區有相當規模的庫德語族群。儘管都市居民多已失去過往的部落身分認同，在鄉村及東部沙漠地區，部落主義依舊根深柢固，許多人因為新的殖民邊界而與親人隔絕。[4]

在這樣的基礎上建立國家認同是個挑戰，加上法國統治（一九二〇—一九四五年）時蓄意在宗教、地區、語言及部落之間製造分裂。[5]雖然最終仍舊形成了一種「敘利亞」身分的認同，但對不同人來說意義各異。這幅包含不同身分的人所構成的「敘利亞」馬賽克鑲畫，在敘利亞認同之外，還有基於宗教、阿拉伯血統、庫德族身分、部落、地區或階級而不同，這種種身分都可能被國內外領導人操控。[6]這一切造成了獨立後的政治不穩定，軍事政變屢見不鮮，短命的強人政權與政黨相繼上台，有時還得到外國政府的支持，這經常反映出美國與蘇聯之間或當地中東強國之間的區域競爭。當巴沙爾的父親，空軍上校哈菲茲·阿薩德（Hafez al-Assad）在一九七〇年奪權後，終於實現了穩定。哈菲茲結合民粹社會主義政治與嚴厲的威權主義，以說服或誘使人民接受他的統治。他以鐵腕統治，以暴力鎮壓異議人士，最著名的事件，是一九八二年當伊斯蘭主義者控制了哈瑪市（Hama）時，他屠殺了至少一萬人。然而，哈菲茲的三十年獨裁統治，很大程度上阻止了外國勢力干預敘利亞事務。事實上，為了對抗鄰國以色列，他首度將大馬士革轉變成區域性要角，因為以色列仍舊占領著一九六七年自敘利亞奪取的戈蘭高地（Golan Heights）。

哈菲茲原本精心培養他的長子巴賽爾（Bassel）接班，此計畫在一九九四年破滅。當時這位準王子在前往滑雪度假途中，他駕駛的賓士汽車以時速一百五十英哩的速度，撞上大馬士革機場公路的護欄。於是，在倫敦接受眼科醫生培訓，並且從未預期要進行統治的二兒子巴沙爾，在二〇〇〇年哈菲茲死於心臟病發作後，成為總統。[7]阿薩德在一場沒有競爭對手的公民投票中當選總統，獲得九九．七％的選票，這結果令敘利亞及國際間看到希望。雖然巴沙爾比他風度翩翩的已故兄長更顯書卷氣——巴沙爾曾領導敘利亞電腦協會，而巴賽爾則是出色的馬術騎士，年僅三十四歲的巴沙爾，與其嚴峻的父親形成強烈對比。阿薩德和他的宣傳團隊精心塑造出年輕、親民的現代化改革者形象。公共建築與熱門餐廳裡仍舊懸掛著哈菲茲的嚴肅肖像，現在又加上了巴沙爾跟他迷人的英國籍妻子阿斯瑪（Asma）與孩子的輕鬆居家照片。陷入困境的社會主義經濟逐漸退場，大馬士革及阿勒坡市中心蓋起高檔購物中心與飯店。敘利亞人突然有了衛星電視、手機跟網際網路，阿薩德似乎因此在民間擁有某種真實人氣。

但表面之下，深層問題仍舊存在。專制結構只是被收回到溫和的程度。一個常聽到的敘利亞笑話是這樣說的：在巴沙爾統治下，批評總統只是你自己消失，而不像他父親的時代，你的家人朋友也會因為同樣罪名消失。然而經濟改革僅僅嘉惠部分城市精英及中產階級，工人和鄉村農民卻眼看著哈菲茲社會主義下享有的工作保障與補貼逐漸消失。[8]這個情況更因為巴沙爾掌權頭十年的嚴重乾旱而惡化，導致數百萬鄉村敘利亞人被迫離開村莊，湧向城市近郊的貧民區，卻仍舊找不到工作。在城市裡，這些國內移民眼看著精英階層日益奢華的生活，挫折感逐漸膨脹。在哈菲茲嚴格的社會主義之下，精英階層的生活較為樸素；但在巴沙爾時期，這些政通人和的人們不吝炫耀他們的財富。

宗教和族群的分歧，讓貧富之間日益擴大的差距更加雪上加霜。哈菲茲與巴沙爾來自阿拉維（Alawi）社群，這是個傾向世俗、鬆散的什葉派伊斯蘭支系，在敘利亞的總人口占了約一〇%的比例，初始是起源於地中海東部山區。阿薩德兩代都在軍隊、政府及商界提拔家族成員及其他阿拉維社群成員，這使得阿拉維社群多數成為阿薩德政權的忠實核心支持者，但也引發了人口多數的遜尼派穆斯林的憤怒。這些遜尼派穆斯林在鄂圖曼帝國時期及獨立之後，都曾主導敘利亞，此刻卻感到被拒於權力之外。[9]並非所有遜尼派都覺得不滿。哈菲茲統治之下，許多都市及鄉村遜尼派穆斯林都受益於社會主義政策，許多中產階級也是如此。但二〇〇〇年代中，巴沙爾的經濟改革讓貧困的遜尼派穆斯林特別遭受打擊，眼見許多新富都是總統親戚及其他阿拉維派，讓部分遜尼派認為「阿拉維精英」的享受，是犧牲了遜尼派多數族群的利益。進一步的壓力，來自約二十五萬名伊拉克難民，他們逃離二〇〇三年美國領導入侵後所造成的國內混亂，也帶來美國占領引發社群暴力的恐怖故事。

爆發：從抗議到戰爭

這些緊張態勢在表面下隱隱沸騰，但內戰的爆發並非必然。國內外一連串事件匯合，促成暴力爆發。最初的火花來自外部。二〇一一年初，數個鄰國突然爆發革命。突尼西亞的和平抗議迫使獨裁者在一月份逃亡，埃及則於次月經歷相同情況。在後來稱為「阿拉伯之春」（Arab Spring）或「阿拉伯起義」的情況裡，要求結束專制的仿效抗爭，在阿拉伯世界各處蔓延。一開始，敘利亞似乎未受影響，少數反對者發起的示威活動也未能成功。阿薩德甚至在《華爾街日報》（*Wall Street Journal*）的訪談中自誇，他不像其他被推翻的獨裁者，他的政權是穩定的。[10]然而，他錯了。

話聲甫出僅僅一個月後，南部城鎮德拉（Deraa）的一群青少年，在學校牆上塗上「下一個輪到你，醫生！」，暗指阿薩德也會走上突尼西亞跟埃及領導人的路。[11]他們立即遭到逮捕，如同阿薩德政權之下的常見情況，遭到酷虐刑求。也許是受到國外抗議活動的激勵，這些少年的家人做了件十分不尋常的事：他們上街，要求釋放家人。德拉的居民是阿薩德統治下典型的失落群體，主要是遜尼派，住在近期經濟改革影響下的農村地區，因此許多人加入抗議家庭的行列。當地的阿薩德安全部隊以暴力回應抗議，開槍打死了四個人。再度，一反常態地，這並沒有嚇退群眾。第二天在死者的葬禮上，更多人加入抗議行列，現在他們開始高呼反阿薩德的口號，並砸毀他的統治象徵。安全部隊再次開槍，殺死更多人，激起愈來愈大型的抗議活動。

阿薩德所鼓勵的現代科技，成了歷史的諷刺，此刻反倒幫了挑戰者一把。其他地方的敘利亞人透過社群媒體跟衛星電視得知政府的鎮壓行為，於是紛紛跟進上街抗議。他們同樣遭遇武力回應，形成了類似德拉的滾雪球效應，抗議升級，政府進一步暴力鎮壓。有些人抱持著希望，認為暴力鎮壓是邪惡的安全頭子所做，而非由阿薩德本人領導，但是這樣的神話很快破滅。總統在二〇一一年一連串公開演說中，拒絕譴責暴力或對人民做出重大讓步，反而將動盪歸咎於外國陰謀，稱抗議者為「病菌」。[12]

即便政府得為最初的暴力負起主要的責任，但從一開始，它就將抗議運動描繪成遜尼派伊斯蘭恐怖分子所主導，以合理化嚴厲的鎮壓行動。這個策略成功說服許多人遠離示威抗議，包括阿拉維派與其他非遜尼派團體：占總人口一〇%的敘利亞基督徒及三%的德魯茲派（另一個什葉派分支）；他們擔憂伊斯蘭主義者若掌權會遭到迫害。[13]那些在阿薩德統治下受益的中產階級，許多是遜尼派，也跟抗議者保持距離。敘利亞因此逐漸分裂：反對派在貧困的遜尼派占多數的城鎮郊區發展壯大，而大城市中心如大馬士革跟阿勒坡，及阿拉維派主導的沿海地區，則依然忠於阿薩德。這很快導致實質的以及意識形態上的分裂。面對持續的政府暴力，反對者開始拿起武器，最初是為了保護示威活動，但很快他們就得出結論：要推翻阿薩德的唯一辦法，就是使用武力。數以千計的反抗民兵隊迅速成形，一開始頗為成功。他們將政府軍趕出敘利亞北部、東部和南部的鄉村城鎮，並占領了阿勒坡、大馬士革跟第三大城霍姆斯（Homs）的部分地區。

不過反抗軍無法保持團結。意識形態與族群分歧令他們在對抗阿薩德的同時，也彼此內鬥。這某種程度證實了阿薩德的說法，暴力伊斯蘭主義者確實出現，其中有許多人是政府刻意從監獄釋放出來的，明顯是為了激化反對派。[14]阿薩德喜見此舉引發了宗教與非宗教戰士之間的摩擦，甚至連伊斯蘭主義者也為了激進程度爭執不下。最激進者乾脆離開反叛陣營，加入伊斯蘭國這個起源於鄰國伊拉克的聖戰恐怖組織。伊斯蘭國利用敘利亞的混亂，占領敘利亞東部的大片沙漠地區，並宣布此地連同伊斯蘭國的伊拉克領土，合為新的「哈里發國」（Caliphate）。同時間，許多敘利亞的庫德族人經歷數十年歧視後，對阿薩德毫無好感，但他們也不信任反叛者與伊斯蘭國，於是組成自己的民兵隊。當阿薩德撤出敘利亞東北部以庫德族為主的區域，將力量集中在人口密度更大且更有戰略價值的西部地區時，庫德族民兵就移入，形成一個自治飛地。

干預：外國勢力

也許長期緊張局勢，加上突尼西亞與埃及事件的啟發，以及阿薩德以暴力回應抗議的命運性決定之下，無論是否有外部勢力干預，敘利亞都會走向內戰。然而，外國勢力的介入無疑加劇局勢發展。戰爭初期，各外部勢力向各方參戰者提供武器與資金；隨著戰爭持續，部分外國政府甚至派出自己的軍隊來影響結果。多年來，隨著外國勢力參與愈深，敘利亞人逐漸失去決定自己命運的機會。

外來者的動機既有恐懼也有機遇。對伊朗來說，它擔心的是阿薩德垮台，可能會令區域內的敵人受益。自從一九七九年伊朗的伊斯蘭革命以來，德黑蘭當局一直是敘利亞最親密的盟友之一。當全世界厭棄這個新革命政府時，哈菲茲．阿薩德看見機會，並與其建立緊密聯盟。儘管兩國政府在意識形態上差異甚大：巴沙爾．阿薩德就像他父親，都是世俗派的阿拉伯民族主義者，伊朗政府則是什葉派伊斯蘭神權國家。但是以色列、美國以及過去的海珊伊拉克政權是他們共同的敵人，這使他們緊密相連。除了長期忠誠之外，伊朗還擔心若阿薩德倒台，取而代之的政府可能會傾向於沙烏地阿拉伯跟美國，因為這兩個國家都支持反對派。

這除了將使敘利亞從盟友變成潛在敵人之外，還會切斷通過大馬士革的關鍵補給路線，這是德黑蘭長期以來向黎巴嫩什葉派民兵組織真主黨（見第七章）運送資金及武器的通道。切斷這條路線將削弱伊朗在黎巴嫩的影響力，以及利用真主黨來騷擾威脅以色列的能力。最後，隨著激進的遜尼派伊斯蘭主義者在敘利亞反抗軍中崛起，他們開始威脅敘利亞的什葉派社群，包括阿拉維派。伊朗自稱為區域內的什葉派保護者，因此有必要保衛這些人。對伊朗政府來說，阿薩德垮台的可能性將帶來災難，因此德黑蘭決心要幫他存活下去。

因此，伊朗很早就介入。二〇一一年夏天之際，儘管當時阿薩德主要面對的仍是和平抗議運動，而非武裝民兵，德黑蘭已經開始向他提供防暴裝備以對抗反對派，還派出社群媒體專家破壞反對派的線上組織。隨著反對派開始武裝，伊朗派遣精銳部隊聖城軍（Quds Force）軍官協助指導阿薩德的軍隊。然而，此舉並未扭轉局勢。到了二〇一二年，阿薩德失去大量領土，數千名士兵開始叛逃。此時伊朗再次介入。聖城軍指揮官卡西姆・蘇雷曼尼（Qassem Suleimani）實際上接管了阿薩德的戰爭行動。[15]他重整敘利亞軍隊及支援的準軍事部隊，統整零亂的軍團，對四處流竄的政府派民兵進行紀律處置與重組。即便如此，蘇雷曼尼仍舊不相信他們能完成任務：「敘利亞軍隊完全沒用！」據說他對同事這麼說。[16]因此，被稱為「影子指揮官」的蘇雷曼尼召來他信任的人，從黎巴嫩引進真主黨人替阿薩德打仗。他同樣引入一些二〇〇〇年代訓練來對抗美國人的伊拉克什葉派民兵（見第五章），並從伊朗的難民社區裡，召募阿富汗及巴基斯坦什葉派，組成新民兵。最終，這一招取得了成效。到了二〇一四年，重組後的敘利亞軍隊及親伊朗盟友似乎扭轉了局勢，開始發動攻勢，收復關鍵街區與城鎮。

反對派也向區域內的其他政府尋求外援，然而援助到來時，既是祝福，也是詛咒。土耳其、卡達與沙烏地阿拉伯全都有理由反對阿薩德、支持他的對手。戰前，土耳其曾跟敘利亞維持著密切友好的關係。貿易增長，兩國之間的旅遊業繁榮，兩國領袖——阿薩德與土耳其領導人雷傑普・塔伊普・艾爾多安（Recep Tayyip Erdoğan）——甚至一起度假。然而二〇一一年敘利亞總統承諾終結暴力鎮壓抗議者，卻又反悔一事，令艾爾多安覺得遭到背叛。意識形態上，艾爾多安同情反對派中的溫和伊斯蘭主義者，因此阿薩德背叛之時，他就得支持他們。[17]安卡拉（Ankara）當局憂慮衝突時間一拖長，難免會溢過土敘兩國八百公里長的邊界，更錯誤認定阿薩德很快會步上突尼西亞跟埃及總統的後塵，因此支持反叛者，希望能更快速推動歷史前進。從二〇一一年夏天開始，艾爾多安就允許反叛者以土耳其為基地，給他們平台以奪取敘利亞北部更廣大的區域。

卡達是土耳其的親近盟友，也同樣同情伊斯蘭主義者，但在早期支持上，卻顯得過度熱情。多哈（Doha）當局此時已經積極支持埃及與利比亞的革命，因此希望將自己定位成席捲區域之大眾起義的主要支持者，以強化自己的區域重要性。在敘利亞的情況裡，一開始這代表著支持和平抗爭者，並在卡達擁有的區域衛星電視台——半島電視台（Al Jazeera）上給予顯著報導。但當抗議未能拉下阿薩德，卡達是第一個公開鼓勵反對派舉起武器的政府。到了二〇一一年末，它已經透過土耳其向敘利亞內部的反叛者輸送金錢及武器，一年後則支持各種不同民兵隊。[18]

沙烏地阿拉伯看待衝突的角度則不同。利雅德當局並非阿薩德的朋友，兩國數十年來衝突不斷。敘利亞跟沙烏地阿拉伯的區域宿敵伊朗的同盟關係，更是痛點。雖說如此，沙烏地阿拉伯也擔憂民主跟伊斯蘭主義，特別是在中東各地（包含沙烏地阿拉伯在內）都有追隨者的穆斯林兄弟會。它擔心阿薩德若垮台，可能會迎來一個民選的穆斯林兄弟會政府，進而鼓舞沙烏地阿拉伯國內的伊斯蘭主義者提出相同要求。最終，利雅德當局認為，這是推翻伊朗重要盟友的大好機會，萬不能錯過，但它對支持哪些反叛勢力持謹慎態度。卡達向親近穆斯林兄弟會的敘利亞分支提供金錢與武器，沙烏地則選擇支持其他勢力，一開始是世俗派的前敘利亞軍官，後來是反對兄弟會的保守派穆斯林薩拉菲派（Salafists）。[19]二〇一一年以來，穆斯林兄弟會的角色成了土耳其、卡達、沙烏地阿拉伯及阿拉伯聯合大公國在中東各地緊張關係的根源；這股對抗的緊張關係，影響了阿聯以外其他國家對敘利亞的介入方式，進而削弱了反抗軍，讓他們成為一群有著不同意識形態及外國支持者的零散民兵隊。面臨攻擊時，它們有時甚至不願互助，這反倒對阿薩德有利。

國家政府是介入敘利亞最重要的外部勢力，但其他外來力量也發揮了作用。外國戰士湧入地中海東部。部分是有組織的非國家團體，例如真主黨和其他親伊朗的伊拉克什葉派民兵。同樣地，土耳其的庫德族民兵「庫德工人黨」（庫德語縮寫 PKK），也向敘利亞東北部的庫德族民兵提供武器與戰士（見第八章）。同樣，征服了敘利亞東部大片地區的伊斯蘭國，最初是一個伊拉克組織，而非敘利亞組織，雖然後來加入了一些激進的敘利亞反抗者。除了這些有組織的團體外，還有些許外國人，多數是來自歐洲或中東其他地區的遜尼派穆斯林。他們受到啟發，加入反抗陣營中的伊斯蘭主義派系或伊斯蘭國。到了二〇一五年底，估計有來自七十個國家、多達三萬人，加入敘利亞的戰鬥。[20]

同樣重要的是，提供戰爭資金的個人。波斯灣地區的遜尼派宗教人物將衝突標榜成對抗阿薩德與伊朗什葉派戰士的宗教鬥爭，呼籲民眾捐款幫助反抗軍。他們的呼籲十分公開，例如透過社群媒體尋求八百美元捐款，用來購買火箭推進榴彈砲。在戰爭頭幾年，各地政府的反對聲音相當有限。[21]當然，要控制這些捐款的流向相當困難；無論是意外還是有意，很多資金最後落入激進派手裡，包含伊斯蘭國。最終，在沙烏地阿拉伯的領導下，波斯灣國家政府對此展開打擊，但卻是在千百萬美元資金已經流入敘利亞，助長戰爭之後才實施。

游移：美國的矛盾立場

美國對敘利亞衝突持矛盾態度，這個立場對戰爭產生重大影響。身為全球唯一超級大國，理論上更是人權與自由的捍衛者，許多敘利亞國內國外人士預期華府會介入危機。二〇〇三年入侵伊拉克推翻海珊獨裁政權，及二〇一一年轟炸格達費上校（Colonel Gadhafi）以幫助利比亞反抗者（見第二章）之後，這似乎並非不合理的期望。此外，美國總統歐巴馬也釋放出鼓舞人心的信號。在阿薩德屢次對自己人民施行暴力後，歐巴馬與其他西方領袖呼籲敘利亞領導人「下台」。不久後，他們開始公開支援反對派，最後還提供資金與武器，由土耳其跟約旦協助統整分派。[22]此舉令反抗軍及其支持者——沙烏地阿拉伯、土耳其及卡達——相信，歐巴馬加入戰爭並將阿薩德炸到投降只是時間問題，就像在利比亞所發生的一樣。

但他們錯了。歐巴馬對介入任何中東衝突，都抱持著深刻懷疑態度，經歷了伊拉克戰爭之後的美國大眾也是如此。美國經濟受到二〇〇八年全球經濟危機的打擊，歐巴馬希望擺脫小布希（George W. Bush）過度好戰的干預政策，專注在他的國內議題。他雖然參與了北約在利比亞的行動，但那是經過多方勸說才同意的，他事後還感到後悔。敘利亞的局勢比利比亞複雜得多，擁有更多人口，及更多外國勢力介入，歐巴馬希望能跟戰爭維持一定距離。但他錯估了自己能做到的程度。他跟他的顧問錯誤認為阿薩德會迅速垮台，因此呼籲他下台，只是為了看起來像是站在「歷史正確的一方」，而非作為反阿薩德行動的第一步。[23]當敘利亞獨裁者紋風不動，歐巴馬就面臨進一步行動的壓力，因此開始武裝反抗軍。即便如此，他跟幕僚之間也陷入長篇爭執，抱怨這種祕密戰爭很少成功。此外，白宮嚴重憂慮伊斯蘭主義者在反抗軍中的興起，擔心美國武器會落入激進分子手中。當伊斯蘭國出現在敘利亞東部，部分前反抗軍成員帶著外國提供的武器加入時，更加深這個憂慮。因此，華府只願支援一小部分溫和派反抗軍，但比起強大的伊斯蘭主義者，這些溫和派顯得相當無力。

歐巴馬不願捲入敘利亞泥淖的態度，在二〇一三年夏末變得愈發明顯。隨著戰爭持續，愈來愈絕望的阿薩德逐漸願意動用全部武器對抗反抗軍。二〇一一年，他的士兵主要依賴機槍；到了二〇一二年他們用上攻擊直升機；二〇一三年開始出動轟炸機與彈道飛彈。這引發了人們的擔憂，擔心他可能會毫無顧忌地使用化學武器，這些化學武器是一九八〇年代哈菲茲為了威懾以色列而囤積的。歐巴馬公開警告阿薩德，任何使用或移動這些化學武器的行為，都將踩到他的「紅線」；但敘利亞領導人似乎無視歐巴馬的威脅，反抗軍聲稱他們已經遭遇數次化學攻擊。接著，在二〇一三年八月底，距離調查指控的聯合國檢查員駐地僅幾英哩處，一處由反抗者控制的大馬士革郊區裡，有一千四百名平民死於化學攻擊。歐巴馬將此事歸咎於阿薩德，儘管阿薩德堅稱無辜，歐巴馬仍將軍艦開進地中海，準備發動導彈攻擊。但攻擊並未發生。英國國會二〇〇三年因為薄弱的理由支持入侵伊拉克而心有餘悸，投票反對參與此次攻擊，這讓猶豫不決的歐巴馬在發動攻擊前向國會尋求批准。歐巴馬還意識到，攻擊敘利亞可能會妨礙當時他跟阿薩德盟友伊朗正在祕密進行的核談判（見第五章）。局勢開始顯露裂痕時，俄羅斯為美國總統提供一個解套的方法，它居中協調一場交易，讓阿薩德和平放棄化學武器，以交換美國取消空襲。

一年後，歐巴馬還是下令對敘利亞進行轟炸，但目標是伊斯蘭國而非阿薩德，這顯現出歐巴馬考慮的優先順序。當時自稱的哈里發國占領了伊拉克第二大城摩蘇爾（Mosul），並發布精心製作的血腥影片，展示他們斬首美國俘虜的過程，這使美國採取了行動。歐巴馬認為阿薩德是個凶惡獨裁者，但他並未威脅美國利益。相比之下，他擔心伊斯蘭國可能會在中東擴張，顛覆美國盟友，創造出對西方發動恐怖攻擊的基地。因此二〇一四年十月，他發動「堅定決心行動」（Operation Inherent Resolve），這項軍事行動在其他西方及中東政府支持下，意圖削弱並最終摧毀伊斯蘭國及其「哈里發國」。

即便歐巴馬認為伊斯蘭國是個值得採取行動的威脅，他仍舊不想捲入另一場中東泥淖，因此不願派遣美國軍隊。相對地，他的策略是運用美國的空中力量及少數特種部隊，地面戰則由地方盟友負責。在伊斯蘭國控制的伊拉克地區，美國有盟友伊拉克軍隊跟伊拉克庫德族部隊來進行作戰，但在敘利亞該如何進行？儘管在這方面美國跟阿薩德有共同敵人，但美國也無法與如此不受歡迎的對象合作，而溫和派反抗軍又太弱。華府試圖訓練一支新的溫和派敘利亞反抗軍，專門對付伊斯蘭國，但部隊規模太小無法產生實際效果。儘管敘利亞過去對抗過伊斯蘭國，但如今多數反抗軍都由伊斯蘭主義者主導，視阿薩德為主要敵人，對美國的「反恐戰爭」不感興趣，特別是華府並未真正想幫助他們對抗敘利亞獨裁政權。因此，歐巴馬轉向庫德族。庫德戰士由庫德工人黨在敘利亞的盟友（即民主聯盟黨）所領導，早已因為伊斯蘭國攻擊敘利亞北部及東部以庫德族為主的地區，而與伊斯蘭國陷入膠著戰。民主聯盟黨成功擊退伊斯蘭國對庫德族主要城鎮科巴尼（Kobane/Kobani）的猛烈攻擊後，華府即視這個組織為理想盟友。[24]他們跟敘利亞反抗軍不同，多數庫德族人是世俗派，對伊斯蘭主義不感興趣；而且他們專注於對抗威脅家園的伊斯蘭國，對遠在大馬士革的阿薩德不感興趣。

重返：俄羅斯的戰爭

儘管華府在人煙稀少的敘利亞東部沙漠針對伊斯蘭國進行了種種行動，但對阿薩德跟反抗軍之間的主要衝突影響有限。反而是美國的競爭對手俄羅斯站出來扭轉局勢。二〇一五年九月，俄羅斯空軍被派遣到敘利亞西海岸一處新基地，發動大規模軍事攻勢。幾年內，莫斯科崛起成為敘利亞最關鍵的外部參與者，運用它的軍事力量跟外交手段擊敗反抗軍。值得注意的是，俄羅斯總統普丁（Vladimir Putin）將利用他在敘利亞的地位，強化俄羅斯在中東地區的影響力，這是自蘇聯解體以來俄羅斯首度以要角身分重返該區域。[25]

戰爭爆發前，俄羅斯在敘利亞的角色相對邊緣。一九六〇年代蘇聯向反西方的社會主義者提供資金與武器以來，俄羅斯跟敘利亞便是盟友關係，但雙方關係在一九九一年蘇聯解體後逐漸疏遠。莫斯科保留了敘利亞海岸上的塔爾圖斯（Tartous）海軍基地，這是俄羅斯在地中海唯一的軍事設施，但規模極小，僅有約五十名俄羅斯海軍。貿易上，敘利亞對俄羅斯的重要性不大，雖然敘利亞大部分的軍火都購自俄羅斯，數量卻遠少於阿薩德的敵手土耳其和以色列。此外，普丁不喜歡巴沙爾．阿薩德，認為此人無能，曾經不屑地批評他寧可待在巴黎，也不願前往莫斯科。[26]

然而叛亂一開始，普丁就意識到，阿薩德的生存對俄羅斯的地緣政治及國內利益至關重要。地緣政治上，阿薩德的失敗可能令美國得益，而損害俄羅斯的利益。身為前蘇聯國家安全委員會（KGB）官員，普丁曾表示，蘇聯解體是二十世紀最嚴重的地緣政治災難，因此他致力於振興俄羅斯的地位，並對美國深具疑慮。他在二〇〇〇年上任總統後，就破壞俄羅斯脆弱的後共產主義民主制度，因此華府推翻伊拉克跟利比亞獨裁者的行為，都令這名獨裁者感到不安。即便美國不願涉入敘利亞戰爭，普丁仍堅信叛亂是由華府主導。歐巴馬呼籲阿薩德退位並支持反抗軍，只是讓他更加確認這一點。

普丁也有其內部動機。他雖是獨裁者，同時也是民粹主義者，重視公眾意見，而這些意見對美國抱持敵對態度並支持他對抗華府。許多傾向支持普丁的俄羅斯東方正教徒擔心敘利亞東方正教徒的命運，後者多數支持阿薩德，因此遭到反抗軍中的伊斯蘭主義者與伊斯蘭國威脅。普丁也擔心敘利亞的伊斯蘭主義勢力會影響俄羅斯國內安全：一四%的俄羅斯人是穆斯林，反抗軍或伊斯蘭國中的外國戰士裡，包含相當數量的俄羅斯人。莫斯科多年來經歷了數次伊斯蘭主義恐怖攻擊，因此不希望看到這些勢力贏得戰爭，並成為未來攻擊的基礎。[27]

敘利亞戰爭爆發後，起初俄羅斯對阿薩德的支持主要在外交與經濟層面。普丁在聯合國安全理事會（UN Security Council）上否決一系列意欲懲罰阿薩德暴行的決議，同時以優惠貸款提供新式武器及其他財政支援，幫助大馬士革抵禦西方制裁。然而，到了二〇一五年夏天，形勢明顯愈發糟糕。儘管伊朗的支持穩定了阿薩德的防線，但二〇一四年伊斯蘭國的崛起，許多重要的伊拉克什葉派民兵返鄉保衛家園，削弱了阿薩德的力量。同時間，在沙烏地阿拉伯、卡達和土耳其終於達成一致的戰略支持下，得以較為完善敘利亞北方跟南方的反抗軍組織。二〇一四至二〇一五年間，他們對阿薩德搖搖欲墜的軍隊發起攻勢，特別是在北部地區取得顯著進展，攻占區域首府伊德利卜（Idlib），並向阿薩德的阿拉維派控制的沿海山區腹地逼進。[28]此外，伊斯蘭國挾著在伊拉克的勝利，向西挺進，攻陷沙漠城市塔德摩爾（Tadmour），隨後殘酷地炸毀帕爾米拉（Palmyra）的部分古羅馬遺跡，看似正向霍姆斯及其他敘利亞主要城市挺進。

由於擔心阿薩德即將垮台，伊朗政府派蘇雷曼尼前往莫斯科與普丁會談。儘管德黑蘭與莫斯科並未正式結盟，但有許多利益重疊，雙方都反西方，最重要的是，都希望保住阿薩德。在莫斯科，俄羅斯總統與伊朗將軍快速擬定一項計畫：普丁將派出空軍跟特種部隊，而蘇雷曼尼則引進更多什葉派戰士，以擊退不斷推進的反抗軍，雖然明面上普丁聲稱他是幫阿薩德對付伊斯蘭國。這次行動花費的時間比預期要長，俄羅斯的投入不得不比初始預期要來得多，包括重新訓練阿薩德的部隊。這項投資最終得到回報。二〇一六年底，阿薩德、伊朗跟俄羅斯的軍隊，將最後的反抗軍逐出第二大城阿勒坡。二〇一七年，他們向東推進，將伊斯蘭國逐出帕爾米拉／塔德摩爾。二〇一八年底，敘利亞中部及南部的最後反抗軍據點，包含起義的發源地德拉都被攻陷。在敘利亞西部，僅剩伊德利卜仍在反抗軍手中。

這場軍事行動十分殘酷。西方領導人譴責莫斯科、德黑蘭和大馬士革故意針對平民區域，包括醫院，發動攻擊，以挫敗反抗軍士氣。然而譴責言辭之後卻少有實際行動跟進，顯示敘利亞在西方的優先順序中已經下降。美國等國家試圖推動阿薩德參與聯合國主導的和平進程以遏止暴力，但他在俄羅斯的默許下多次違反停火協議，且無視外界對話的嘗試。對歐盟來說，優先順序已經轉向控制從敘利亞湧來的難民潮，二〇一五年已經有百萬難民湧向歐洲。對美國來說，重點在於打擊伊斯蘭國，而非阻止阿薩德的血腥收復計畫。至少美國這方面是成功的。阿薩德之所以能重新控制塔德摩爾及其他東部地區，就是因為伊斯蘭國被美國支持的庫德族武力牽制住，並遭到美國空襲重創。歐巴馬的繼任者川普總統（Donald Trump）更強化此行動，到了二〇一九年，敘利亞跟伊拉克境內的所謂「哈里發國」已遭摧毀，它過去掌控的敘利亞北部與東部大片土地，便落入美國的庫德族盟友手中。

當俄羅斯介入時，早期參與的區域大國之一卡達已經退出；埃及跟利比亞的失敗，以及國內領袖更替，分散了卡達的注意力（見第八章）。另一主要波斯灣國家沙烏地阿拉伯則認為，俄羅斯大幅升級的介入，加上華府顯然對推翻阿薩德並無興趣，意味著此局已經底定。同時，沙烏地阿拉伯也更專注自身在二〇一五年發起的葉門戰爭（見第三章），因此默默退出敘利亞衝突。然而，安卡拉卻無法置身事外，因為戰爭就在家門口，甚至外溢到土耳其境內。土耳其是世界上最大的敘利亞難民接收國，總數達到四百萬人。土耳其國內與敘利亞相關的恐怖攻擊也增加，既來自伊斯蘭國，也來自庫德工人黨，其中，庫德工人黨的問題最嚴重。自一九八〇年代以來，土耳其便與庫德族分離主義者處於戰爭狀態，如今眼見親密盟友美國在反伊斯蘭國戰爭中，向庫德工人黨的敘利亞分支提供資金、武器與訓練，令土耳其深感驚恐。因此，俄羅斯的軍事介入促使艾爾多安重新評估他在敘利亞的優先順序。雖然他仍舊希望阿薩德下台，但私下也承認這不太可能實現，因為美國不願隨著莫斯科升級介入的程度。他轉而將重心轉向兩個較小的目標：將庫德工人黨跟伊斯蘭國排除在他的邊境之外，並防止阿薩德征服最後僅剩的反抗軍據點伊德利卜，以免更多難民湧入土耳其。

因此，土耳其與俄羅斯達成一項交易。艾爾多安同意會同伊朗跟俄羅斯，成為俄羅斯新主導的「阿斯塔納和平進程」（Astana peace process）的共同保證人；此進程是以首次談判地點哈薩克首都來命名，這個進程實際上替阿薩德重新奪回敘利亞大部分地區大開綠燈。艾爾多安縮減了對伊德利卜之外其他反抗勢力的支持，對普丁與阿薩德重新控制阿勒坡及敘利亞東部、南部，僅作出譴責並無實質行動。[29]作為交換條件，莫斯科允許土耳其入侵並占領敘利亞北部邊界上的兩小塊區域，並驅逐其中的伊斯蘭國跟庫德族激進武裝勢力。艾爾多安也說服川普撤出另一塊前伊斯蘭國領地，土耳其於二〇一九年進入該區，迫使華府的庫德族盟友撤出。為了管理這些新控制的區域，艾爾多安組建了一支新的親土耳其民兵隊，主要成員是前敘利亞反抗軍。最終，土耳其領導人將這些反抗軍民兵當成傭兵，將他們派往利比亞和亞塞拜然等戰場，為安卡拉而戰。[30]這些曾經為了敘利亞更好的未來而拿起武器反抗阿薩德的反抗者，最終淪為土耳其軍隊的附庸。

禁臠：新敘利亞

超過十年的內戰及外來干預導致敘利亞陷入分裂，並受到外國政府高度影響。雖然衝突的主要肇因似乎已經解決——反抗勢力遭擊敗，阿薩德依然掌權——敘利亞離和平仍舊遙遠，人民也以不同方式受苦。敘利亞多數地區此刻已重回阿薩德的控制之下，但情況卻比戰前要糟糕許多。異議仍遭禁止，任何膽敢越線者，都會受到惡名昭彰的安全部隊嚴密監控。對多數人來說戰爭已經遠去，但其遺緒仍存。經濟陷入困境，為懲罰阿薩德而實施的西方制裁，鄰國黎巴嫩的政治和經濟混亂，以及普遍的貪腐現象，都為困境雪上加霜。腐敗之中，阿薩德的親信從中獲利，普通百則苦苦掙扎。暴力並未全然消失。一些被重新征服的地區不時爆發叛亂，特別是南部的德拉，導致政府發動鎮壓。同時間，伊斯蘭國組織仍在運作，偶爾發動恐怖攻擊。外國敵對勢力主要是美國及以色列，後者更是頻繁發動空襲。

此際，伊朗與俄羅斯在敘利亞都擁有戰前所沒有的重大影響力。阿薩德雖非傀儡，經常利用兩者之間的矛盾達成自己的目的，但雙方也都限制了他跟敘利亞的行動自由。俄羅斯是最大的獲利者。現在它在地中海區域擁有兩個主要軍事基地，阿薩德還將敘利亞經濟很大一塊，包含規模不大的石油及天然氣部門賞給了俄羅斯公司。除了物質收益外，普丁還利用這次干預，成為中東地區的重要外來強權。他在涉入敘利亞的外國勢力之間擔任協調者，包含土耳其、伊朗、約旦及以色列，並允許以色列定期空襲伊朗據點，令德黑蘭惱怒不已。[31]普

二〇一五年及二〇二三年的敘利亞政治地圖

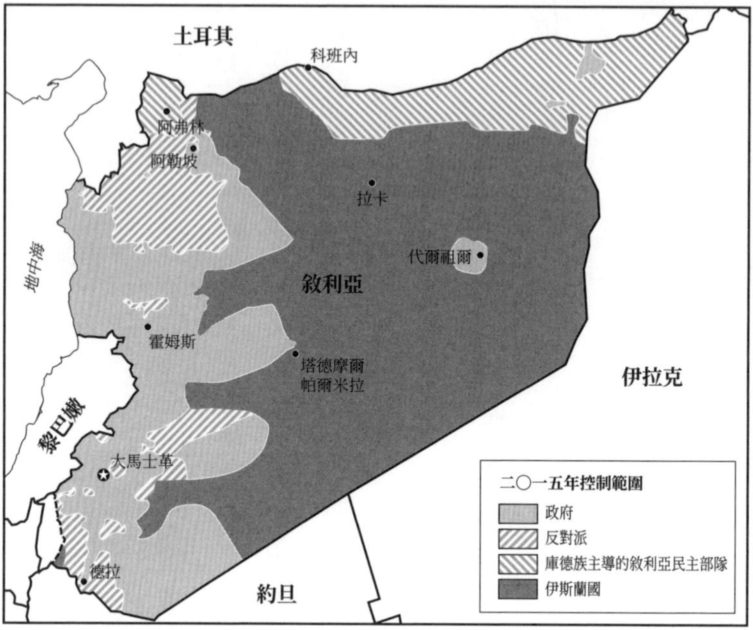

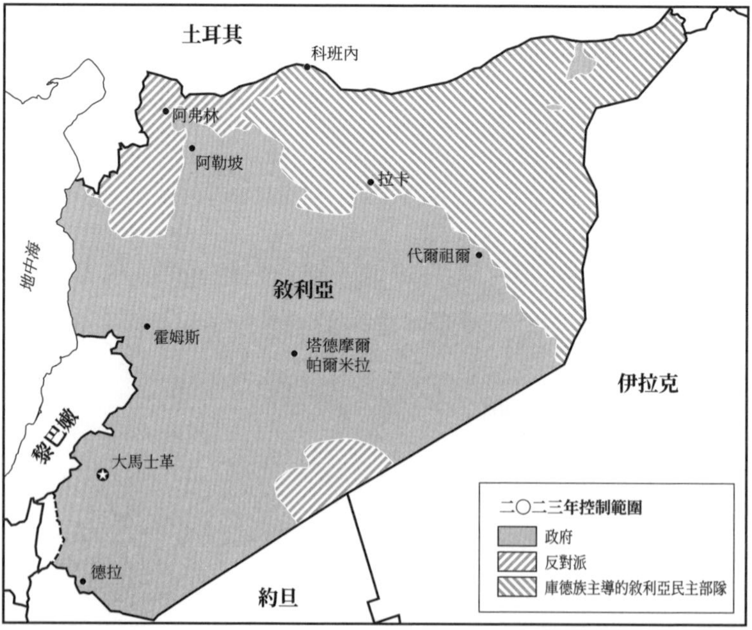

丁還利用這次干預，親近華府在中東的一些專制盟友，尤其是埃及跟沙烏地阿拉伯；他聲稱自己堅定支持朋友，不像美國在二〇一一年拋棄了埃及跟突尼西亞的獨裁者。此舉的好處，在二〇二二年俄羅斯入侵烏克蘭後顯現出來。美國及歐洲國家敦促中東盟友加入反俄制裁行列，但包括以色列、土耳其及波斯灣國家在內的所有中東國家都選擇保持中立並拒絕制裁。普丁在烏克蘭遇到的泥淖，讓俄羅斯在中東的活動不如之前活躍，但似乎也未嚴重影響莫斯科在敘利亞的權力。然而，若這場戰爭最終導致普丁下台，情況可能會有所改變，因為俄羅斯干預敘利亞很大程度上出自普丁的決策。

伊朗的成果則憂喜參半。德黑蘭成功保住了阿薩德的政權，並如同俄羅斯，在敘利亞也擁有數個軍事基地並取得經濟利益，這些都是戰前沒有的。但它付出的代價卻遠超過莫斯科。數萬名伊朗戰士在戰爭中喪生，數十億美元的戰爭支出，更是苦苦掙扎的伊朗經濟難以承受的。伊朗維持住對真主黨的供應線，好持續施壓以色列，但俄羅斯卻允許以色列定期反擊。捍衛阿薩德的舉動，令伊朗在中東地區失去聲譽，尤其是在部分遜尼派穆斯林之間，不再將伊朗視為德黑蘭自己期許的反西方榜樣，而視其為什葉派帝國主義暴徒。

在阿薩德的控制範圍之外，敘利亞東部由庫德族主導，敘利亞北部則由土耳其主導。在相對平靜的敘利亞東部，美國的庫德族盟友在過去由伊斯蘭國統治的地區，設立民選的地方委員會。他們的支持者認為，這些委員會是敘利亞唯一的民主治理機構，但批評者則認為這些只是表面功夫，用來掩飾庫德工人黨（進一步延伸至民主聯盟黨）的統治。敘利亞東部的阿拉伯人批評得特別凶，因為他們此刻被庫德族所統治，這顛覆了過去的歷史地位，令某些人憤恨不平。目前局勢由美國穩定住，美國在地面保留一支精簡部隊，維持龐大空中武力，以保護由庫德族主導的統治。然而，由於美國曾經背叛過伊拉克的庫德族盟友，同時，二〇一九年川普還將庫德族的領土交給土耳其，許多人也擔心美國不會長期留駐。比起阿薩德，庫德族更怕土耳其，因此許多人傾向於跟阿薩德及俄羅斯和解，以保護自己不受安卡拉威脅；其他人則希望美國對伊斯蘭國再起的憂慮，會讓他們無限期留駐在敘東。雖然美國在敘利亞戰爭中嚴重失去國際聲譽，但成功擊敗伊斯蘭國，仍掌控著庫德族人的命運。

敘利亞北部大部分地區仍在土耳其影響之下。圍繞著阿弗林（Afrin）、阿爾巴布（Al-Bab）及塔爾阿比亞德（Tal Abyad）三鎮的三塊「口袋」區域，與土耳其緊密相連。他們使用土耳其貨幣而非敘利亞貨幣，連接到土耳其電網及郵務系統，學校也施行某種土耳其課程。艾爾多安將一些敘利亞難民，從敘利亞跟土耳其移置到這些地區，這裡由土耳其軍隊及親土耳其的敘利亞反抗軍共同管理，而將此地改造為忠誠的緩衝區。[32]這些區域是艾爾多安個人的計畫，外界認為但凡他持續執政就不會被撤離，只不過這位土耳其總統之前也多次調整對敘利亞的立場。倘若他選擇跟阿薩德和解，一如二〇二三年成功連任時所暗示，放棄部分或全部緩衝區一事可能會搬上議程。艾爾多安誤判敘利亞衝突，代價高昂的錯誤導致土耳其最長的邊界遭受衝突後果外溢的影響。他的緩衝區稍微緩解這種壓力，但這也是在彌補他自己造成的錯誤。

與此同時，伊德利卜仍由伊斯蘭主義反抗軍統治，但深受土耳其的影響。由於阿薩德將敘利亞其他地區投降的反抗軍集中安置於伊德利卜，此地人口激增至超過兩百六十萬人，許多人生活在擁擠的難民營中。阿薩德與俄羅斯曾多次試圖征服該省，發動過數場小規模戰爭，但最終都被土耳其制止。然而，無法保證未來不會發生更多衝突。艾爾多安也可能拿伊德利卜作為交換條件，以換取跟大馬士革關係正常化。二〇二三年，阿拉伯聯盟（Arab League）重新接納阿薩德，過去他在戰爭爆發時遭到停權，這是阿薩德重返區域的重要一步。雖然土耳其非聯盟成員，但艾爾多安在二〇二一年後，與沙烏地阿拉伯、阿拉伯聯合大公國與埃及等過去的對手，採取和解的態度，部分原因是為了從波斯灣國家獲得急需的投資，以挽救土耳其頹危的經濟。阿拉伯聯合大公國特別希望看到敘利亞重新融入中東經濟與地緣政治生活，不只是為了削弱伊朗在敘利亞的影響力，還為了減少阿薩德親信走私進入波斯灣的非法毒品，阿布達比（Abu Dhabi）等國可能會試圖施壓土耳其達成協議。這種情勢下，反抗軍最後據點的命運，正如敘利亞戰爭的情況一樣，很可能是由外來者，而非任何敘利亞人自身決定。

利比亞

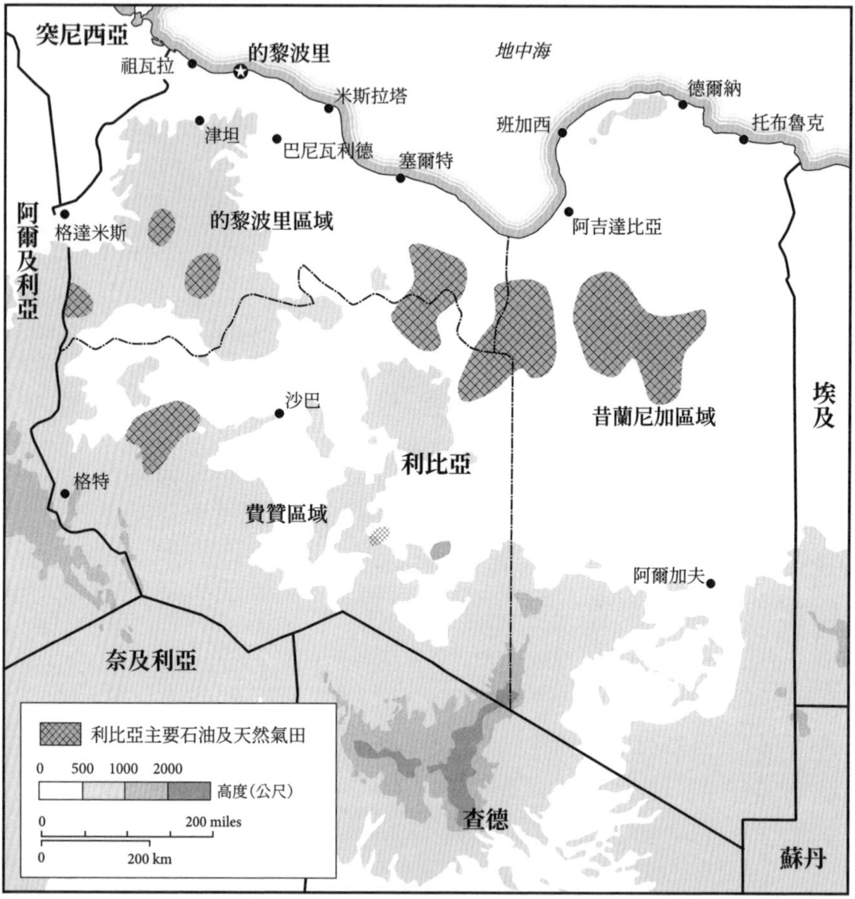
突尼西亞
祖瓦拉
的黎波里
地中海
米斯拉塔
德爾納
托布魯克
班加西
津坦
巴尼瓦利德
塞爾特
阿爾及利亞
格達米斯
的黎波里區域
阿吉達比亞
埃及
沙巴
昔蘭尼加區域
利比亞
格特
費贊區域
阿爾加夫
奈及利亞
利比亞主要石油及天然氣田
0 500 1000 2000
高度（公尺）
0 200 miles
0 200 km
查德
蘇丹

第二章

利比亞
地中海的無政府狀態

利比亞是個廣袤空曠的國家。這個多數由沙漠構成的國家，位於地中海南岸，面積是法國的三倍、英國的七倍，人口卻只有這兩國的一〇%，僅有六百五十萬。但利比亞同時也是個資源豐富的國家，除了相當規模的天然氣田外，還擁有非洲最大的已知石油儲量。二〇〇〇年代將結束時，利比亞的石油產量，曾是科威特及阿拉伯聯合大公國等更知名出口國產量的半數至三分之二。[1]石油資源加上小規模人口的組合，原本該讓利比亞人享有波斯灣地區的繁榮，但他們的生活卻悽慘地與繁榮沾不上邊。

數十年來，利比亞在性格古怪的獨裁者穆阿瑪·格達費（Muammar Gadhafi）統治之下。他封閉國家，甚至禁止英語，將利比亞的大部分財富用於海外冒險跟轉進他自己家族的口袋。二〇一一年人民起義終於推翻了格達費政權，然而各路起義的武裝分子卻展開互相攻擊，導致新民主曙光的希望破碎。格達費政權蓄意培養利比亞人之間的不信任與分裂的氛圍，這一點對垮台後的政局產生重大影響。不到幾年時間，利比亞陷入分裂。意識形態、部落與地區差異都影響了局勢，但主要爭奪仍然圍繞著國家財富，不同軍閥為爭奪資源而相互衝突。當然，外國政府也大幅介入，對利比亞的崩潰負有部分責任。國際社會在北大西洋公約組織（NATO）的領導及聯合國支持下，支持反格達費運動，協助推翻獨裁者。然而，各國之間僅有的少許團結幾乎立即瓦解，因為各國政府支持不同派系，各自謀取自身利益，似乎對利比亞老百姓的困境漠不關心。自二〇一一年以來，美國、法國、義大利、英國、土耳其、俄羅斯、阿拉伯聯合大公國、埃及及卡達，都曾在某個時間點於利比亞部署軍隊；在這個失敗國家雪上加霜、局勢惡化的過程中，每個國家都有其角色。

政變：失敗的國家

利比亞的崩潰並非不可避免。二〇一一年後，國內外領導人所做的決策，雖然是造成後續分裂的主因，但利比亞在近代歷史上一直缺乏穩定與團結。數世紀以來，今日利比亞的沿岸城市及部分內陸沙漠城市，都是由鄂圖曼帝國從遙遠的伊斯坦堡進行鬆散的統治。這個情況在一九一一年義大利入侵後結束，並開啟了殘酷的殖民統治。數十萬人死於軍事抵抗、疾病或在義大利集中營裡死於飢餓。[2]第二次世界大戰期間，盟軍最終將羅馬逐出利比亞，勝利的西方政府賦予利比亞獨立地位。新國家由三個歷史性地區組成：西部海岸的的黎波里區域（Tripolitania），以的黎波里（Tripoli）為中心；東部海岸的昔蘭尼加區域（Cyrenaica），以班加西（Benghazi）為中心；以及南方沙漠人煙稀疏的費贊區域（Fezzan）。然而，各區域之間差異顯著，尤其在一九五九年發現石油之後，財富與權力的分配更引發緊張局勢不斷升級。盟軍擁立昔蘭尼加區域的宗教抵抗領袖，這位年長的伊德里斯國王（King Idris）無法應對日益嚴重的問題，最終在一九六九年遭到格達費軍事政變推翻。

伊德里斯努力建立統一國家的同時，格達費卻拿鐵鎚擊碎這個國家。他雖自稱為「人民革命」的一份子，卻解散憲法及所有法律，以全國人民委員會取而代之。理論上，這些委員會應該能實現直接地方民主，實際上，格達費的利比亞卻混亂不堪，僅餘少數國家機構，也缺乏法治，一切都圍繞著這位古怪統治者及他經常自相矛盾的自創意識形態打轉。為了維持權力，格達費鼓勵利比亞人不相信國家，也不信任彼此，並設有多個安全機構來確保人民安分守己。他強化既有的分裂：扶持鄉村部落，而非沿海城市居民；同時偏袒故鄉的黎波里區域，犧牲昔蘭尼加及費贊區域。[3]

幸運的是，格達費有石油財富可以資助他的「革命」。利比亞的石油品質特別好，地理位置又比遙遠的波斯灣國家更接近歐洲市場。這帶來的財富，讓格達費得以建立一個全面的福利國家，確保利比亞人民的生活品質高於北非鄰國。這也促使公部門工作職位大幅增加。一如其他石油主導的經濟體一樣，利比亞的專制政府也利用財富創造許多不必要的工作職位，以綁住人民支持政權：到了一九八七年，利比亞七五%的勞動人口都在公部門工作，成為世界上最龐大的公部門之一。格達費同時禁止多數私營企業，有一部分出自他的革命意識形態，一部分則是為了防止強大的私人公司可能挑戰他的權力。[4]結果就是極度不發達的經濟，完全依賴石油，所有人都仰賴國家提供工作。幾乎沒有農業或工業，基本的乳製品跟肉類都需要從國外進口。

儘管擁有石油財富，利比亞卻非地中海上的阿布達比。班加西及東部地區遭到格達費忽視，第二次世界大戰時期的毀損多年未曾修復，的黎波里也比想像中的石油國家首都更顯破舊。雖然格達費確實投資了一些大型基礎建設計畫，如「偉大人造河」，這是世界上最大的灌溉工程，將淡水輸送到利比亞各地；但公路卻坑坑疤疤，一九七〇年代建設的醫院與學校也已破敗。相反地，大量資金被送往國外。在一九七〇與一九八〇年代，格達費資助多位海外阿拉伯與非洲武裝分子，其中某些人對西方目標發動恐怖攻擊，包含惡名昭彰的一九八八年洛克比（Lockerbie）爆炸案。此事件引發西方制裁，阻礙了經濟發展及格達費的區域野心。種種破壞性活動令他遭到其他中東領導人的排斥後，格達費晚年將目光轉向南方，包含讓多位非洲傳統部落領袖擁立他為「非洲諸王之王」（King of African Kings），並成立了五十億美元的非洲投資基金。[5]利比亞的財富也流入格達費家族的口袋，七名孩子裡有好幾位因奢華生活而聲名狼藉，引發民怨。

諷刺的是，隨著利比亞國內對獨裁者的不滿增加，幾十年來長期想推翻他的外國政府卻開始對他熱情相迎。一九九九年，格達費交出洛克比爆炸案的主要嫌疑人後，二〇〇三年又宣布放棄大規模殺傷性武器，西方國家隨即取消對利比亞的所有制裁，紛紛前往的黎波里尋求合約與投資。格達費在的黎波里市外的華麗帳篷中，接待了英國首相東尼·布萊爾（Tony Blair）在內的各國領導人。與此同時，他的兒子薩伊夫·伊斯蘭（Saif al-Islam）則引領改造政權國際形象的行動，在國內外將自己塑造成年輕的現代化推動者。包含跟英國倫敦政經學院的爭議性合作，該校接受格達費家族數百萬英鎊捐款後，授予薩伊夫·伊斯蘭博士學位。[6]法國也接受格達費的資金，據傳數額可觀的捐款投入了尼古拉·薩科齊（Nicolas Sarkozy）總統二〇〇七年的競選活動中。[7]在這一連串粉飾過往罪行的作為並持續進行專制統治的情況下，利比亞成功吸引了大量外國商機，歐洲、土耳其跟波斯灣國家的公司，紛紛加入投資利比亞行列。然而，普通利比亞人民依然感受不到多少實際好處，對世界開放，並未解決格達費統治所造成的深層問題。

因此當鄰國在二〇一一年初爆發抗議時，利比亞人也接踵而上並不令人感到意外。如同一月跟二月分別推翻獨裁者的突尼西亞跟埃及，利比亞也被同樣腐敗的專制家族統治了幾十年。跟更加貧困的鄰國不同，利比亞擁有豐富資源，但財富未能惠及普通人民，激發了更大的不滿。利比亞的抗議始於東部。儘管昔蘭尼加地區擁有利比亞至少六〇%的石油，卻幾乎未曾受益。人們透過半島電視台的報導，熱切追蹤突尼西亞跟埃及的抗議活動，仿效示威四處蠭起，特別是在班加西地區，數百人集結於中央警察局前。但跟突尼西亞與埃及（見第六章）多數和平的革命不同，利比亞的局勢迅速轉趨暴力。格達費的安全部隊殺害數名抗議者，導致更多人上街，有些人甚至拿起武器。大量士兵及政府官員叛逃，為這場缺乏統合且多樣化的叛亂積累動力，在國內不同地區發展出不同形式。不出幾日，格達費的部隊被逐出班加西及整個利比亞東部，以及西部的津坦（Zintan）和米斯拉塔（Misrata）等城市。這些地方也成立了反抗民兵。

格達費以挑釁的態度應對叛亂，他在電視演說中，稱呼抗議者為「老鼠」和「蟑螂」，並荒謬地宣稱他們不但跟蓋達組織（Al-Qaeda）有關，還受到雀巢咖啡（Nescafé）引起的幻覺所影響。與此同時，薩伊夫．伊斯蘭則上西方電視台的節目，將班加西反抗軍描述為恐怖分子與殺人犯。[8]然而外國政府並不相信這些宣稱。英國與法國對自己在突尼西亞與埃及抗議活動的反應遲緩感到尷尬，便迅速放棄與格達費的新友誼，並敦促聯合國授權軍事干預以協助反抗軍。隨著政府發動反擊，許多人擔心格達費若征服班加西與其他反抗中心，將會大規模屠殺當地的居民。此一擔憂甚至促使通常立場保守的阿拉伯聯盟，在當時積極行事的卡達擔任輪值主席國之下，支持北約主導的軍事行動。這項行動於三月十七日獲得聯合國授權。

最初設立禁飛區，只是為了阻止格達費動用空軍鎮壓反抗者，但很快擴展成對內戰的全面干預。政府擁有的軍事目標都遭到轟炸，並派出特種部隊協助反抗軍，特別是美、法、英、卡達與阿拉伯聯合大公國的部隊。最終，外部干預改變了局勢。八月底，的黎波里淪陷；十月底，格達費在反抗軍進攻故鄉塞爾特（Sirte）時遭到殺害。一個月後，薩伊夫．伊斯蘭在試圖逃亡時被捕。四十二年的格達費統治結束了。不幸的是，對利比亞來說，結束統治的外部與內部勢力對後續事務難以達成共識。

外力：後格達費時期的混亂

叛亂初期，反對派成員組成了全國過渡委員會（National Transition Council，簡稱NTC），試著統合反格達費運動。格達費去世數日後，委員會宣布利比亞正式解放並成立臨時政府。儘管在國際盟友面前，全國過渡委員會展示出自己是反抗軍的統一領導者，實際上權威有限。叛亂吸引了各類不同的利比亞反對派：國外返國的流亡者；為保衛特定城市或地區而組成的地方民兵；鄉村部落；伊斯蘭主義者；聖戰士；以及叛逃的格達費政府官員。多數人雖在戰爭期間尊重全國過渡委員會的領導，但隨著獨裁者倒台，分歧開始浮現。

一項主要議題是武裝民兵的命運。格達費淘空多數國家機構，沒有國家軍隊或警力來吸收這些民兵，因此臨時政府試圖創建新的國家架構來控制民兵。然而，戰士們多數都不願放棄武器或自主權。相反地，武裝分子雖登記參加政府方案，收下月薪，卻照舊行事。[9]雪上加霜的是，政府內部的政治人物優先考慮自己的地方利益，而非任何國家議程。他們推動有利自身家鄉區域民兵的計畫跟合約，進一步壯大這些武裝分子，同時削弱新政府。民兵始終未曾放下武器，城鎮、都市與街區仍舊由武裝團體控制。此一發展不僅令利比亞原本就很高的公部門薪資支出更加膨脹——二〇一八年年度預算的七五%用於薪資及補貼——這也成了各方進一步鬥爭的基礎。[10]

另一層緊張，則圍繞著前政府官員的角色。戰爭期間，部分反抗軍曾對效忠格達費的地區，如塞爾特及巴尼瓦利德（Bani Walid），發動報復性攻擊。格達費倒台後，革命強硬派對前官員在全國過渡委員會及臨時政府中占有重要職位，感到不滿。格達費統治下遭受迫害的伊斯蘭主義者，於是特別積極推動稀釋前官員角色的作法。他們首先成功迅速舉行民主選舉，以取代未經選舉產生的臨時政府。然而，二〇一二年七月舉行的選舉中，前官員及全國過渡委員會領導人馬穆德·吉布里爾（Mahmoud Jibril）的政黨表現卻優於伊斯蘭主義者。儘管新總理阿里·齊丹（Ali Zeidan）成立了包括雙方的妥協政府，革命強硬派仍舊不放棄，他們提出一項《政治隔離法》（Political Isolation Law），禁止格達費時期的官員擔任公職，包括吉布里爾。二〇一三年一月至五月的法案辯論期間，武裝民兵包圍國會與其他部門以恐嚇議員，更顯示出此刻是由槍桿子統治。他們成功了；法案通過，但代價巨大。大量前官員被排除在外，於是他們都渴望加入反政府勢力，這為即將爆發的二次內戰提供大量新成員。同時，新國會的權威也已經折損，民兵包圍的作法顯示出國會是可以用暴力脅嚇的。

隨著民兵勢力壯大，鮮有政治人物敢正面對抗，暴力事件也逐漸增加。民兵隊之間的低層衝突愈發司空見慣，竊盜與謀殺案件也顯著增加。總理齊丹甚至曾遭民兵隊短暫綁架，雖然不久後便獲釋放。民兵隊還擾亂支付薪水的重要石油經濟。二〇一三年八月，一名民兵隊領袖易卜拉辛・賈斯蘭（Ibrahim Jathran）控制了幾個石油港口，試圖私自出售原油。他的行為令石油產量減半，導致利比亞政府連續八個月每月損失三十億美元。[11]然而，當他出售石油的計畫失敗，最終同意放棄港口後，的黎波里仍將他及他手下的民兵隊重新納入國家薪資名單之中；總理齊丹則被迫辭職，展現出後格達費政府的虛弱不振。

支持推翻格達費的外國政府，在獨裁者倒台後也產生分歧，各自支持對立的利比亞派系，因此加深國內的分裂。西方政府固然希望的黎波里政府能夠鞏固，發展成有效的民主政體，但在軍事行動結束後，西方勢力卻刻意收斂。此舉一部分也是因應反抗軍的要求。全國過渡委員會拒絕了由外國軍隊穩定國家的提議，擔心此舉將會削弱委員會的權威，同時他們也意識到，許多利比亞人，特別是伊斯蘭主義者，並不信任西方政府。此外，還因為美國的猶豫不決。美國總統歐巴馬經過些許說服，才支持北約行動，他極力希望避免在伊拉克創傷（見第五章）之後，又引發另一場中東戰爭。他原本希望能在英、法兩國「背後領導」，但是當這些盟友裝備不足時，美國卻不得不介入，這也進一步加深美國對利比亞泥淖的擔憂。因此當全國過渡委員會拒絕外國軍隊維穩的提議時，歐巴馬也樂於避免長期涉入。北約確實嘗試為新政府訓練約兩萬名左右的安全部隊，然而這些機構也在民兵勢力蓬勃發展的情況下進展有限。[12]

二〇一二年九月，聖戰士攻擊美國駐班加西領事館，造成大使在內四名美國人遇難後，西方勢力更進一步退縮。美國國內對此次維安失敗的批評，加上利比亞各地持續動盪，導致美國將外交人員縮減到僅剩的黎波里的少數幾人。二〇一四年衝突再度擴大至首都時，他們跟其他西方使館的工作人員也被撤離。幾年後，歐巴馬將利比亞革命後的「爛攤子」歸咎於格達費死後英、法盟友失去興趣，加上利比亞國內的政治分裂。[13]這也許是事實，但他自己也是匆忙走避。美國協助擊敗格達費，製造出不穩定局面，卻在四名美國公民悲劇死亡後又迅即轉身迴避，確實過於倉促。

隨著西方大國對利比亞失去興趣，更加突出中東地區勢力的重要性。許多中東國家，尤其是阿拉伯聯合大公國跟卡達，從一開始就參與了反格達費運動，並派出特種部隊協助反抗軍（見第九章）。這兩個雄心勃勃的波斯灣國家確實擔憂政權發動大屠殺，但格達費一倒台，這兩國均試圖將局勢導往對己有利的方向。阿拉伯聯合大公國在中東各地強烈反對穆斯林兄弟會，從二〇一一年開始，就支持利比亞的反伊斯蘭主義勢力。二〇一二年選舉中，利比亞的穆斯林兄弟會分支依靠幾支關鍵民兵支持，獲得第二高的得票數，這令阿布達比當局憂心不已。阿拉伯聯合大公國的實際領袖，穆罕默德・賓・札耶德王儲（Crown Prince Mohammed Bin Zayed），喜見吉布里爾帶領的這個更世俗化的政黨贏得選舉，也支持反伊斯蘭主義的武裝團體。

利比亞成了圍繞著穆斯林兄弟會而進行的中東內部更大的鬥爭。二〇一三年七月，埃及軍方在阿拉伯聯合大公國跟沙烏地阿拉伯的鼓勵下，對開羅的民選穆斯林兄弟會政府發動政變。這引發了利比亞伊斯蘭主義者及革命強硬派的疑慮，擔心阿拉伯聯合大公國會在的黎波里發動類似陰謀，這使他們變得更加強硬。埃及政變則反過來幫忙鞏固了他們的對手，包括許多被排除在外的前政府官員，他們將所有對手都標籤成「伊斯蘭主義者」，無論這個描述是否準確。阿拉伯聯合大公國、沙烏地阿拉伯及埃及媒體如今也在強化這些偏見，將所有利比亞反對派描繪成穆斯林兄弟會激進派。[14]

擁抱：卡達的失敗冒險

這場分歧的另一邊是卡達。卡達跟阿拉伯聯合大公國，是格達費倒台後最初幾年，最積極參與利比亞事務的區域行動者之一。二〇一一年初，隨著阿拉伯世界各地爆發革命，多哈當局看見機會。卡達統治者哈馬德・賓・哈利法酋長（Emir Hamad Bin Khalifa）在一九九〇年代中期上台，決心利用卡達豐富的天然氣資源，提升酋長國的知名度與影響力。一開始，這涉及「軟」實力的事業，如促成黎巴嫩與巴勒斯坦派系之間的交易、買下英國百貨公司、贊助巴塞隆納足球隊，以及最著名的資助半島電視台成立，後者成為全球最受歡迎的阿拉伯新聞電視台。[15]當突尼西亞與埃及政府遭到推翻，利比亞與敘利亞爆發叛亂時，哈馬德及其統治圈改變了策略。雖然沙烏地阿拉伯及阿拉伯聯合大公國等波斯灣鄰國統治者擔心穆斯林兄弟會可能掌握政權，但向來與兄弟會關係密切的卡達並無此憂慮。多哈當局不但未曾擔憂革命，反而擁抱革命，認定若友好政府上台，將有助於卡達提升自己的區域影響力。

但在利比亞，這卻造成一種適得其反的雙重策略。多哈熱情支持全國過渡委員會對格達費的戰爭，以及隨後成立的臨時政府。卡達政府與半島電視台頻繁呼籲利比亞團結，尊重新的民主秩序。但同時多哈也資助各式各樣的戰士，經常繞過全國過渡委員會，與民兵建立直接聯繫。這個作法跟區域內的競爭對手阿拉伯聯合大公國的作法類似。[16]多哈利用穆斯林兄弟會流亡者跟住在卡達的利比亞人，還跟內戰中發展出來的新力量建立聯繫，例如米斯拉塔的商人。因此，許多利比亞民兵隊發展出自己的外部資金及武器來源，進一步讓他們更不願接受政府的控制。

臨時政府持續掙扎，卡達表面上說要尊重的黎波里的權威，卻繼續支持自己的民兵盟友，因此令局勢更加惡化。[17]它持續支持兄弟會相關團體，也跟阿拉伯聯合大公國及沙烏地阿拉伯發生衝突。最終，利比亞以外的事件迫使多哈撤退。埃及政變對卡達是個重大打擊，卡達的穆斯林兄弟會盟友遭到囚禁，半島電視台也遭禁播。與此同時，在卡達內部，哈馬德將權力交給長子塔敏（Tamim），塔敏的國際經驗不足，也缺乏野心。在利比亞，阿拉伯聯合大公國的盟友逐漸占據上風，卡達的盟友則出現分裂，且未能產生多哈當局在二〇一一年期望的（也許有些天真）穩定友好政府。塔敏專注於鞏固國內權力，多哈遂於二〇一四年靜靜放棄涉入利比亞事務，卻已經深刻影響引發二次內戰的利比亞國內分裂。

軍閥：第二次內戰

雖然後革命時期的利比亞暴力從未止息，但在過去三年的國內外緊張情勢推波助瀾下，二〇一四年爆發了第二次內戰。二月份，國會投票決定延後選舉，的黎波里就爆發了抗議活動。支持抗議活動的退役將軍哈利法·哈夫塔（Khalifa Haftar）宣布他將暫停國會與憲法。此一舉動遭到訕笑，因為哈夫塔並沒有執行這項決定的軍事力量。[18] 然而，他卻利用大眾對於國會、伊斯蘭主義者及強硬派革命民兵主導政治的不滿情緒。哈夫塔曾是格達費時代的官員，一九八〇年代與政權決裂，隨後在美國維吉尼亞州流亡了二十年，直到起義期間才返回利比亞。由於《政治隔離法》禁止他擔任公職，哈夫塔遂取得其他前政府官員及軍官的支持，包含吉布里爾的支持者，在發出聲明後的幾個月內，建立了自己的民兵隊。[19] 哈夫塔巧妙地將自己的組織，命名為利比亞阿拉伯武裝部隊（Libyan Arab Armed Forces，簡稱 LAAF），讓國內外的人以為這是支全國性部隊，能為利比亞後革命混亂帶來秩序。實際上，他只是另一個軍閥。

哈夫塔雖是昔蘭尼加與的黎波里兩區的混血後裔，卻在東部區域找到支持者，這些人再度因為受到的黎波里政府的忽視而深感憤怒。二〇一二年以來，東部地區的緊張局勢和暴力情況逐漸上升，但哈夫塔對班加西發動大規模軍事攻擊，導致局勢嚴重升級，點燃了後來所稱的第二次內戰。哈夫塔回應阿拉伯聯合大公國與其他人鼓舞的反伊斯蘭主義論述，針對國會派的伊斯蘭主義者與革命民兵，宣稱自己的攻勢將「肅清班加西的極端分子與不法者」。哈夫塔花了三年時間贏得這場戰鬥，導致城市多處淪為廢墟，但這並未阻止利比亞阿拉伯武裝部隊往其他地區擴展。到了二〇一四年九月，他已經占領昔蘭尼加多數地區，包含石油出口港。

二〇一四年三月接替齊丹擔任總理的阿布杜拉・提尼（Abdullah al-Thinni），表示支持哈夫塔，並與許多國會議員一同逃離的黎波里前往昔蘭尼加。這次逃離是發生在選舉遭到延遲之後，該選舉最後終於在六月舉行。由於投票率之低，僅有四成（比起二〇一二年的六成），伊斯蘭主義者及革命派的得票率比預期差，導致強硬派民兵組成聯盟向的黎波里進軍。[20]自稱「利比亞黎明」的團體，主要由的黎波里跟米斯拉塔的戰士所組成，他們擔心哈夫塔會利用選舉結果進攻首都，因此先自行占領的黎波里。他們清空國會，驅逐了提尼跟其他議員，在殘缺的國會中恢復過去盟友的席次。他們還將二〇一一年以來持續駐紮在的黎波里的津坦民兵趕出去，無意間將津坦這座西部城鎮轉成哈夫塔派的前哨站。

不出幾個月，利比亞經歷了二〇一一年以來最嚴重的戰爭。超過三十萬人流離失所，國家四分五裂，民主轉型的最後希望似乎也熄滅了。[21]哈夫塔控制東部多數地區，建立一個粗糙的專制政權，壓制異見，路邊滿是他的肖像。儘管提尼與國會議員在東部城市托布魯克（Tobruk）成立了憲法規定下的「代表大會」（House of Representatives），這個機構卻愈來愈無力，最終權力還是掌握在哈夫塔手裡。西部也是類似情況，儘管理論上由殘缺的國會治理，利比亞黎明的民兵卻控制了的黎波里及周邊地區。儘管東西方的實體分割看似清晰，彼此對抗的軍事力量都是複雜聯盟，模糊了利比亞的種種分隔線。哈夫塔在昔蘭尼加地區擁有前政府官員及鄉村部落的眾多支持，而利比亞黎明的支持者主要來自的黎波里地區的城市居民及伊斯蘭主義者。然而，哈夫塔的利比亞阿拉伯武裝部隊中，有伊斯蘭的薩拉菲派以及西部津坦人的支持。同樣地，利比亞黎明內部，除了伊斯蘭主義者之外，還包含許多西化商人，還有柏柏爾（Berber）部落的支持。有些分裂存在已久，可追溯到格達費時代之前；有些則是新發生的，出自革命政治；還有一些則是在外國支持者的影響下惡化產生。

二次內戰的無政府狀態，為伊斯蘭國的擴展提供了機會，讓近期新宣布的全球「哈里發國」進入了利比亞（見第一章）。許多利比亞聖戰士曾前往敘利亞參與內戰，特別是出自東部城市德爾納（Derna），他們現在回國在本土發起聖戰。他們連接上國內的激進派，二〇一四年十月數百名武裝戰士掌控了德爾納，並宣誓效忠伊斯蘭國。次月，伊斯蘭國在敘利亞的領導人宣布，利比亞的三個省現在已經成為「哈里發國」中的小國。利比亞的伊斯蘭國組織吸引了鄰國突尼西亞與北非其他地區的外國聖戰士，並擴展進入班加西、的黎波里及東部山地、南部沙漠的偏遠地區。值得注意的是，他們在二〇一五年初完全占領格達費的故鄉塞爾特，展開為期兩年的殘酷統治。

然而，伊斯蘭國面臨著支持與資源的窘境，從未成為主力威脅。跟敘利亞及伊拉克的伊斯蘭國不同，利比亞分支從未占領油田或大規模武器庫，因此僅能依賴捐款及綁架的收入。[22]伊斯蘭國在此地受歡迎的程度遠低於其他地區。對於什葉派統治政府的憤恨，導致伊拉克及敘利亞的部分遜尼派加入伊斯蘭國；然而幾乎所有利比亞人都是溫和的遜尼派蘇菲信徒，認同政治在利比亞並沒有激起太大迴響。此外，伊斯蘭國並未參與反格達費叛亂，聲譽比不上其他民兵。因此它從未能超出幾處孤立的據點，最終甚至被逐出這些據點。哈夫塔的部隊將伊斯蘭國逐出班加西跟德爾納。二〇一六年十二月，在聯合國斡旋下成立的的黎波里新政府，以米斯拉塔民兵為代表，重新奪回塞爾特。一小股剩餘的伊斯蘭國戰士則退進沙漠，由此處發動恐怖攻擊，卻再也無法對領土形成威脅。

介入：國際戰場

如同第一次內戰，利比亞第二次內戰同樣也高度國際化。雖然在反格達費行動下形成統一的外國聯盟，這一次外部勢力卻各自支持著不同陣營。關鍵角色之一是阿拉伯聯合大公國，它成為哈夫塔最重要的支持者。阿布達比認定哈夫塔是利比亞版的阿卜杜爾・法塔・賽西（Abdel Fattah El-Sisi），亦即它在埃及支持的反穆斯林兄弟會軍事獨裁者。於是阿布達比提供了各種財政及外交支援，甚至派出自己的部隊，以戰機跟無人機攻擊利比亞黎明、伊斯蘭國及其他勢力。同時間還在哈夫塔的東部勢力範圍內，建立空軍基地，以運送補給。[23]埃及的賽西也向哈夫塔提供大量支持，空軍定期出動，還轟炸德爾納的伊斯蘭國；當時伊斯蘭國在公開影片中，斬首了二十一名被俘的埃及基督徒。[24]

阿拉伯聯合大公國的角色更超越軍事援助，動員巨額財力及國際影響力。它出資訓練蘇丹傭兵，與哈夫塔的軍隊共同作戰，還致力改善美國跟這位利比亞將軍的關係。歐巴馬繼任者川普對哈夫塔的態度有所軟化，很可能得歸功於阿拉伯聯合大公國遊說的成果。[25]同樣地，阿拉伯聯合大公國與法國密切的經濟軍事關係，也可能促進了巴黎與哈夫塔之間更緊密的聯繫，特別是通過法國外交部長尚—伊夫・勒德里昂（Jean-Yves Le Drian）。阿布達比更進一步資助俄羅斯傭兵為哈夫塔作戰，這也讓莫斯科加入戰局。儘管哈夫塔從來不是阿布達比或其他外國支持者的傀儡，但他的軍事行動與利比亞東部的統治，都高度仰賴外部支持。他在內戰中的角色，讓阿拉伯聯合大公國得以擁有龐大影響力。

相較之下，位於的黎波里的對手只獲得些微外國支持，而利比亞黎明的領導人很快就被聯合國背書的統一政府所取代。哈夫塔的初期軍事勝利，引起聯合國憂慮，促使聯合國發動和平進程，並於二〇一五年末在摩洛哥簽署一項和解協議。二〇一五年時，外國政府憂心歐洲難民危機以及伊斯蘭國在敘利亞的迅速崛起，因此再度產生試圖穩定利比亞的動力。這項協議促使托布魯克及的黎波里兩處對立國會，同意在新總理法耶茲・薩拉吉（Fayez al-Sarraj）領導下，組成民族團結政府（Government of National Accord，簡稱GNA）。驚人的是，哈夫塔被排除在外。薩拉吉於二〇一六年三月帶領新內閣抵達的黎波里，獲得一群民兵隊的支持；他們說服大多數利比亞黎明戰士解散其聯盟。不過幾個月間，東西方之間的裂痕再起，托布魯克國會宣布協議無效，重啟戰事。此刻的黎波里是由聯合國正式承認的政府所統治，並獲得美國及歐洲國家名義上的支持。

然而，西方的支持卻是不慍不火。歐巴馬政府任內最後一年，協助與民族團結政府結盟的米斯拉塔民兵擊敗伊斯蘭國。美國對塞爾特發動五百多次空襲，支持這群戰士最終在二〇一六年十二月重新奪回此地。[26]川普的態度則較為曖昧，美國官方政策雖只承認的黎波里政府，但二〇一九年哈夫塔對首都發動軍事攻擊時，川普卻致電表揚將軍的「反恐努力」。同時間，他的國家安全顧問約翰・波頓（John Bolton）被報導同意這次攻擊行動。[27]

歐洲政府對的黎波里的支持也同樣搖擺不一。歐盟希望能確保利比亞的穩定，利比亞的無政府狀態導致此地成為非法移民進入歐盟的重要源頭：二〇一四到二〇一七年間，有六十萬人搭乘著危險航行工具橫渡地中海。[28]歐盟為此投入數百萬歐元，試圖遏止源源不絕的船隊，包含改善海岸警衛隊、司法及警政系統。由於民族團結政府仍由民兵隊主導，於是多數資金最終都流入民兵口袋裡，且他們常與移民潮主要來源的人口販運分子掛勾。歐盟的努力最終只見到有限成果，橫渡的情況雖有減少，結果提升了的黎波里民兵隊的勢力，而非扶助民族團結政府。更因此造成數萬移民被關押在悲慘的臨時監獄裡。

義大利與法國之間的競爭，導致歐洲的策略更加複雜。義大利是受移民潮影響最嚴重的國家，它也是利比亞的前殖民統治者，除了可追溯至格達費時代的石油與天然氣合約，還有多項利益牽涉其中。這些利益使得義大利在二〇一一年不願全力支持北約的行動。到了二〇一六年，羅馬公開支持民族團結政府與聯合國的和平進程，儘管它也曾考慮支持哈夫塔。因此，盟友法國似乎支持這位利比亞將軍的作法，令義大利感到不滿。[29]法國長期以來一直希望成為撒哈拉地區（利比亞南部沙漠位於此地）的主導勢力，因此革命後的不穩情勢蔓延到鄰近撒哈拉國家時，令法國感到擔憂。雖然法國官方上支持的黎波里政權，但歷任法國領導人都傾向在利比亞豎立「強人」的概念，因而援助哈夫塔，包含提供武器及特種部隊，此舉削弱了歐洲對利比亞及民族團結政府的統一立場。例如，當西方外交官與聯合國試圖阻止哈夫塔在二〇一九年對的黎波里發動攻擊時，法國外長勒德里昂卻對哈夫塔說：「我們等待你的勝利。」[30]

俄羅斯與土耳其則是這場衝突的相對新來者，他們並未參與二〇一一年的干預行動，卻在十年後卻成了最重要的外國勢力之一。俄羅斯勉強背書支持北約行動，但很快就反悔了。對莫斯科來說，它以為自己在聯合國同意的是人道任務，沒想到卻迅速轉變成西方主導的政權更迭行動；這是俄羅斯堅決反對之事。新的全國過渡委員會政府取消了數張格達費同意跟莫斯科簽訂的基礎設施合約，令俄羅斯領導人普丁更加憂慮。雖然沒有證據顯示俄羅斯鼓勵哈夫塔發動第二次內戰，但內戰爆發時，普丁卻對利比亞的不穩定情勢感到滿意。普丁認為，後革命時期的混亂，是對西方領導人未來要發動政權更迭時的警告。戰爭一爆發，莫斯科便支持哈夫塔。他在格達費政權下擔任軍官時，曾前往蘇聯受訓，會說俄語。普丁也認為只有強人才能穩定利比亞，他將哈夫塔視為巴沙爾．阿薩德之類的角色，後者也是獲得普丁支持與認可的敘利亞「強人」。哈夫塔的勝利也可能為俄羅斯軍隊提供新基地，給俄羅斯公司帶來新合約。支持哈夫塔還有區域層級上的意義，有助於促進阿拉伯聯合大公國與俄羅斯之間日益增長的友誼，還能挫敗前者的主要盟友、俄羅斯的敵人美國。同樣地，土耳其對的黎波里政府日益增加的支持，也讓俄羅斯更有動力跟哈夫塔合作，因為安卡拉正成為俄羅斯競爭區域影響力的對手。

跟克里姆林宮有關的俄羅斯傭兵公司，開始訓練利比亞阿拉伯武裝部隊，其中最惡名昭彰的瓦格納集團最終還加入戰鬥。儘管俄羅斯堅稱瓦格納集團是私人企業，至少部分是由阿拉伯聯合大公國出資，但美國國防部將其描述為莫斯科的代理人。[31]瓦格納集團與克里姆林宮的親近關係在數年後曝光，傭兵集團在入侵烏克蘭的戰爭裡扮演了重要角色，直到集團領導人葉夫根尼·普里格津（Yevgeny Prigozhin）在二〇二三年對普丁發動政變失敗，隨後遭到流放而去世。曾在敘利亞戰爭中作戰的敘利亞傭兵也被俄羅斯招募，數百人被送進利比亞。[32]增援之後不久，哈夫塔的利比亞阿拉伯武裝部隊在二〇一九年接管了利比亞人口稀少的第三省——費贊。這些行動都大幅提升俄羅斯在衝突中的角色，成為與阿拉伯聯合大公國並駕齊驅的東部重要勢力。比起阿拉伯聯合大公國堅定支持哈夫塔，莫斯科則顯得較為曖昧：暗示若有必要，也可以拋棄這位將軍。[33]

另一方面，哈夫塔對首都的攻擊受阻，部分原因是土耳其向民族團結政府增援。如同俄羅斯，土耳其也在格達費政權垮台後失去原有的商業聯繫。跟莫斯科不同的是，安卡拉支持各個後繼的的黎波里政府，特別是伊斯蘭主義者的政府，這是土耳其支持穆斯林兄弟會大政策的一部分。然而，如前所述，革命剛發生時，領導支持這些派系的是土耳其的盟友卡達；當時安卡拉的注意力主要是在敘利亞跟埃及。二〇一六年，聯合國支持的民族團結政府成員包含部分伊斯蘭主義盟友，因此也獲得土耳其的支持。直到二〇一九年，土耳其才成為涉入利比亞的主要勢力。

哈夫塔的主要外國支持者，是土耳其當時在中東的主要競爭對手。阿拉伯聯合大公國曾協助將埃及的穆斯林兄弟會趕下台，並發起封鎖卡達的行動，而開羅的新政府支持中東地區各地的反伊斯蘭主義者。最重要的是俄羅斯的干預。兩國雖在敘利亞有時合作，但也曾在那裡激烈衝突。總體來說，土耳其認為俄羅斯擴大介入中東事務，威脅了它的區域雄心。數年來，土耳其接受阿拉伯聯合大公國與埃及介入利比亞事務，真正激發反應的是莫斯科的攪局，因為此時正值民族團結政府迫切需要土耳其協助，而安卡拉對此抱持開放態度。土耳其總統艾爾多安則有進一步涉入利比亞的動機。土耳其歷史上的競爭對手希臘，堅稱擁有地中海東部部分區域的天然氣專屬勘探權，這令他感到憂慮。由於利比亞與爭議區的西南角接壤，安卡拉遂與民族團結政府簽署一份海域協定，承認土耳其對此海域的主張。作為回報，艾爾多安同意提供大量軍事援助。[34]

土耳其的介入凸顯了此刻利比亞衝突由外部勢力決定的程度。儘管哈夫塔進軍的黎波里的行動被擋在首都郊區，但直到二〇二〇年初，他的部隊仍控制了利比亞東部全境及西部大部分人口稀少區域。主要沿海城市的黎波里、米斯拉塔及其周邊，還牢牢掌握在民族團結政府手中。應艾爾多安的要求，土耳其國會授權派遣部隊，安卡拉隨後派出特種部隊、無人機、防空系統、海軍艦艇及情報官員。在某種對俄羅斯行動的精確回應之下，土耳其也派出幾千名從敘利亞反抗軍控制區招募來的敘利亞傭兵。這些部隊結合起來，幫助民族團結政府發動一波成功反攻，重新控制多數利比亞西部地區。這場反攻最終在爭奪塞爾特的對峙裡達到高潮。民族團結政府的部隊於二〇二〇年夏季，進攻哈夫塔控制下的格達費故鄉。此舉不僅激怒俄羅斯派出戰鬥機對抗土耳其軍隊，埃及也威脅要入侵以支持哈夫塔，導致土耳其、俄羅斯與埃及之間發生直接衝突的可能性升高。最終各方達成停火協議，塞爾特依然握在哈夫塔手中，但這場對峙也顯示出利比亞戰爭的國際化程度與危險性。

僵局：分裂的利比亞

二〇二〇年的塞爾特對峙及隨後的停火，促使國際社會重啟疲軟的聯合國和平進程——

雖然主要外國參戰者被全球新冠肺炎疫情分散注意力也有所助益。經過數輪談判，新的全國統一政府成立，理論上統一了東西對立的托布魯克與的黎波里政府。儘管停火仍然有效，內閣職位也在對立政權之間分配，實際局勢卻沒什麼變化。哈夫塔拒絕服從新政府，他的利比亞阿拉伯武裝部隊繼續控制利比亞東部多數地區，包含油田在內。此外，儘管新的的黎波里政權試圖跟哈夫塔的外國支持者建立連結，阿拉伯聯合大公國、埃及與俄羅斯仍持續支持哈夫塔；土耳其則拒絕撤回軍隊。許多人懷疑內外部的各路人馬只是在耗時間，等待下一輪戰鬥到來。預定二〇二一年十二月舉行的總統大選帶來一絲希望，但因無法就候選人達成共識，選舉最終遭到無限延期，衝突再次陷入僵局。

面對最新的團結倡議，國內外的反應出現在許多方面，體現出後革命時期的利比亞政治典型樣貌。所有人都是表面呼籲團結，最終仍只追求自身利益。西方政府雖然推動聯合國進程，卻不願投入關注或資源來助其成功。比起願意投入資源的區域大國，西方國家的影響力相對較小。西方領導人在二〇一一年主導推翻格達費後，特別是美國，隨即迅速脫身，留下一片混亂的局面。部分西方政府，如法國及川普政權下的美國，與哈夫塔合作，也進一步削弱聯合國進程的力道。川普的繼任者拜登當選後，立即對利比亞展現出較高興趣，但隨後受到二〇二二年俄羅斯入侵烏克蘭的牽絆，為利比亞尋求長期解決方案因此退到次要位置上。依此種種，利比亞的局面代表的是西方領導人的失敗。雖然擊敗格達費可能避免了大屠殺，但隨後的漠不關心，加上部分國家的虛假不實，造成了隨之而來的暴力。

另一個在利比亞未能實現目標的國家，是卡達。它雖然協助推翻格達費，但外交經驗不足，未能實現它期待中的伊斯蘭主義友好穩定政府，它的政策也對利比亞的分裂添了一份助力。其他區域大國的野心較小，某種程度上可算是實現了目標，因為多數僅希望在利比亞衝突中取得影響力，提升自己的區域形象，而非解決利比亞的衝突。實際上，利比亞未來面對的挑戰之一，是四個主要參與衝突的外國——俄羅斯、土耳其、阿拉伯聯合大公國與埃及——都能從未解決衝突的現狀裡獲得好處，因此缺乏解決衝突的動機。他們以不同方式將參戰行為外包出去，無論是運用傭兵或空中武力，都讓可能引發本國不滿的部隊損失最小化。此外，除了埃及可能會擔心戰爭溢過西部邊界之外，利比亞都不是其他國家的主要的關切。相對地，他們將利比亞視為：當其他戰場居於不利地位時，可以用來向區域對手施壓的場域。土耳其的晚期介入，源於在敘利亞敗給俄羅斯及希臘的海上威脅，正是這一論點的完美證明。由於介入成本低，且各方缺乏結束戰爭的動機，區域大國的參與及干涉可能將延續多年。

對利比亞百姓來說，這一切全都令人不安，在經歷了十多年戰爭跟不穩定之後，他們的生活水準已急劇下降。不幸的是，利比亞的領導人跟他們的國際支持者一樣，不願將共同利益置於個人利益之上。二〇一一年革命之後，民兵拒絕解除武裝，政治人物也不願或無法強迫他們解除武裝，造成利比亞永久民兵化的現象即為例證。同樣地，許多前格達費政權的官員也參與了革命，但革命派卻堅持將他們排除在權力之外，這種作法更加激化了分裂與內戰。就像外部大國可以從利比亞的現狀獲利一樣，太多利比亞領導人也從現狀獲利，更不可能向對手作出實質讓步。在經歷幾十年殖民暴政與格達費專制統治，後革命時期的利比亞固然起跑點不算好，但國家崩潰與四分五裂並非不可避免。二〇一一年後國內外領導人所作的決策，將原本有潛力成為地中海最富裕國家的利比亞，變成了最混亂失序的國家。

葉門

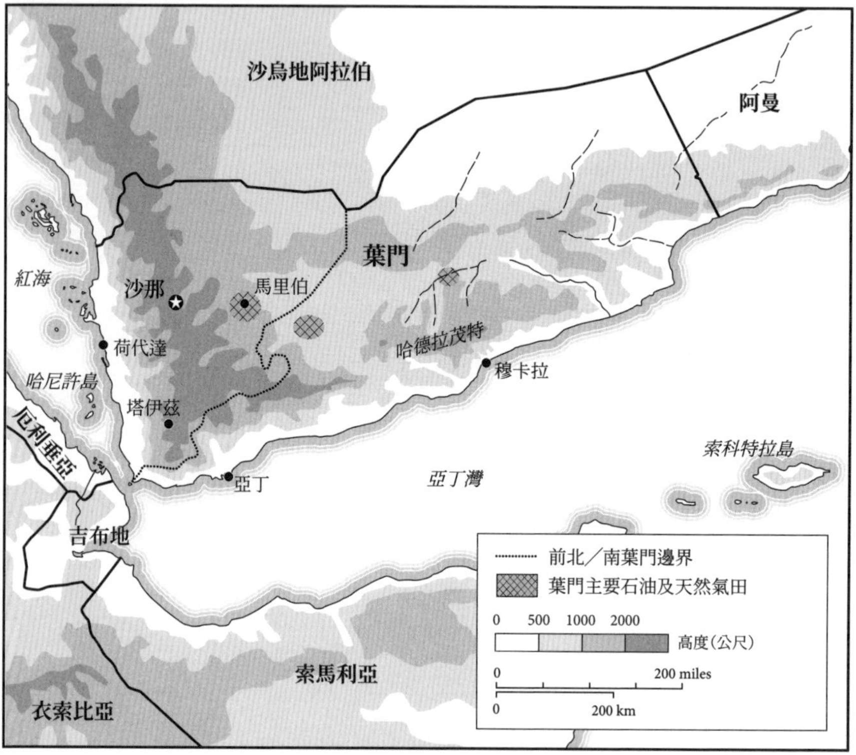

沙烏地阿拉伯
阿曼
葉門
紅海
沙那
馬里伯
荷代達
哈尼許島
塔伊茲
哈德拉茂特
穆卡拉
厄利垂亞
亞丁
亞丁灣
索科特拉島
吉布地
索馬利亞
衣索比亞
前北／南葉門邊界
葉門主要石油及天然氣田
0
500
1000
2000
高度（公尺）
0
200 miles
0
200 km

第三章

葉門
「世界上最嚴重的人道危機」

近代歷史對葉門並不友善。這個一統的現代共和國不過才三十年的歷史，但這段時間裡，卻已經歷獨裁統治、旱災、貧困、轟炸及一場慘烈內戰——聯合國秘書長安東尼奧・古特雷斯（António Gutteres）稱之為「世界上最嚴重的人道危機」。二〇二〇年，兩千七百萬人口裡有四分之三需要人道援助，近三分之一的人不知道下一餐從何而來。數百萬人受到霍亂折磨，飢餓與饑荒四處蔓延。[1] 儘管歷經數次停火，衝突的永久解方仍舊希望渺茫，葉門的未來前景與它的近代歷史同樣黯淡。

這一切本來不該如此。一九九〇年，南北葉門在樂觀氣氛中統一。隨著北方統治者阿里・阿卜杜拉・薩利赫（Ali Abdullah Saleh）掌控全國，希望迅速破滅。他的內政及外交政策拖累經濟，分而治之的策略引發內部多年衝突，災難性的生態政策更在這個世界上水資源最匱乏的國家之一裡，進一步造成用水短缺。早在內戰之前，葉門已是中東最貧困的國家之一，因此二〇一一年阿拉伯世界掀起抗爭浪潮時，葉門人民會走上街頭要求薩利赫下台也不足為奇。然而，對於後薩利赫時代的葉門該何去何從的分歧想法，造成內部分裂，而獨裁者不願離去，阻撓起義，最後導致暴力衝突爆發。

薩利赫與葉門其他領導人固然要負起大部分責任，但外部勢力也難辭其咎。過去的帝國統治者如英國及鄂圖曼帝國，統治此地的方式帶來傷害，而沙烏地阿拉伯、埃及與其他區域勢力，在葉門獨立後也伸手進行干預。二〇〇〇年代，沙烏地阿拉伯跟美國協助薩利赫施行災難般的統治，國際機構如國際貨幣基金（International Monetary Fund，簡稱 IMF）推行的政策則造成經濟與環境破壞。二〇一五年以來，這類外部干預愈演愈烈，沙烏地阿拉伯及阿拉伯聯合大公國領導一支區域干預部隊，而伊朗及其盟友則支持敵對一方。與此同時，美國及其他西方國家則支持利雅德跟阿布達比發動的戰爭。這場衝突可能是世界上最嚴重的人道災難，但這場災難是人為的，外國勢力與葉門人同樣都有責任。

失望：兩葉門合而為一

從歷史來看，葉門的位置福禍相伴。位於阿拉伯半島西南角，紅海與印度洋夾著曼德海峽（Bab al-Mandab）交會，長期以來葉門一直是區域的貿易中心。首都沙那（Sanaa）以壯麗的古老泥磚塔樓建築，展現出昔日繁華，列入聯合國教科文組織世界遺產名錄的舊城區有如迷宮。然而，這個戰略地位也吸引了外國干涉，鄂圖曼帝國占領沙那在內的北方；英國則垂涎南方的亞丁港（Aden）以保護通往印度的航道，因此而征服南方。殖民時代的分治，最終形成兩個葉門。北葉門在一九一八年鄂圖曼帝國崩潰後獲得獨立，由宰德什葉派（Zaydi Shia）的宗教領袖所統治，他們與土耳其統治者之間既合作也抗爭。然而，他們所建立的宗教君主國在一九六二年結束，當時一群理想主義軍官發動政變，宣布北葉門成為共和國。同時間，南方的英國人則花了更長時間才撤離。倫敦多次嘗試延續統治權，即便在印度獨立之後也未罷休，之後則計劃逐步撤出，然而持續不斷的游擊戰及日漸增長的費用，加快了英國的腳步，終於在一九六七年撤離。叛亂者當中的左翼人士奪取政權後，建立了中東第一個共產國家。[2]

表面上，兩個葉門看似相仿，兩者都是部落社會，主要都是以農業經濟為主的鄉村地區。然而，兩邊政府截然不同。北葉門由阿拉伯民族主義軍官統治，最初抱持著世俗理想，後來逐漸仰賴保守的部落領袖；南葉門的社會主義領導人則試圖徹底重塑社會，他們設定計畫，減少部落與宗教的影響力，改善女性權益，還制定了中東最進步的憲法之一。[3]然而，貧困且相對短壽的政府，意味著變革的影響範圍很有限，尤其是在首都亞丁之外的地區。此外，南葉門也是專制政體，權力掌握在執政的社會主義政黨手中。南北葉門都經歷頻繁的暴力衝突，兩邊都生於戰爭，北葉門在一九六二至一九七〇年間，經歷共和派與君主派的內戰；南葉門則有對抗英國的四年叛亂戰爭。一九七〇年代間，因為邊界爭議，北葉門對南葉門發動兩次戰爭。南葉門則在一九八六年，因為統治政黨內部的緊張關係，導致短暫但血腥的內戰。

一九八六年的內戰導致一萬人死亡，產生六萬難民，震驚了南葉門的人民，也因此促成統一進程。[4]儘管偶有敵意，兩個葉門政府長期以來持續表達統一的願望。一九八六年後的合法性危機，加上南北葉門的邊界地區發現石油，同時冷戰將結束之際蘇聯撤回援助，都促使亞丁與沙那展開談判。結果在一九九〇年達成統一協議，北葉門總統薩利赫成為統一後的新國家元首，南葉門領導人成為副總統及政府首腦。雙方同意建立民主制度，舉行國會自由選舉，迎來了相對政治自由的時代。然而，這種自由並未長久。

薩利赫逐漸將權力擴展至統一後的葉門全境，沿用他自一九七八年掌權以來就在北葉門採取的分而治之策略。雖然議會制度名義上仍然存在，但薩利赫將權力集中在自己手裡，安插盟友到關鍵職位。政敵遭到暗殺，削減政治自由，軍隊中充滿效忠者，企業則被迫接受薩利赫的親信進入董事會。[5]許多南葉門人很快就發現，統一意味著被納入薩利赫的領地。北葉門的法律在全國推行，重申部落制度，並扼殺女性權益獲得的進展。一九九四年，部分南方領導人嘗試脫離，重建獨立，卻面對薩利赫部隊的軍事攻擊，亞丁遭到洗劫占領。這類暴力行為成為薩利赫統治下的常態。二〇〇四年，他的政府對什葉派伊斯蘭運動——青年運動（Houthis）發動攻擊，這是此後多次衝突中的第一次。此外，他也對蓋達組織發動低強度行動；蓋達組織於二十一世紀初開始在葉門境內運作。

這些暴力事件發生之時，生活水準也急劇下降，這個現象是薩利赫政策與外部因素綜合所致。一九七〇及一九八〇年代，兩葉門的經濟都相當繁榮，特別受益於來自波斯灣地區的外匯，但這個趨勢在一九九〇與二〇〇〇年代中逆轉了。一九九〇年，薩利赫在聯合國做出不智決定，投票反對授權美國領導的聯軍從海珊手中解放科威特，因此激怒了美國及波斯灣國家。美國隨即削減對葉門的援助，波斯灣國家則驅逐了多達八十萬名葉門勞工。[6]新發現的石油有助於緩解這個危機，卻也強化薩利赫的權力，因為更多人開始依賴國家分配財富，而非自己在國外賺取的收入。然而，薩利赫及其親信將大部分石油收入攬為己有，在財富分配上管理不當，他用來收買部落支持者，而非投資教育、醫療或交通建設。此外，葉門的石油儲量有限，也遠不及波斯灣地區的品質，他對石油枯竭後的情況幾乎沒有應對計畫。葉門有限的水資源也面對同樣的情況，根據二〇一〇年的估算，預計將在三十年內枯竭。[7]薩利赫政府卻只關注如何擷取更多水，而非提高持續性，導致多個村莊因乾旱及土地沙漠化而遭棄村。

薩利赫還透過外交鞏固自己的統治。他從一九九〇年的聯合國錯誤中吸取教訓，二〇〇一年美國遭到蓋達組織攻擊時，他迅速向華府表達支持。蓋達組織在葉門的影響力不大，最著名的事件，是二〇〇〇年時對位於亞丁的美國軍艦「科爾號」（USS Cole）發動自殺攻擊。薩利赫將自己呈現為美國「反恐戰爭」的夥伴，使得美國對葉門的軍事援助，從二〇〇六年的一千四百萬美元，大幅擴增至二〇一〇年的一億七千萬美元。[8]沙烏地阿拉伯也援助薩利赫，持續提供財務援助並參與對抗青年運動的軍事行動。他也歡迎西方金融機構如世界銀行及國際貨幣組織，這些機構在為政權提供資金的同時，也督促推動結構性調整政策，最終卻使葉門老百姓更加貧困。它們建議耕種高出口價值的農作物，犧牲了本地糧食安全；補貼削減，國有企業私有化，更加重人民的負擔。[9]儘管數十年來許多葉門人渴望統一，但現實卻只帶來了失望、壓迫及更加嚴重的貧窮問題。

鎮壓：通往戰爭之路

薩利赫不惜一切代價維持權力，且在國內外勢力大力協助與鼓舞之下，最終將葉門推向內戰。這些推動的勢力把自身利益置於一切之上。如同阿拉伯世界其他地方，二〇一一年初，葉門也受到突尼西亞與埃及革命的啟發，爆發抗議活動。直接引爆點則是薩利赫在一月提案修改憲法，允許他第三次出任總統，這是他三十三年執政過程裡，諸多護權手段中最新的一起。以年輕人為主的示威者，仿效埃及事件，在沙那市中心及其他城市，發起長期靜坐抗議，要求薩利赫下台。隨著抗議活動勢頭增強，傳統反對黨、伊斯蘭主義者、南方分裂派及青年運動成員也加入靜坐，並組成委員會討論後薩利赫時代的葉門願景。當薩利赫下令武力鎮壓抗議活動，並於三月屠殺數十名沙那市民後，薩利赫黨內人士開始叛逃加入反對勢力，抗議人數進一步增加。

薩利赫的外部支持者，主要是沙烏地阿拉伯，迅速得出結論，認為眼前情勢對這名長期獨裁者來說，是難以跨越的障礙。在利雅德主導下，海灣國家合作理事會（Gulf Cooperation Council，簡稱 GCC）於四月調解葉門各派系，並拋出提議，讓薩利赫辭職下台以換取免責權，並由副手阿卜杜・拉布・曼蘇爾・哈迪（Abdu Rabbu Mansur Hadi）接任。然而薩利赫拒絕簽字，他的拒絕引發暴力回應。雖然和平靜坐抗議仍然存在，最終還將持續了好幾年，但其他反對者卻轉向暴力手段。此一轉向導致六月份的刺殺未遂事件，薩利赫重傷後撤往沙烏地阿拉伯。忠於薩利赫的部隊則繼續對抗反對勢力的武裝派與非武裝派，導致緊張局勢升高。總統於九月返回葉門，一開始仍舊拒絕簽署海灣國家合作理事會提出的協議，但當聯合國安理會要求執行這項協議，並以制裁及旅行禁令威脅後，他終於在十一月勉強簽署。儘管薩利赫同意將權力移交給哈迪，但他並未真正退場，免責權也讓他能夠自由行動，謀劃重返政壇。

二〇一二年二月，根據海灣國家合作理事會的協議，哈迪當選民族團結政府總統，反對派各派系代表也都納入其中，但許多人很快就對新政權感到失望，哈迪也未能成功讓國家過渡為包容的新葉門。主導部分軍隊與其他維安要職的薩利赫效忠者，從未真正接受哈迪，經常拒絕聽從政府號令。[10]這迫使新總統得依賴其他人來運作政府，導致他重度依賴伊斯蘭主義政黨——葉門改革集團（Islah），該黨在二〇一一年成為反對派內的重要聲音。然而葉門改革集團在反對人士之間並不受歡迎，他們的崛起也讓那些感到被排除在外的人心生憤怒。

哈迪政府很快也露出跟薩利赫政權同樣腐敗的跡象，將親信（通常跟葉門改革集團或效忠哈迪部落有關之人）放上領導位置，使得情勢愈演愈烈。

其中最不滿的當屬南方分裂派。生活水準下降及過去二十年愈來愈嚴重的腐敗情況，讓許多南方人不只怪罪薩利赫政權，也歸咎到統一之上。二〇〇六年雖然發起了正式的獨立運動，但運動內部並未統一，到了二〇一一年，幾乎有上百個不同的支持分裂團體。此外，南方人之間也存在區域差異：城市亞丁人貶低鄉村地區；富含石油的哈德拉茂特（Hadramaut）地區不願分享財富；部分東部省分的人甚至考慮加入隔壁的阿曼，而非獨立的南葉門。[11]此外，還有許多南方人完全反對獨立。儘管如此，南方的分裂問題仍舊是民族團結政府和「國家對話會議」（National Dialogue Conference）裡的重要議題；該會議也是海灣國家合作理事會協議的一部分，目的是讓各派系研議如何治理後薩利赫時代葉門。二〇一四年國家對話會議報告公布時，南方代表對提案十分不滿，提案報告稱：南方將劃分為兩個聯邦區與其他四個地區，而非他們所期待的單一南方聯邦區。[12]在南方分裂派尚未作出回應之前，對此提案也不滿的青年運動，就入侵了沙那。

青年運動，又稱阿拉的輔士（Ansar Allah），於一九九〇年代末、二〇〇〇年代初期形成，起初是具有宗教政治色彩的宰德黨與青年運動的基進分支。他們抗爭的主題，包括宰德什葉派的邊緣化、薩利赫政權的貪腐及親美。宰德什葉派占了葉門人口的三〇％到三五％，主要分布在接近沙烏地阿拉伯邊境的極北地區，他們的宗教實踐跟占多數的遜尼派非常相似，反而跟其他地方的什葉派有所不同。[13]追溯歷史，宰德人的領袖為先知穆罕默德後裔，曾是北葉門的統治者，直到君主制在一九六二年結束，此後影響力逐漸衰退。某些時候，薩利赫會偏袒青年運動，以平衡（也基於北方的）葉門改革集團勢力，但他逐漸將青年運動視為威脅，這也是他在二〇〇四到二〇一〇年間發起軍事行動的原因。然而他這些造成大量平民痛苦的無差別攻擊軍事行動，反而強化了青年運動，擴大民眾支持，並促使人民提升自己的軍事能力。到了二〇〇〇年代末期，沙烏地阿拉伯加入薩利赫這一方，一起對抗青年運動時，這群叛軍的能力不只能跟敵人相提並論，甚至曾入侵沙烏地阿拉伯，羞辱了利雅德。二〇一一年動亂前夕，青年運動已經成為一支強大民兵，這支反薩利赫革命武力日漸受到歡迎，吸引的支持者也超越了一開始的宰德派根基。

出於對薩利赫的敵意，青年運動武裝在二〇一一年加入反對派是可以預見的，但他們明顯跟其他人保持距離，在各個靜坐抗議場中設立自己的帳篷。薩利赫一下台，他們的領導層就開始接觸民族團結政府跟國家對話會議。然而，青年運動內部仍存在反對任何對話的強硬派，尤其在部分較溫和的領導人遭到暗殺後，反對對話這一派獲得更大的影響力。他們的對手葉門改革集團在哈迪政府中的顯著地位，也讓他們感到不滿，國家對話會議的建議又未能給予他們所渴望的極北區域自治權。葉門針對未來各種可能性進行討論的同時，青年運動也逐步擴張，鞏固了對北方的控制，包括在軍事上擊敗葉門改革集團，並向南挺進。此外，令許多人感到意外的是，他們還跟舊政敵薩利赫建立起祕密聯盟。

二〇一四年夏天，青年運動對政府發動攻擊。雖然最後這將成為內戰的第一槍，但初期戰鬥卻是相對平靜。青年運動的軍力迅速擊敗忠於葉門改革集團的政府部隊，在不受阻礙的情況下進入首都。他們之所以能占領沙那，有幾個原因：由於哈迪政府未能在薩利赫下台後迅速帶來群眾預期的改革，近期甚至提高燃油價格，對哈迪政府失去信心的大眾，幾乎未曾抵抗青年運動的接管；青年運動宣稱自己才是人民真正的聲音，也日益受到大眾歡迎；此外，部分仍忠於薩利赫的軍隊故意按兵不動，薩利赫私下將青年運動擊敗哈迪視為自己重返權力之路。另外，哈迪的算計也出了差錯。二〇一二年以來，眼見葉門改革集團主導他的政府，他欣見青年運動教訓一下葉門改革集團，讓他們能比較聽話，不那麼專橫跋扈。他原本期待青年運動維持在幕後，讓他的政府能順利推動，但宰德派民兵卻另有打算。[14]幾個月後，二〇一五年一月，青年運動領導人要求哈迪接受他們所提名的副總統、主要部會首長及官員的人選。倘若接受這項要求，哈迪政府將會成為青年運動的傀儡，因此總統及全體部長都請辭。青年運動隨後解散國會，成立「革命委員會」施行統治；被軟禁在家的哈迪則潛逃亞丁。

此時，哈迪在電視上宣布撤回請辭，自稱葉門真正的總統，並譴責他口中的青年運動政變。此舉引發激烈戰鬥，並標誌著內戰起始。此時青年運動幾乎控制了舊北葉門的所有區域，並與薩利赫合作，後者很快譴責哈迪，並公開跟青年運動的祕密聯盟。舊南葉門的大部分地區名義上雖忠於哈迪，實際上他的亞丁政府影響力有限，主導局勢的經常是地方上的團體與統治者。[15]此外，青年運動的野心尚未滿足，他們跟薩利赫的忠實支持者立即向南方發動軍事攻擊，並於三月一路直達亞丁。哈迪向海灣國家合作理事會求助，並逃往沙烏地阿拉伯。這次逃亡救了他的政府一命，沙烏地阿拉伯領導了阿拉伯國家組成的國際聯盟來支持哈迪；然而，此一決定也改變了衝突的性質，最終延長並擴大葉門的苦難命運。

介入：沙烏地阿拉伯的越戰

歷史上，沙烏地阿拉伯是葉門最重要的鄰國，但也最愛干涉葉門。由於兩國之間共享的邊界，是兩國最長的陸地邊界，沙烏地阿拉伯長期以來一直希望有個穩定且友好的葉門政權。這促使它在一九六〇年代介入北葉門內戰，支持被推翻的君主對抗利雅德當時的競爭對手埃及及所支持的軍隊。親埃及的勢力最後獲勝，沙烏地阿拉伯也迅速跟沙那當局和解，之後沙烏地阿拉伯被允許透過直接資助、支持部落團體，並確保親沙烏地阿拉伯神職人員主導教育體系，來影響新政權。[16]沙烏地阿拉伯在一九九〇年反對兩葉門統一，可能擔心國家一統且人口增加的南方鄰國將更難以控制，但它也很快就適應新局勢，將資金注入薩利赫的口袋。利雅德當局並不喜歡薩利赫，認為他不可靠，且對沙烏地君主缺乏應有的敬重。即便如此，二〇一一年他們也不願支持讓他下台，部分原因是找不到能維持葉門一統的替代者，部分則是希望限制席捲阿拉伯世界的群眾抗議潮，擔心這些抗議可能很快會在自己國內出現。最終，他們還是接受薩利赫得走的事實，並協助產生了海灣國家合作理事會的方案。

二〇一五年出手干預的決定，不只是為了維護多年停滯不前的海灣國家合作理事會計畫，驅使利雅德當局採取行動的，是多重國內外因素共同作用。幾個月前，沙烏地國王阿布杜拉（Abdullah）去世，由弟弟沙爾曼（Salman）繼位。沙爾曼已高齡七十九歲且身體虛弱，他的長子穆罕默德．賓．沙爾曼（Mohammed Bin Salman，以縮寫MBS廣為人知）立即成為新領導層的主要面孔。MBS在父親繼位時被任命為副王儲，當時不到三十歲，野心勃勃。由於沙烏地阿拉伯王位繼承傳統上是兄死弟及，而非父死子繼，年輕的王子決心顛覆這個秩序，策劃自己的繼位路徑，繞過排在他前面的諸多王子。[17]不多時，他混合魅力攻勢與威脅手段的計畫成功了，他在二〇一七年被任命為王儲及王位繼承人。二〇一五年三月，他的地位尚未穩固，因此將葉門衝突視為提升自己國內地位的手段。跟干預行動同時上場的，還有國內的公關活動，將年輕王子塑造成軍事領袖。然而，MBS對南方鄰邦知之甚少。實際上，沙烏地阿拉伯王室傳統上將葉門事務交由一名王子負責，二〇一一年負責人去世後，沒人接手，導致MBS及其政府對葉門當地變化動態了解不足。[18]

然而這不只是雄心勃勃王子的愚行，利雅德當局也嚴重憂心葉門事態的發展，首先也是最重要的，他們擔心伊朗及青年運動。二〇〇〇年代，薩利赫向沙烏地阿拉伯尋求支持對抗青年運動時，他說服利雅德的說法包括，宰德派民兵是從伊朗獲取資金與武器。沙烏地阿拉伯領袖深信且此後持續憂心，青年運動若在葉門勝利，將令沙烏地阿拉伯的頭號對手受益。在內戰之前，他們就擔心青年運動會變成葉門版的真主黨——接受伊朗資助，成為類似向以色列發射火箭的黎巴嫩什葉派民兵。隨著青年運動首先進軍沙那，接著是亞丁，利雅德此刻擔心整個葉門會變成親伊朗的衛星國。事實上，二〇一五年沙烏地阿拉伯的首波空襲，有些專門針對青年運動的軍事設施，據信裡面藏有足以攻擊沙烏地阿拉伯本土的導彈。由於沙烏地阿拉伯是遜尼派伊斯蘭的堅定支持者，教派的考量肯定也稍微推動了這些憂慮。只不過，利雅德過去也曾在北葉門內戰裡支持什葉派君主，薩利赫本人也是宰德派出身，因此沙烏地阿拉伯擔憂的，更多是青年運動被視為親伊朗的意識形態，而非自動產生的反什葉派立場。[19]近期脈絡也很重要。二〇〇三年以來，伊朗利用美國入侵伊拉克的機會，將伊拉克從敵對國轉變成盟友，沙烏地阿拉伯擔心對手的力量正在上升。從伊拉克、敘利亞再到黎巴嫩，利雅德感受到自己的區域影響力受到擠壓，現在它認定伊朗正一腳踩在自家門口。

除了來自青年運動及伊朗的威脅、對葉門不穩局勢的憂慮，沙烏地阿拉伯還擔心南方的聖戰士。蓋達組織阿拉伯半島分支（Al-Qaeda in the Arabian Peninsula，簡稱 AQAP）近年來的活動愈來愈頻繁，甚至針對沙烏地阿拉伯官員。利雅德當局許多人擔憂葉門長期無政府狀態，會給聖戰士發展空間有其道理。特別是近期敘利亞及伊拉克的戰爭，導致伊斯蘭國在二〇一四年崛起，讓這種擔憂更為迫切。另一個因素，則是利雅德跟美國的關係。儘管傳統上美國是沙烏地阿拉伯最重要的國際盟友，但在歐巴馬任內，雙方關係卻趨向緊張。二〇一一年當埃及總統面對公眾抗議時，利雅德覺得歐巴馬太快放棄這個兩國共同盟友。沙烏地阿拉伯也強烈反對歐巴馬與伊朗就核子計畫進行談判，並敦促美方採取更強硬的立場。面對伊朗威脅時，沙烏地阿拉伯就會憂慮美國的可靠性，這情勢促使沙烏地阿拉伯大幅投資於軍事力量。二〇一一到二〇一五年間，沙烏地阿拉伯軍事支出從國內生產毛額的七％上升到一三％，一度使沙烏地阿拉伯成為全球第四大軍費支出國，僅次於美國、中國及俄羅斯。[20]因此，MBS感到他必須直接介入以解決葉門問題，一方面是因為美國不太可能出手協助，另一方面因為他的軍事實力遠優於青年運動—薩利赫聯盟。事實上，MBS相信整個軍事行動將在六週內結束。[21]

然而，這場戰爭成了一個泥淖，某些人稱其為「沙烏地阿拉伯的越戰」，類比於一九六〇及一九七〇年代令美國陷入困境的東南亞衝突。[22]儘管沙烏地阿拉伯因依賴空中武力而非地面部隊，使得傷亡遠低於美國在東南亞的損失，但是葉門戰爭卻成了一場掙扎——實現目標或在不大失顏面的情況下撤出。此外，沙烏地阿拉伯的干預對青年運動及伊朗的影響適得其反，入侵行動促使青年運動深化與德黑蘭的連結，以尋求伊朗協助抵禦阿拉伯聯軍。這場戰爭可能提升了MBS在國內的地位，但這或許會因為他對付政敵的其他舉措而自然發生。然而在青年運動對沙烏地阿拉伯本土發動無人機及導彈攻擊之後，批評聲浪也劇增。這場戰爭還損害了沙烏地阿拉伯的國際形象，因為它對葉門的轟炸似乎毫無節制，造成無數平民傷亡，沙烏地阿拉伯海軍還封鎖港口，擴大人道危機。沙烏地阿拉伯軍力遠勝青年運動，多年干預卻未能擊敗它，更進一步損害了沙烏地阿拉伯的軍事威望。

分治：血腥僵局

二〇一五年三月介入葉門的聯軍，確實是一支國際聯軍。除了阿曼之外，所有海灣國家合作理事會成員國都參與其中，還加上埃及、約旦、摩洛哥、蘇丹與塞內加爾以及阿拉伯聯合大公國從哥倫比亞及澳洲僱來的傭兵。這個聯盟還獲得美國及其他西方國家支持，儘管它們並未參與作戰。然而，這仍是一場由沙烏地阿拉伯主導的行動，利雅德承擔了大多數的軍事費用，還提供各種甜頭以說服各國加入。其中真正重要的是阿拉伯聯合大公國，它對葉門有自己的打算。其他國家則扮演次要角色，批評者認為這些國家的存在，不過是為了給沙烏地阿拉伯的行動提供國際信譽合法性的表面支持，並非真正致力於葉門問題。

聯盟軍先對青年運動據點發動空襲，隨後部署了少量的地面部隊。起初迅速取得成功。葉門空軍遭摧毀，聯軍取得空中優勢，到了七月，哈迪派發動反擊，將青年運動逐出亞丁。但進展很快就陷入停滯；聯軍不願投入大量部隊，擔心造成大量傷亡，同時反青年運動的力量又欠缺團結。結果是陷入艱苦僵局，青年運動仍牢牢控制著二〇一五年時占據的據點，大約涵蓋整個舊北葉門，而一群鬆散效忠於哈迪的勢力仍在南部地區並獲得聯軍支持。在邊界地帶及塔伊茲（Taiz）這類激烈爭奪的城市，戰鬥仍舊持續，但變動相當有限。有時，一方試圖打破僵局，例如二〇一八年聯軍對荷代達（Hodeidah）發動攻擊，或二〇二一年青年運動襲擊馬里伯（Marib），但這些少數行動很少改變衝突局勢。缺乏機動戰的部分原因是MBS不願投入更多部隊，他跟指揮官認定，最佳策略是依賴空中力量及海上封鎖，迫使對方屈服。但此舉並未奏效，反而導致青年運動鞏固自己的陣地，在封鎖和轟炸下遭受苦難的是葉門老百姓。

聯軍也未能強化哈迪的勢力，反倒適得其反。利雅德雖然支持哈迪，但大部分支持卻流向政府之中的葉門改革集團派系。儘管沙烏地阿拉伯對葉門改革集團的盟友穆斯林兄弟會持敵對態度，但它一向資助葉門的伊斯蘭主義者，並認為他們是擊敗青年運動的最佳途徑，特別是在北方的葉門—沙烏地邊界沿線。相反地，阿拉伯聯合大公國則難以忽視葉門改革集團跟穆斯林兄弟會的關聯，阿布達比當局非常反對後者。沙烏地阿拉伯與阿拉伯聯合大公國在葉門的目標也有所不同。利雅德專注於消除葉門北方的青年運動威脅，阿布達比則希望在南部強化自己的地位，進一步擴展它在亞丁灣的影響力。它利用這場衝突，在厄利垂亞（Eritrea）及索馬利蘭（Somaliland）建立新據點（見第十章）。早期，它在亞丁建立作戰基地，在葉門的紅海島嶼上建立跑道，並在印度洋上的葉門島嶼索科特拉（Socotra）建立軍事基地。為了實現這股雄心，阿拉伯聯合大公國竭力避開沙烏地阿拉伯在葉門的傳統盟友，在南方培養自己的合作對象。[23]

阿拉伯聯合大公國資助訓練自己的葉門民兵，例如「安全帶」跟「精銳部隊」，這些部隊都跟哈迪政府無關。諷刺的是，許多民兵隊成員來自南部的薩拉菲派，在宗教信仰上比起葉門改革集團更加保守，部分甚至跟蓋達組織阿拉伯半島分支有關，但對阿拉伯聯合大公國而言，他們構成南葉門一支忠誠且非葉門改革集團的力量。然而他們跟政府的關係緊張，因此當哈迪在二〇一七年試圖解除亞丁省長職位，重新確立自己地位時，緊張局勢就爆發了。遭到解職的省長在阿拉伯聯合大公國跟「安全帶」民兵隊的支持下，迅速成立「南方過渡委員會」（Southern Transitional Council，簡稱 STC），宣布南部脫離葉門跟哈迪政權。二〇一八年初，南方過渡委員會的部隊奪取亞丁的控制權，驅逐哈迪政府。一年後，哈迪發動反攻，迫使阿拉伯聯合大公國不得不發動空襲將其擊退。沙烏地阿拉伯跟阿拉伯聯合大公國各別支持的葉門派系之間發生公開戰爭，顯示出聯軍干預的混亂與失敗。最終，沙烏地阿拉伯促成一項鬆散的權力共享協議，暫時平息南方過渡委員會與哈迪政府之間的爭端。此舉也導致南方事實上的分治。與阿聯結盟的南方過渡委員會及其民兵控制了亞丁、數個沿海城市及索科特拉島。已經失去兩個首都——沙那及亞丁——的哈迪，名義上雖然統治著南部內陸地區，實際上卻是由當地民兵（包含葉門改革集團）統治，部分地方甚至是由聖戰士統治。經過多年戰爭，國際承認的葉門總統實際統治的領土所剩無幾。

相較之下，青年運動卻強化了對北方的控制。部分原因是伊朗增加的援助，而這正是沙烏地阿拉伯希望避免的結果。儘管一九七九年伊斯蘭革命後，伊朗在區域內的活躍度有所提升，但對德黑蘭來說，葉門並不重要。即便同樣是什葉派信仰，但宰德派神學與伊朗的十二伊瑪目派（Twelver Shias）及區域內其他什葉派（如黎巴嫩真主黨）非常不同。少數宰德派領袖（後來成為青年運動重要領導人）曾在伊朗學習神學，但除此之外，雙方關係十分有限。[24]儘管二〇〇〇年代時，薩利赫曾宣稱青年運動與伊朗有深厚聯繫，美國等國認為這是葉門獨裁者編造的故事，宰德派叛亂的崛起是自發性，而非受到德黑蘭指示或幫助。

二〇〇九年，當青年運動開始直接攻擊沙烏地阿拉伯，這使得伊朗領導人認定，他們可以成為攪擾利雅德的有用資產時，雙方關係就開始改變。雙方接觸增加，儘管伊朗實際提供的物資支援並不多，但德黑蘭卻故意渲染跟青年運動的密切關係，並正確預見沙烏地阿拉伯將把精力集中在葉門，因此可能減少阻礙伊朗在中東地區的其他野心。[25]MBS的二〇一五年干預行動可視為利雅德「中了德黑蘭的圈套」，導致沙烏地阿拉伯跟它認定的伊朗代理人陷入一場消耗戰，而伊朗實際上投入的資源很少。二〇一五年，沙烏地阿拉伯選擇縮減自己在敘利亞內戰中的角色（過去沙烏地阿拉伯曾資助敘利亞反抗軍對抗伊朗盟友），改將重心放在葉門。對德黑蘭來說，這是一項小投資大回報。

二〇一五年的入侵行動後，伊朗確實也強化對青年運動的支持。將精密武器走私進入沙那，讓青年運動能向沙烏地阿拉伯發射長程導彈。伊朗提供資金及訓練，包含派遣真主黨及伊朗軍官分享作戰方法與戰術。[26]儘管伊朗支持確實大幅提升，也對青年運動抵抗聯軍攻勢有所幫助，但比起沙烏地阿拉伯及其盟友對哈迪政府的支援，伊朗的支持只是小巫。

青年運動之所以能夠生存下來，更重要的因素是它的國內政策。儘管戰爭造成大規模苦難，但青年運動卻不難（正確）指出，造成人民痛苦的主要來源是沙烏地阿拉伯主導的聯軍，而非青年運動。對有意批評的人，青年運動發展出自己的安全與情報網絡，類似薩利赫時代的體系，以維持對人民的控制。他們在不同地區採取不同統治方式：在宰德派主導的北部高地要尋求共識；在遜尼派為主的荷代達港口，則更像占領者。[27]此外，基於飢餓及苦難的程度之深，鮮少有人能夠挑戰他們的權威，唯一足以構成威脅的薩利赫與其忠誠支持者，也在二〇一七年被處置了。青年運動情報部門截獲薩利赫與阿拉伯聯合大公國之間的訊息，前總統似乎準備再度轉變立場，這導致青年運動跟薩利赫支持者之間的武裝衝突，迫使薩利赫正式退出聯盟。然而對薩利赫來說，此舉顯然過於冒險。憤怒的青年運動者攻擊了薩利赫的沙那住所，將他殺害，隨後清洗了沙那跟北葉門區域內的親薩利赫勢力，青年運動獨掌政權。[28]自此他們信心增強，開始重組政府架構，制定新的教育課程，實施嚴格保守律法，並派遣大使前往伊朗及敘利亞。雖然青年運動仍舊遭到轟炸及圍困，這支叛亂民兵此刻對國家北部擁有愈來愈緊密的控制。

戰爭持續愈久，國際關注也隨之增加。美國與其他西方國家從一開始就間接參與這場衝突。二〇〇〇年代期間，美國反恐資金曾促成薩利赫的分裂統治，二〇一一年時美國也不願見到薩利赫下台。即便美國主要從反恐角度來看待葉門，仍然接受了哈迪，因為在美國對抗蓋達組織的戰爭中，他展現出服從態度。白宮被賦予追捕恐怖分子的自由裁量權，以致於在哈迪任內的前五年，美國對葉門人民發動超過一百次無人機空襲。[29]華府對於軍事干預葉門保持戒慎態度，即便利雅德積極遊說，仍選擇不加入沙烏地阿拉伯主導的聯盟。歐巴馬總統曾承諾減少美國在中東的干預，同時美國才剛開始針對伊斯蘭國發動新的軍事行動，因此不願再將部隊派往葉門。他認為青年運動對美國利益威脅不大，且相信即便少了美國，擁有西方武器的沙烏地阿拉伯也足以控制這個威脅。儘管如此，他仍然支持沙烏地阿拉伯的入侵，利雅德甚至是在華府宣布發起入侵行動，美方也提供大量物資支援，例如情報共享、武器補給及重要的空中加油。[30]歐巴馬的支持部分是為了補償沙烏地阿拉伯對美、伊核談判的憤怒。英、法兩國同樣支援聯軍，繼續出售武器及分享情報。

然而，隨著可怕的轟炸及飢荒畫面出現在媒體上，西方大眾開始挑戰政府支持聯軍的立場。二〇一八年，當沙烏地阿拉伯異議記者賈瑪爾・哈紹吉（Jamal Khashoggi）在伊斯坦堡遭到謀殺——普遍認定是MBS指使——使得這位王子及他的葉門戰爭在海外更加不受歡迎。特別是關於武器出售的問題，西方社論與議員質疑領導人為何持續出售武器給轟炸葉門、導致兒童陷入飢荒的領導人。然而多數西方政府並未卻步。歐巴馬任內最後幾天，因為擔憂沙烏地阿拉伯違反人道法，僅象徵性地扣留了三・五億英鎊的軍事援助，但這跟歐巴馬八年總統任期內出售給沙烏地阿拉伯的一千一百五十億美元武器相比，不過是九牛一毛。[31]此外，歐巴馬的繼任者川普上任之後，立即推翻這項決定，同意史上最大筆的沙、美武器交易案，價值高達一千一百億美元。川普比其前任更親近沙烏地阿拉伯及MBS，他跟獨裁者親近更加自在，同時在強烈反對伊朗方面也跟利雅德立場一致。川普四年的總統任期，為沙烏地阿拉伯主導的聯軍提供了某種程度的屏障，免於國際批評。即便跟MBS缺乏此類親密關係的英國，也持續出售武器。二〇一九年，英國高等法院因為擔心出售武器會違反人道法，暫時迫使倫敦當局停止武器銷售；但當政府報告得到「無明確風險」的結論後，隔年即恢復出貨。32

聯合國與其他組織，包含葉門的鄰國阿曼，都曾嘗試結束衝突或至少緩解苦難，但成果不彰。戰前，聯合國通過決議支持海灣國家合作理事會進程，並斡旋推動國家對話會議，然而批評者認為這些措施並不管用。由於聯合國承認哈迪為葉門的合法統治者，因此將戰爭爆發歸咎於青年運動及薩利赫，並對兩者實施制裁。由於西方強權支持沙烏地阿拉伯主導的聯軍，而俄羅斯跟中國對葉門衝突的興趣不大，使得聯合國在推動和平上進度遲緩。由於有許多國家跟多數葉門內部參與者都支持這場衝突，因此最後當聯合國終於進行和平努力時，也顯得無能為力。二〇一七年提出的拉瑪丹齋月停火協議毫無進展。嚴肅談判是直到二〇一八年，亦即戰爭開打三年後，才展開。

稱為《斯德哥爾摩協議》（Stockholm Agreement）的和平進程，是發生在阿拉伯聯合大公國支持的部隊在紅海沿岸取得重大進展，導致青年運動控制下的荷代達港遭到圍困之時。這促使哈迪政府和青年運動在瑞典會面，進行首度面對面談判。談判達成的協議，擋下了爭奪荷代達港的重大軍事衝突，由於此港是北葉門重要糧食進口港，許多人擔憂會造成嚴重人道災難。這份協議內容包含交換囚犯、開設人道走廊，以及雙方從荷代達港撤軍；一些人希望這能成為進一步談判以結束戰爭的第一步。然而批評者指責聯合國急於推動進程，造成協議的措詞模糊，充滿詮釋空間，因而遭到青年運動利用。確實，當阿拉伯聯合大公國支持的部隊撤出，荷代達的控制穩固之後，沙那便將部隊東轉，對葉門改革集團的重鎮馬里伯發動大規模軍事攻擊。這場戰役讓青年運動幾乎就要奪下葉門的石油天然氣產區的核心，促使政府展開激烈反擊。然而，違背《斯德哥爾摩協議》的青年運動並未遭到什麼樣的實質懲罰，國際社會對於重啟和平努力也沒有太大的興趣。

全球新冠疫情爆發，隨後華府領導層更替，讓葉門的國際關注更低。川普的繼任者拜登一開始將葉門放在外交政策議題之先，但隨後發生的事件，讓他的關注重點轉移到其他地方：恢復與伊朗核協議、對中國的全球競爭，以及二〇二二年起的烏克蘭戰爭。拜登雖然撤回了部分川普時代的親沙作為，包含將青年運動從「恐怖分子」名單中移除，停止支持沙烏地阿拉伯的「攻擊性」軍事行動，但他以及其他聯合國安理會領袖都沒有要重啟努力、結束衝突的跡象。[33]新的政權促使利雅德與阿布達比都重新思考眼前局勢（見第九章）。阿拉伯聯合大公國已經認識到這是一場「無法獲勝」的戰爭，於是在二〇一九至二〇二〇年間撤回部隊。沙烏地阿拉伯也意識到戰役失敗及轟炸行動造成的負面媒體報導，特別是來自拜登政府的負面訊息，因此改變策略。沙烏地阿拉伯施壓已經失去所有權威的哈迪在二〇二二年四月請辭，將權力轉交給新成立的總統領導委員會（Presidential Leadership Council，簡稱PLC），旨在尋求衝突解決方案。在此之前，沙烏地阿拉伯已經單方面宣布停火，停止所有軍事行動以促進對話。隨後，聯合國促成了二〇二二年四月開始的停火協議。雖然理論上協議的有效期間僅有六個月，但當十月的最後期限過後，敵對行為並未恢復。取而代之的是，青年運動跟沙烏地阿拉伯在阿曼的調解下進行談判，青年運動願意犧牲總統領導委員會的權力，要求自己的控制權獲得承認。儘管利雅德已經厭倦這場戰爭，但擔心顏面有損，因此不願讓步。

推手：阿拉伯的索馬利亞

二〇一一年阿拉伯起義後，所有面臨不穩定的國家中，葉門的情況似乎最為悲慘。經歷數十年糟糕的政治治理與經濟不良後，葉門已經成為中東最貧困的國家，再加上外國政府與國際金融機構的干涉，葉門幾乎是最難承受持續衝突震盪的國家。故而薩利赫幾十年來分而治之的統治，在他垮台之後出現某種形式的衝突，也許難以避免。哈迪的民族團結政府始終面臨著調解葉門各派系（包括青年運動、南部分裂派、伊斯蘭主義者或前薩利赫死忠派）的艱鉅挑戰。薩利赫卸任後得以留在葉門的決定，讓他可以謀劃復出，讓局勢更加複雜。然而，原本衝突的規模與程度並非必然如此，外部勢力對局勢升級負有很大的責任。

沙烏地阿拉伯在二〇一五年決定發動大規模干預行動，特別應該受到譴責。倘若沒有沙國介入，哈迪政府可能會被擊敗，戰爭本可以更早結束，也能避免人道危機。然而，利雅德卻將一場地方內戰轉變成重大國際衝突，投入了數十億美元的火力，對葉門人民造成嚴重傷亡。此外，沙烏地阿拉伯避免派遣地面部隊，因此無法實現它預期中的致命一擊，也造成了長期的戰爭泥淖。其他大國同樣也對這場戰爭有重要「貢獻」。伊朗在這場衝突中的角色雖然比較低調，作用卻同樣不容小覷；儘管青年運動並非伊朗的傀儡，德黑蘭在二〇〇〇年代刻意誇大雙方的關係以挑釁沙烏地阿拉伯，並在二〇一五年後提供大量軍事援助，顯然對此將帶給葉門民眾的暴力後果漠不關心；同時間，阿拉伯聯合大公國則在南部追求自己的目標，導致哈迪的脆弱政府進一步分裂，讓微弱的成功機會更加渺茫。最後，西方國家，尤其是美國，表現得極度虛偽。他們協助薩利赫進行幾十年的統治，促成最初危機的出現，卻在衝突爆發後，不願放棄利潤豐厚的武器合約，或對交戰雙方施加真正的影響力，來幫助聯合國解決衝突。

結果就是，在樂觀統一的三十年後，葉門很可能面臨正式或非正式的分裂。葉門愈來愈像亞丁灣另一側，長期動亂的索馬利亞。二〇二三年中國促成沙烏地阿拉伯與伊朗之間的區域緩和，給現有停火協議之上進行葉門問題的嚴肅談判，提供了潛在機會。無論和平談判結果如何，利雅德最初的戰爭目標——將青年運動逐出沙那——看似難以實現。在國內，MBS的重心已經轉向經濟多元化，包含推動沙烏地阿拉伯成為全球體育及娛樂觀光勝地，這項目標卻受到持續衝突及來自南部邊界的導彈所威脅。因此，MBS可能會想要透過談判或是單方面撤退以減少在葉門的損失，這樣的行動還可能會受到葉門民眾的歡迎，他們現在對利雅德可說是毫無好感。只不過，這樣的行動可能會讓青年運動掌控北部，但南部卻處境危險。一如先前的哈迪政府，總統領導委員會的權威有限，若缺乏波斯灣國家的財務及軍事奧援，各路民兵組織可能會為了爭奪南葉門有限的資源而自相殘殺。如此情況下，第二次葉門內戰可能會在南部地區爆發。再加上水資源持續短缺及氣候變化，將會出現難民潮，也會讓此地成為蓋達組織阿拉伯半島分支的聖戰士及其他既存勢力的避風港。這些情況皆非西方或中東其他區域勢力所樂見，然而它們卻都是造成此一局面的重要推手。

巴勒斯坦

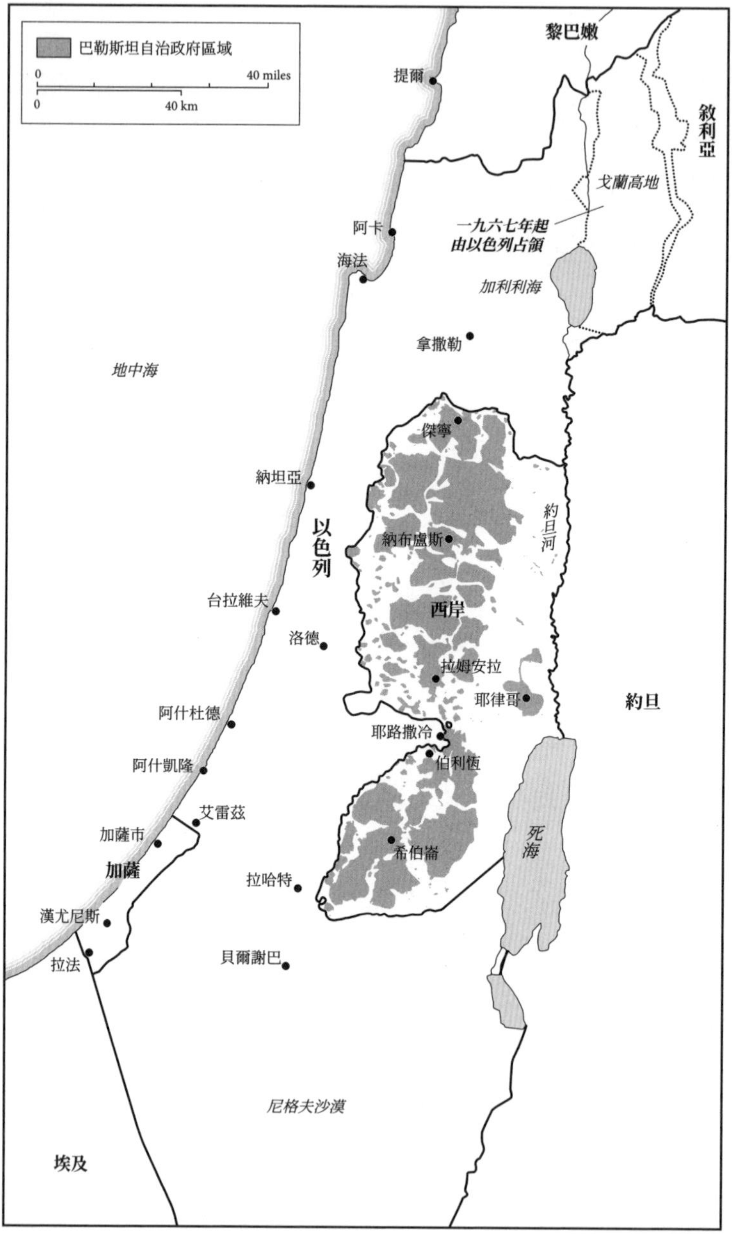

巴勒斯坦自治政府區域
0
40 miles
0
40 km
黎巴嫩
提爾
敘利亞
戈蘭高地
一九六七年起
由以色列占領
阿卡
海法
加利利海
拿撒勒
地中海
傑寧
納坦亞
以色列
約旦河
納布盧斯
台拉維夫
西岸
洛德
拉姆安拉
耶律哥
約旦
阿什杜德
耶路撒冷
伯利恆
阿什凱隆
艾雷茲
加薩市
加薩
死海
希伯崙
拉哈特
漢尤尼斯
拉法
貝爾謝巴
尼格夫沙漠
埃及

第四章

巴勒斯坦

消失之地

巴勒斯坦、以色列、聖地——這些名字掀起的激情遠遠超出中東地區。這片地中海東岸狹長土地上的衝突，仍舊是全球關注的焦點，許多人即便從未親臨其境，也激烈論辯著是非對錯與責任。儘管如此深受矚目，今日爭端卻似乎愈發難解。這一局面也因為全球領袖明顯失去興趣而惡化。美國總統曾將解決此地衝突置於國際議程的核心，但近年入主白宮的人對此已漠不關心。中東領袖曾被迫公開支持巴勒斯坦人，新一代阿拉伯專制統治者卻摸索著與以色列談和的可能性。對巴勒斯坦議題的關注日益下降，反映出全球、區域及地方趨勢的變化。西方政府對中東的關注愈來愈少，解決區域內核心衝突也不再是優先事項。曾經推動鄰國的阿拉伯團結凝聚力在民間仍可見，但在政府層面也已衰微。地方上，以色列政府成功常態化它偏好的「管理衝突而非解決」的策略，成功抑制了國際上對其行為的批評，得以維持現狀。然而，這種忽視的作法卻非長久之道，任其惡化之下，未解決的衝突依然隱藏著隨時可能爆發的風險，如同二〇二三年十月所發生的情況。巴勒斯坦的伊斯蘭主義者哈瑪斯（Hamas）發動一波前所未有的攻擊，隨後即激起以色列軍隊對加薩地帶（Gaza）的猛烈報復。

這場衝突常被誤認為猶太人跟穆斯林之間的宗教衝突。[1]遺憾的是，從這個錯誤的出發點，雙方支持者常利用這場爭端，各自作為醜惡的反猶主義（anti-Semitism）或伊斯蘭恐懼（Islamophobia）的合理化藉口。然而，宗教差異並非問題的根源。許多世紀以來，猶太人跟穆斯林及基督徒組成的巴勒斯坦人比鄰而居，他們的宗教差異並未引發戰爭。[2]實際上，問題根源在於十九世紀末的民族主義：歐洲猶太人移居巴勒斯坦，試圖在此建立屬於他們逃離迫害的庇護所，而巴勒斯坦人因此對移居者產生反感。宗教確實扮演某種角色。猶太教是猶太復國主義者（Zionist）的團結特徵，而位於巴勒斯坦地區的猶太教聖地便成為他們選擇的故土；同時間，東耶路撒冷的伊斯蘭教聖地，則是構成巴勒斯坦民族主義的重要成分。[3]此外，近幾十年來，雙方的極端分子都利用宗教來合理化自己的暴力行徑。這些宗教分歧可能是因衝突而激化，而非造成衝突的根本原因。但今日強調宗教分歧的以色列與巴勒斯坦極端派，使得彌合鴻溝變得更加困難。

這些極端派也可以被視為持續僵局的症狀，而非根本原因。雙方較溫和的領導人都曾有機會解決爭端，但要不是未能把握時機，就是嘗試過仍告失敗。他們的行動獲得外部勢力的支持與斡旋，特別是美國，它有時對以色列的頑固立場幾乎是盲目縱容。而區域內的勢力也沒有幫上忙，埃及、敘利亞、伊朗等國都各有其負面貢獻。

聖地：百年剝奪

該從哪裡開始談起呢？這局面連起始點本身也是激烈爭議的焦點。對許多以色列人來說，他們對巴勒斯坦的主張可以追溯到聖經時代，當時猶太人在摩西帶領下來到應許之地。猶太人在那裡生活了幾個世紀，直到西元一、二世紀，在羅馬統治者的一系列驅逐之下，猶太人才紛紛外移而散布中東及歐洲各地。將近兩千年的時間裡，猶太人在基督教歐洲生活，卻經歷頻繁迫害。十九世紀，一群歐洲猶太知識分子認定，唯一的安全之道就是建立自己的國家。這種民族主義思想即猶太復國主義（又稱錫安主義），他們很快就確立要將猶太人帶回巴勒斯坦先祖故土的目標。對巴勒斯坦人來說，故事則是從歐洲外來者到來開始。這些被稱為巴勒斯坦人的人，實際上是定居於此地千年之久的阿拉伯語使用者。到十九世紀，當地主要是穆斯林人口，也有相當數量的基督教少數群體，其中使用阿拉伯語且跟歐洲猶太復國主義者幾乎沒有關聯的猶太人，只占當地人口的四％。[4] 此時巴勒斯坦民族主義仍處於萌芽期，大多數人會以宗教、阿拉伯族裔或鄂圖曼帝國公民身分作為認同，而非自稱巴勒斯坦人。於是部分猶太復國主義者認為這些阿拉伯人跟這片土地的羈絆不如猶太人，因而主張他們可以遷到中東其他地方居住。然而，猶太復國主義的興起引發當地人的強烈反應。

一八七〇年代開始抵達的移民，主要從住在鄂圖曼帝國其他地區的地主手中買下土地。當時，猶太人為逃避歐洲迫害而大規模外移，前往巴勒斯坦的數萬人只是其中一小部分，其他多數人選擇前往紐約等地。起初，本地阿拉伯人口對此幾乎沒有反對意見，畢竟，這裡只是鄂圖曼廣大領土中一處小型猶太飛地。[5]這個情況在第一次世界大戰期間發生變化。猶太復國主義者遊說英國，支持他們在巴勒斯坦建立一個猶太國家，此處鄰近蘇伊士運河且能保護通往印度的航道，此政策符合英國的利益。英國政府的動機也展現出自身的反猶太主義：希望減少進入英國的猶太移民數量。倫敦還相信陰謀論，認定猶太人對華府與新成立的莫斯科革命政府擁有影響力，因此若支持這一項計畫，也許能說服美國參戰並讓俄羅斯繼續參戰。[6]一九一七年，英國內閣發布《貝爾福宣言》（Balfour Declaration），聲明將「以讚許的態度看待在巴勒斯坦建立猶太人民的民族家園」。戰爭一結束，就從前鄂圖曼帝國的領土裡劃出一塊稱為「巴勒斯坦」的實體，建立為國際聯盟託管地，由倫敦管理，明確任務是協助建立猶太人的民族家園。《貝爾福宣言》及託管條款均堅稱，「不得做出任何可能有損巴勒斯坦現有非猶太社群之公民與宗教權利之事」。[7]然而，這一點卻充滿矛盾。要如何在不影響現有人口公民權利的情況下，創建一個以猶太人為主的國家？當地人為什麼要接受被外來者所取代？

很快就發現，英國顯然播下了破壞的種子。託管期間，猶太移民增加，激起了巴勒斯坦人的不滿情緒。隨著納粹在德國興起，更多猶太人逃離歐洲，巴勒斯坦的猶太人口從一九三二年的一八％，七年後成長到三一％。這些猶太移民帶來可觀財富與專業知識，使得猶太人主導的經濟（排除阿拉伯人）逐漸超越巴勒斯坦經濟。[8]與此同時，猶太定居者開始建立教育、軍事或經濟上的影子機構，暗中形成一個實質上的國家。英國的行政官員默默支持猶太人的這些行動，卻阻撓巴勒斯坦人進行類似的嘗試。巴勒斯坦的精英階層，即鄂圖曼時期以來的領袖家族，難以有效應對這個挑戰。隨著精英階層無力應對，針對英國及猶太復國主義者的人民反對力量，在一九三六年至一九三九年間爆發了一次重大反抗。這次反抗事件產生三個嚴重後果。首先，反抗行動遭到英國武力鎮壓，削弱了巴勒斯坦領導階層，使其更難反抗十年後的更大危機；其次，英國為了這次反抗行動給予猶太團體武裝及訓練，提升了他們在後續戰爭中的能力；最後，倫敦當局在厭倦之下，考慮將巴勒斯坦一分為二，他們的提案是創建一個小型猶太國家及一個大型阿拉伯國家。此提案雖遭雙方拒絕，但分割的概念就此誕生。

第二次世界大戰跟第一次世界大戰一樣，帶來翻天覆地的變化。對猶太復國主義者而言，納粹大屠殺中有六百萬猶太人慘遭殺害，更凸顯建立屬於自己的安全國家的迫切需要，這事件也強化了全球對猶太人的同情心。第二次世界大戰之後，英國疲憊不堪，財政匱乏。當猶太復國主義者轉而對昔日盟友發起暴力行動，迫使他們離開巴勒斯坦時，倫敦無暇它顧，只能將此事交由新成立的聯合國來處理。聯合國重提分割想法，提議建立一個涵蓋五六%巴勒斯坦領土的較大猶太國，以及一個占四三%面積的阿拉伯國家，並將耶路撒冷置於國際管理之下。巴勒斯坦的阿拉伯人再度拒絕這項計畫，主張猶太人僅擁有七%的土地（其中二〇%為可耕地），且人口最多僅占三三%。[9]猶太復國主義領導人則正式接受這項計畫，並於一九四八年宣告以色列國成立，儘管並未明確同意聯合國劃定的邊界。英國撤退之前衝突就已爆發，居住在劃分給以色列地區的巴勒斯坦人若非逃離，就是被強行驅逐。英國一撤出，情況隨即惡化，周邊阿拉伯國家都對以色列宣戰。阿拉伯軍隊的規模雖然較大，但裝備及訓練不良，而且他們雖然聲稱協助巴勒斯坦人而戰，其領導人實際上暗中另有盤算。外約旦（Transjordan）國王占領了聯合國劃入巴勒斯坦國的約旦河西岸及東耶路撒冷，就未再往前推進，此舉令以色列能分出手來，對抗敘利亞與埃及的軍隊。最終，以色列擊敗了這兩國，並占領巴勒斯坦國的北部與南部，埃及只拿下加薩周圍的一片土地。一九四九年達成停戰協議時，以色列控制了巴勒斯坦託管地七七%的土地，包含耶路撒冷的西半部。剩餘土地則由埃及及新近更名的「約旦」所控制，巴勒斯坦國已徹底消失。巴勒斯坦人從此稱一九四八年的危機為「大災難」（Nakba）。

接下來的四十年裡，巴勒斯坦議題遭到外部勢力所利用。首先是埃及和敘利亞的阿拉伯民族主義政府，他們的反以色列立場進一步推動了一九五六及一九六七年的戰爭。一九六七年這一戰是這些阿拉伯政府的災難，以色列在六天內擊敗埃及、敘利亞及約旦的聯軍，占領加薩、東耶路撒冷及約旦河西岸，還從埃及奪取西奈半島、從敘利亞拿下戈蘭高地。事後，聯合國通過了二四二號決議，呼籲以色列撤出，換取與鄰國的和平。然而，「撤出」一詞涵義模糊。英文版稱撤出「領土」（territories）；法文版則更具體指出「這些領土」（the territories）。[10]以色列領導人自此堅稱，這代表他們只須撤出部分占領的領土，反對者則堅持是指所有被占的土地。這一點特別重要，因為以色列占領了巴勒斯坦託管區領土全境，包含整個耶路撒冷，這使得以色列的右派堅定認為，應該保留這些土地改由猶太人定居，耶路撤冷應該成為以色列「一統且不可分割」的首都。

一九六七年的挫敗終結了任何扭轉一九四八年局勢的希望，這些阿拉伯政府轉而追求比較小的目標，亦即收回自家失去的領土。埃及與敘利亞在一九七三年跟以色列爆發另一場戰爭並陷入僵局，因此埃及於一九七九年以簽署和平協議為代價，換回西奈半島。同時間，約旦放棄約旦河西岸，在一九九四年跟以色列談和。明面上，敘利亞仍舊維持戰爭狀態，但因為缺乏盟友，僅能造成有限傷害。隨著阿拉伯政府的撤出，給流亡的巴勒斯坦人提供了發揮空間，巴勒斯坦解放組織（Palestinian Liberation Organization，簡稱 PLO、巴解）這個由不同武裝團體組成的聯盟，一開始從約旦，後來從黎巴嫩出發，向以色列以及其占領區發動襲擊。然而，以色列也對巴解寄生的國家發動報復，最終導致一九八二年入侵黎巴嫩，迫使巴解撤往遙遠的突尼西亞。

衝突：沒有和平的進程

隨著外部支持者遭擊敗，約旦河西岸跟加薩占領區內的巴勒斯坦人也展開自己的反抗。從一九八七到一九九一年，一系列被稱為「起義」（Intifada）的罷工及抗議活動逐漸升溫。這波運動主要是非暴力，卻遭到武力鎮壓：以色列國防部長伊札克・拉賓（Yitzhak Rabin）下令部隊使用「武力、力量及痛毆」。[11]此舉證明是個錯誤判斷，以色列的全球聲譽迅速下降，村莊被夷平、男孩向坦克車投擲石塊的畫面向全世界播送。最終，以色列在主要盟友美國的施壓之下，勉強參加和平談判，這對巴解組織來說是根救命稻草，儘管它跟「起義」關聯不大。起義爆發不久後，巴解組織就做出戲劇性讓步：承認以色列生存的權利，放棄對巴勒斯坦託管區全境的要求，轉而爭取建立一個縮減版的巴勒斯坦國，由約旦河西岸及加薩地區組成、以東耶路撒冷作為首都。此「兩國方案」的想法逐漸獲得認同，成為巴解跟以色列最終進行談判的基礎。這些祕密談判在挪威首都奧斯陸舉行，達成協議，讓巴解統治加薩及約旦河西岸部分地區。談判中的主要分歧點，如耶路撒冷的地位、眾多巴勒斯坦難民是否能返回家園，以及新巴勒斯坦國家的獨立程度，將於後續決定。流亡數十年後，巴解領袖亞西爾・阿拉法特（Yasser Arafat）於一九九四年回國，當選為新成立的「巴勒斯坦自治政府」（Palestinian Authority，簡稱 PA）主席。

然而，巴解被批評為了微不足道的成果，放棄太多權益。[12]突尼西亞流亡者在談判中處於弱勢地位。巴勒斯坦自治政府本應是通向巴勒斯坦建國的第一步，反倒成了以色列占領的同謀。加薩及約旦河西岸大多數地區仍在以色列手中，巴勒斯坦自治政府負責管理人口稠密的都市地區，以色列也期待巴解能維持這裡的秩序。雙方的和平談判仍繼續進行，但進展不多。以色列前國防部長拉賓此時成為總理，並轉向支持談判，但他在一九九五年遭到反對和平進程的極右翼分子刺殺，對和平進程尚無幫助，即便他支持和平談判，也不考慮讓巴勒斯坦完全建國。之後多數繼任者則更加謹慎，特別是在巴勒斯坦的伊斯蘭主義組織哈瑪斯針對以色列平民發動自殺炸彈攻擊之後。美國出面斡旋的最後一輪和平談判，亦在二〇〇〇年無功而返。

對巴勒斯坦人來說，《奧斯陸協議》簽署後的情況更加惡化。只有一小部分巴解組織的精英受益，大多數人變得更加貧困。[13]約旦河西岸及加薩各地的檢查站與哨塔遍地開花，劃分出以色列跟巴勒斯坦自治政府各自的領域，剝奪了巴勒斯坦人曾經享有的移動自由，並嚴重打擊經濟。同時，以色列的屯墾建設及土地占用持續進行。這些不滿，加上和平談判遲遲沒有進展，激化了第二次起義，暴力程度遠遠超過第一次。伊斯蘭主義者，甚至連跟世俗派巴解組織合作的部分團體，都增加了自殺炸彈攻擊的頻率，促使以色列在二〇〇二年重新入侵巴勒斯坦自治政府控制的西岸地區。阿拉法特的住處遭到包圍，他被迫屈辱地滯留在內，直到兩年後健康惡化，才被允許飛往巴黎尋求治療，最終在巴黎去世。

阿拉法特的繼任者馬赫穆德・阿巴斯（Mahmoud Abbas）也未能取得和平進程的突破，巴勒斯坦人卻陷入四分五裂。以色列國內政治逐漸由右翼政黨主導，他們輕則對和平進程抱持懷疑態度，最糟的情況下甚至公開反對。屯墾區及耶路撒冷周圍立起高達三十英呎高的大型混凝土牆作為屏障，以阻止自殺炸彈攻擊者。這座隔離牆也占據了八％的西岸土地，導致許多巴勒斯坦人跟家族及房地產分離。[14] 後續幾任的美國總統都努力想要重啟和平進程，但這些努力若不是對阿巴斯來說過於偏袒以色列，就是被以色列領導人破壞而告失敗。與此同時，巴勒斯坦人則陷入內部分裂。哈瑪斯在二〇〇六年的巴勒斯坦自治政府立法會選舉中意外獲勝。由於伊斯蘭主義者不承認以色列且拒絕放棄暴力，因此以色列與西方盟友視哈瑪斯為恐怖分子，拒絕與其領導的巴勒斯坦自治政府接觸。在西方及以色列的鼓勵下，阿巴斯發動了一次失敗的政變；哈瑪斯則迅即以奪取加薩走廊作為回應。一年前以色列總理艾里爾·夏隆（Ariel Sharon）才剛認定，以加薩走廊阿拉伯人口數量之龐大，不可能成為以色列永久控制區，因此撤出所有屯墾區。哈瑪斯於是將巴勒斯坦自治政府軍隊全數逐出加薩，自此巴勒斯坦領土就一直處於分裂狀態。加薩由哈瑪斯控制，但多數時候為以色列及其盟友埃及所封鎖。哈瑪斯偶爾襲擊以色列，或向平民發射火箭，激起以色列強烈軍事報復，這些衝突造成巨大破壞，加薩居民生活在極度貧困中。此時，西岸地區主要仍由以色列控制，阿巴斯的巴勒斯坦自治政府重新負責一些都市區域。二〇〇六年後，阿巴斯未曾舉行過任何總統或議員選舉，維持著日益腐敗且專制的統治。[15]屯墾區則繼續建設，而東耶路撒冷幾乎與西岸完全隔絕。任何形式的巴勒斯坦國家前景想望，似乎都十分黯淡無光。

敵意：以色列的右翼轉向

在和平進程的失敗上，以色列政府負有極大的責任。以色列過去曾跟巴勒斯坦人有過一些認真接觸。拉賓被刺殺之前，曾努力說服他所屬的工黨及以色列大眾接受和平的好處。同樣地，二〇〇〇年，他的繼任者之一埃胡德．巴拉克（Ehud Barak）向阿拉法特提出巴勒斯坦國家的提議，雖然在邊界、耶路撒冷及難民問題上，並未能滿足巴解組織的要求。二〇〇六至二〇〇八年間，另一名總理埃胡德．歐麥特（Ehud Olmert）進行祕密談判，提出包含西岸及加薩多數地區去軍事化的國家，耶路撒冷由雙方共用，同時象徵性地讓部分難民返回家園。[16]然而，這些領導人都未能或不願做出足夠讓步，破壞了他們自己談和的信譽。拉賓並未停止建設屯墾區；巴拉克是先跟敘利亞談和失敗、政府瀕臨崩潰後，才肯跟阿拉法特談判，把和平視為國內政治的存活之路；歐麥特則不願就阿巴斯要求的拆除關鍵屯墾區做出讓步，談判遂在以色列對加薩發動軍事攻擊後破裂。這些還是以色列近年來最「鴿派」的領導人，連他們都無法或不願接受談判必須的讓步。近年來，即便這些總理願意多做出一些讓步，也會遭到後續各屆以色列政府所否決。

以色列是個多元且複雜的民主國家，把九百萬公民都視為「右翼」是不正確的。以色列國內有悠久的左翼運動傳統，一九四〇及一九五〇年代的建國元老支持工黨主導的社會猶太復國主義，主導了新國家早期數十年的歲月。部分以色列人強烈支持與巴勒斯坦人和平共存，並反對占領政策，像卜采萊姆（B'Tselem）這樣的運動組織，在記錄以色列諸多人權侵害案例中，扮演著關鍵角色。即便如此，仍然可以明顯看到以色列政治的右翼轉向。這個過程從一九六七年戰後開始，右派人士主張應該保留屯墾占領的土地。他們主張要建立「更大的以色列」，包含巴勒斯坦託管區全境甚至更多土地。右翼政黨支持屯墾西岸，他們將此地稱為「猶太及撒瑪利亞區」（Judea and Samaria，以古代存於此地的猶太王國命名），並開始主導政局。最成功的是利庫黨（Likud），首次在一九七七年執政，並取代工黨成為以色列最成功的政黨。利庫黨加速屯墾區擴張，並破壞和平進程。

從二〇〇〇年的巴拉克之後，工黨再也未曾執政。二〇二二年之際，工黨在以色列國會（Knesset）的一百二十席中僅剩下四席。二十年的右翼領導，反映也強化了右翼轉向的趨勢，對和平進程及巴勒斯坦人的敵意也增強。多數研究指出，這主要歸因於二次起義以來，自殺爆炸及對以色列平民的攻擊數量上升，還有二十年來的右翼教育政策。[17]

近年的主導者是利庫黨的班傑明．納唐雅胡（Benjamin Netanyahu），他在一九九六至一九九九年及二〇〇九至二〇二一年期間擔任總理，二〇二二年底又再度重返權力核心。納唐雅胡是政治生存的高手，對以色列政治及和平進程產生深遠影響。他在一九九六年拉賓身亡後迅速上台，立刻給奧斯陸進程踩剎車；二〇〇九年再次出任總理時，同樣放棄歐麥特跟阿巴斯的談判。身為總理，他阻撓美國總統歐巴馬試圖凍結屯墾活動的努力。隨後，他贏得歐巴馬繼任者川普的支持，川普可說是史上最親以色列的美國總統。他鼓動川普將美國大使館遷往耶路撒冷，實際上是承認以色列併吞了東耶路撒冷。[18]在以色列國內方面，他在二〇一九年競選連任期間，助長了國內對巴勒斯坦裔以色列公民的妖魔化，加劇反阿拉伯人的情緒。[19]同樣地，當以色列政治變得更加四分五裂，四年內舉行五次選舉時，他將更多右翼政黨納入政府，以期維持權力。二〇二二年，他進一步跟屯墾者領導的政黨結盟，該黨主張驅逐住在以色列跟約旦河西岸的巴勒斯坦人。

以色列歷史上的多數時間裡，巴勒斯坦問題一直都是區域外交政策中極重要的角色。儘管以色列在中東以外建立重要的外交關係，擴大與中國及印度的聯繫，但它的焦點主要仍放在確保國內安全。透過和平條約平息跟埃及與約旦的衝突後，以色列的區域優先已經轉向盡可能縮減來自巴勒斯坦好戰派支持者的威脅。敘利亞就是其中之一，幾十年來持續接納哈瑪斯和更好戰的伊斯蘭聖戰組織。敘利亞在二〇一一年陷入內戰（見第一章），不但限縮了此一威脅，更強化以色列對戈蘭高地的控制。敘利亞政權殘酷對待自家人民的同時，國際上要求以色列歸還占領高地的壓力也隨之減輕。

更嚴重的威脅來自伊朗。一九七九年伊斯蘭革命以來，不同伊朗領導人都曾高呼要摧毀以色列。近幾十年來，伊朗支持哈瑪斯及伊斯蘭聖戰組織，同時利用黎巴嫩及二〇一一年後的敘利亞，作為反以色列的什葉派民兵（如真主黨）的基地。儘管以色列大多透過偶爾的突襲及空襲來遏制威脅，它也警覺到伊朗的核計畫可能會改變區域勢力平衡。因此，納唐雅胡也敦促國際社會對德黑蘭的核技術發展採取行動。他對於歐巴馬在二〇一五年與伊朗達成的和平協議（見第五章）感到憤怒，認為德黑蘭不可信，他後來成功說服川普放棄該協議。然而，以色列的安全部門對此舉是否明智持懷疑態度，認為川普的行為反而可能助長德黑蘭的強硬派，讓尋求核武的鷹派取得權力。雖然以色列早在一九六〇年代就祕密研發自己的核武庫，還跟美國維持緊密聯盟關係以獲得進一步保護。納唐雅胡跟其他領導人仍舊擔心，德黑蘭的核突破會令伊朗及巴勒斯坦、黎巴嫩及敘利亞盟友更加肆無忌憚。

然而，伊朗的激進行動增加也帶來另一個好處，促使德黑蘭在中東區域內的敵人軟化對以色列的態度。二〇二〇年在川普的領導下，阿拉伯聯合大公國跟巴林簽署了《亞伯拉罕協議》（Abraham Accords），與以色列建立正常關係，隨後摩洛哥跟蘇丹也加入，進一步打破阿拉伯國家在巴勒斯坦問題解決前與以色列和平共處的禁忌。阿拉伯聯合大公國特別希望跟以色列建立貿易及防衛關係，後來還鼓勵其蘇丹盟友也加入。摩洛哥因為國內有龐大的猶太社群，長期與以色列維持著不算祕密的往來，也乘此機會公開兩國關係。沙烏地阿拉伯雖未直接簽署協議，因為它與巴林關係密切，外界普遍認為它也是支持的。不過，後續鼓勵沙國跟以色列關係正常化的努力，卻遇到了挑戰，特別是在拜登政府任內。首先，利雅德在二〇二三年三月同意由中國居中調解，與伊朗達成和解後，減低了對以色列友誼的需求。同年稍晚，以色列對加薩大規模轟炸之後，更進一步冷卻了沙烏地阿拉伯對以色列的興趣。

飛地：分裂的西岸

《奧斯陸協議》之後的三十年間，巴勒斯坦人實際上被分隔開來。加薩遭到封鎖；東耶路撒冷跟西岸的其他部分隔絕；西岸自身也裂解成數個飛地。根據《奧斯陸協議》，占領區域被劃分為A區、B區和C區。[20] C區面積最大，超過占領區土地的六〇%，完全由以色列控制。這裡包括幾乎全數屯墾區（只有一個除外）、對約旦的邊界及約旦河水的近用權。巴勒斯坦自治政府對A區（一八%的西岸土地）擁有安全及行政的直接控制權，而B區（占領區土地的二二%）的行政由自治政府控制，但安全卻控制在以色列手中。這遠非一九九三年自治政府以為自己簽下的建國協議。自治政府在A區跟B區中，管理著八七%的西岸巴勒斯坦人，但實際控制的土地僅為一八%。這些區域並不連續，是由幾十個小飛地所組成，類似南非種族隔離時期的班圖斯坦黑人家園（Bantustan），以色列控制著所有人與物的進出。事實上，人權觀察組織（Human Rights Watch）、國際特赦組織（Amnesty International）及其他外部批評者稱這種占領是合法成立的種族隔離，令以色列及其支持者甚感憤怒。[21] 然而關於以色列軍隊強硬手法的影像幾乎不間斷放送，進一步強化了這類描述，巴勒斯坦人自己也逐漸使用這種說法。儘管以色列堅稱集體懲罰、大規模逮捕及房屋拆除是為了打擊恐怖主義，但巴勒斯坦人及其支持者則認為，這些措施是為了威脅當地居民，迫使他們離開以色列想要殖民的土地。

西岸屯墾區的成長及耶路撒冷的處置，提供了更多證據。根據聯合國人道事務協調廳（UN Office for the Coordination of Humanitarian Affairs，簡稱OCHA）的數據，二〇二〇年有超過六十三萬名以色列屯墾者，居住在西岸及東耶路撒冷超過一百五十個屯墾區中。[22]這些全都違反國際法禁止在占領區建設的規定，然而以色列堅稱這些地區不是「占領區」，因為在以色列奪取這些土地之前，此地並無國際公認的主權，既非約旦亦非巴勒斯坦。屯墾區的數量自《奧斯陸協議》以來持續增加。一九九三年，屯墾人數僅略多於二十五萬人，占以色列人口的五%，如今他們占了七%；占西岸人口的比例也從一七%增長到二二%。各屯墾區的性質與目的不同。較大型的區塊是由政府興建，混居著意識形態上的民族主義者及渴望負擔得起的住房吸引而來的人。[23]其他屯墾區則是由宗教民族主義者非法設立的小據點，政府通常覺得有保護責任。所有以色列政府，不論是工黨、利庫黨還是其他政黨，都緊抓著東耶路撒冷。三分之一的屯墾者位於東耶路撒冷，各方有志一同地努力在此區增加更多猶太人口以超過巴勒斯坦人。大型基礎設施工程的施作讓城市看似連為一體，許多來訪遊客無法區分東西耶路撒冷的界線。對巴勒斯坦人來說，這是一場持續的戰鬥。出身東耶路撒冷的人在以色列法院興訟，避免土地遭到占用。西岸的人則被隔絕在城市之外，進一步強化耶路撒冷與巴勒斯坦的實際分離。[24]

約旦河西岸，包含ABC區、屯墾區及隔離牆

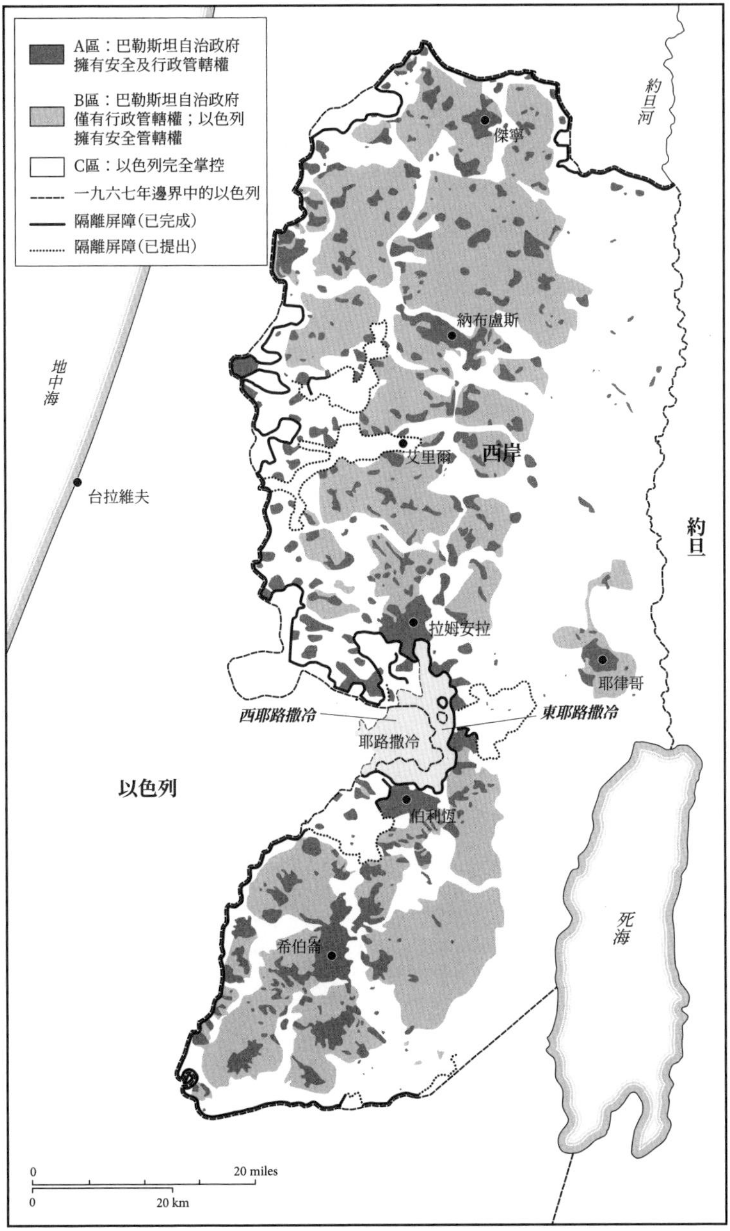

這股對占領區的緩慢殖民，無論有意與否，都有巴勒斯坦自治政府跟外部政府的助長。重點不是要指責受害的巴勒斯坦領導層，無論巴勒斯坦自治政府如何回應，以色列也十分可能會繼續它的屯墾活動。但阿巴斯的領導確實表現不佳。巴勒斯坦裔美國歷史學家拉什德·哈利迪（Rashid Khalidi）形容阿巴斯是阿拉法特身邊「最不出色」的巴解領導人之一。他之所以成為巴勒斯坦自治政府主席，是因為更有才能的人都已去世，有些人甚至是遭到以色列暗殺。[25]儘管巴勒斯坦自治政府權力有限，並依賴以色列允許資金進入西岸飛地，阿巴斯仍舊苦苦掙扎。在西方及以色列的鼓勵下，他試著非法推翻贏得二〇〇六年立法會選舉的哈瑪斯，導致這群伊斯蘭主義者控制了加薩。他後續同意多個和解協議，但因為他不願冒險失去權力，這些協議都未能恢復自治政府的合法性。二〇〇五年阿巴斯當選主席後，新一輪選舉本應該在四年後舉行，但他持續找藉口推遲選舉。同樣地，立法會選舉原訂於在二〇一〇年舉行，也遭延遲。民調顯示哈瑪斯將在兩次選舉裡擊敗他所屬的法塔赫黨（Fatah party），令阿巴斯感到驚慌。他同時也憂心法塔赫黨內的年輕競爭對手會挑戰他的主席之位，這是促使他在二〇二一年選前不到一個月決定取消選舉的部分原因。

地區性競爭讓局勢更加緊張。埃及跟約旦都鼓勵阿巴斯延宕二〇二一年的選舉，擔心哈瑪斯可能會贏得大選。相反地，阿拉伯聯合大公國則希望舉行大選，因其支持阿巴斯在法塔赫組織內的對手之一，希望此人能夠勝出。阿拉伯聯合大公國的利益是試圖贏過它在波斯灣的對手卡達，因為卡達成功建立了重要外部勢力的地位。卡達的影響力主要在財務方面，它運用資金支持巴勒斯坦自治政府及加薩的人道援助，從而對哈瑪斯有影響力，讓它成為哈瑪斯、巴勒斯坦自治政府及以色列之間的非正式調解者。然而，比起主要的外部勢力——美國，這些試圖影響約旦河西岸政治的區域勢力顯得微不足道。

一九九〇年代初期以來，美國就把自己定位成以色列跟巴勒斯坦之間的關鍵調解者，成為當時華府在後冷戰時代的區域及全球政治主導權的一部分。當時，美國主導各種和平談判，包括阿拉法特與拉賓會同柯林頓，在白宮草坪上聲名狼藉的一握。然而，華府從未保持中立，基於各式各樣的原因高度偏袒以色列。歷史上，以色列是冷戰時期的盟友；意識形態上，美國作為自己身處之美洲大陸的殖民者，對於類似的猶太復國主義行動甚表同情；許多美國人認為，在多數為專制統治的中東地區裡，以色列是需要支持的民主盟友。同時，部分基督教福音派信徒認為，猶太人返回聖地乃聖經預言的實現。在美國國內，以美國以色列公共事務委員會（American Israel Public Affairs Committee，簡稱 AIPAC）為首的親以色列的遊說團體，在政治上擁有強大影響力，沒有任何親巴勒斯坦的聲音能夠匹敵。[26]

因此，多數美國總統及其幕僚，都以高度親以色列的視角來看待和平進程。缺乏公正調解者造成和平進程的挫敗，也讓以色列事實上的吞併之舉正常化。例如，小布希總統就推翻了美國對屯墾區的官方立場，宣稱任何以─巴協議該基於「現實情況」，首次表示以色列可以保留部分約旦河西岸地區。川普則削減給聯合國近東巴勒斯坦難民救濟和工程處（UNRWA，支持巴勒斯坦難民的聯合國援助機構）的資金，巴勒斯坦自治政府也仰賴這個機構；他還承認以色列對東耶路撒冷及戈蘭高地的控制權。接著，他提出了「世紀交易」，此方案將在約旦河西岸及加薩的一部分地區，建立一個大幅限縮的巴勒斯坦國。阿巴斯拒絕這項提議，並在川普下台後拋諸腦後。川普的繼任者拜登則恢復對近東巴勒斯坦難民救濟和工程處的支持資金。拜登的民主黨內某些人對以色列的支持比過去來得少，批評聲浪（特別是在年輕美國人之間）也漸長，但支持以色列的聲音仍舊居於主導地位。這些聲音強大到以至於拜登不敢扭轉川普在東耶路撒冷上的爭議性政策，使其離巴勒斯坦人愈來愈遠。

苦難：包圍下的加薩

儘管約旦河西岸巴勒斯坦人的生活沮喪又失望，但跟加薩地區的苦難相比，這些都顯得微不足道。自從哈瑪斯在二〇〇七年掌權以來，當地人蒙受雙重痛苦：強加在他們身上的伊斯蘭主義統治，類似阿巴斯在西岸施行的專制統治，同時還有以色列跟埃及實施的封鎖。這情況破壞了加薩的經濟，失業率翻倍超過五〇％，而維生食物、建築材料及藥品供應卻大幅減少。[27]諷刺的是，封鎖加強了哈瑪斯的權力掌控，他們控制著通往埃及（少數通往以色列）的地下隧道迷宮，這些隧道是商品及人員的主要入口。以色列對加薩地帶的軍事行動更加深當地苦難。二〇〇八至二〇〇九年、二〇一二年及二〇一四年的三次地面入侵，加上數十次小規模攻擊，都帶來災難性後果。下文將討論的二〇二三年戰爭更是極具破壞性。根據卜采萊姆的資料，二〇〇九至二〇二二年間，以色列安全部隊奪走加薩三千零八十八人的性命，其中三分之二為平民，將近七百名是未成年人。相比之下，同一時期內僅有不到兩百名以色列人死亡，多數為軍事人員，也有平民因為火箭襲擊而受害，但這些攻擊一開始都是以色列入侵所導致。[28]除了死亡人數外，基礎設施的破壞也極為龐大。光是二〇一四年，就有兩百七十七所學校跟十七家醫院遭到破壞，加薩兩百萬居民中約有四分之一流離失所。[29]戰爭與封鎖導致半數以上的加薩人陷入貧困，在這被稱為世上最大露天監獄的地方勉強存活。

以色列雖將哈瑪斯的統治描述為類似伊斯蘭國的專制聖戰士，但現實情況更加複雜。這個組織是受到埃及穆斯林兄弟會的啟發。哈瑪斯（Hamas）是「伊斯蘭抵抗運動」（Islamic Resistance Movement）的阿拉伯文字母縮寫，成立於第一次起義期間，將自己定位為巴勒斯坦民族主義的真正捍衛者，相對於當時開始妥協的巴解組織，那些妥協最終導向《奧斯陸協議》。跟阿拉法特不同，哈瑪斯領導人持續宣稱整個巴勒斯坦託管區都是他們的家園，並拒絕承認以色列。他們公然拒絕奧斯陸進程，並在一九九〇年代發動首波自殺炸彈攻擊，試圖破壞和平進程。這使得以色列領導人及公眾特別痛恨他們；這一點有些諷刺，因為一九八〇年代一開始，以色列政府還鼓勵哈瑪斯的發展，希望他們能削弱巴解的勢力。[30]儘管以色列的國際盟友，包括美國及歐盟，都將哈瑪斯指為恐怖組織，但這個組織在巴勒斯坦老百姓之間愈來愈受歡迎。奧斯陸進程的失敗、以色列的持續壓迫，以及阿拉法特、阿巴斯及巴解精英的貪腐，讓許多人認同哈瑪斯聲稱自己才是巴勒斯坦的真正捍衛者。這也使得他們在二〇〇六年贏得大選。

即便他們聲稱意識形態上的純粹性，但掌權後哈瑪斯也顯示出務實的一面。他們雖然實施了一些伊斯蘭主義政策，但許多巴勒斯坦自治政府設立的世俗機構依然存在。同樣地，哈瑪斯跟其他伊斯蘭主義者的關係也很微妙，儘管是志同道合的夥伴，哈瑪斯對其他異議的寬容有限，經常使用武力來確保其他伊斯蘭團體的服從。哈瑪斯認為許多團體過於激進，特別是那些支持伊斯蘭國及蓋達組織的團體。同樣地，儘管以色列將所有來自加薩的火箭攻擊都歸咎於哈瑪斯，但許多火箭其實是由其他非哈瑪斯團體未經批准發射，導致哈瑪斯不得不壓制這些不受控制的行動，以免引發不必要的以色列入侵。哈瑪斯甚至修訂了部分比較強烈的立場，於二〇〇七發布一份新憲章，原則上接受由加薩、西岸及東耶路撒冷組成巴勒斯坦國的想法。雖然這份憲章並未承認以色列或接受《奧斯陸協議》，卻暗示了哈瑪斯可能對兩國方案持開放態度。哈瑪斯願意重新接觸巴勒斯坦自治政府，並簽署和解協議，也顯示出其務實的一面。

哈瑪斯在加薩的地位，包括它跟以色列及巴勒斯坦自治政府的關係，強烈受到外部勢力顯著影響。埃及控制著加薩唯一不面向以色列的邊界關口——拉法（Rafah）。埃及強烈反對穆斯林兄弟會並與以色列友好，開羅當局大多配合以色列的封鎖政策，經常封鎖拉法關口。

然而雙方關係從二〇〇八年起有所改善，拉法在二〇二一年後開放了一段時間。部分是因為哈瑪斯似乎在二〇一七年接受了兩國方案，部分則是因為埃及與加薩希望改善彼此關係，合作對抗共同敵人——在西奈半島活動的伊斯蘭國附屬武裝分子（見第六章）。開羅還希望削弱當時的競爭對手卡達的影響力。如同約旦河西岸的情況，卡達也利用巨額財富在加薩建立了影響力。二〇一二到二〇一八年間，卡達在加薩地區花費超過十億美元，[31]包括重建二〇一二及二〇一四年戰爭中遭到摧毀的房屋及基礎設施。儘管土耳其影響力較小，但身為卡達的盟友，土耳其對加薩問題的聲音還更為響亮。土耳其領導人艾爾多安曾多次譴責封鎖，甚至在二〇〇九年與以色列斷交。儘管有土耳其象徵性的支持，土耳其的精力及區域影響力卻集中在其他議題上。它缺乏足夠的實力及優先關注加薩的跡象，體現在二〇一六年後逐步恢復與以色列的關係，且加薩政策沒有任何變化上可見一斑。

哈瑪斯與卡達的親近關係某種程度反映出它跟伊朗關係的變化。歷史上，哈瑪斯跟伊朗關係密切，德黑蘭提供武器、資金及訓練，作為意識形態上反對以色列的立場，也是對伊斯蘭主義者的同情。然而，當哈瑪斯在敘利亞內戰中支持反抗軍，對抗伊朗的盟友阿薩德，伊朗的支持就冷了下來。過去阿薩德接納哈瑪斯將總部設在大馬士革，但敘利亞獨裁者鎮壓遜尼派伊斯蘭反抗者造成雙方關係破裂，促使巴勒斯坦人移往卡達。然而，隨著敘利亞叛軍面臨失敗，哈瑪斯再次展現出務實的一面，改弦易轍。它雖未斷絕跟卡達的關係，卻與阿薩德和解並歡迎伊朗的資金武器回流。即便如此，此事件顯示出哈瑪斯仍是個獨立組織，並非如某些以色列人聲稱的伊朗代理人。

困境：以色列境內及離散中的巴勒斯坦人

巴勒斯坦的政治與國際關係焦點，無疑擺在約旦河西岸跟加薩，但世上大多數巴勒斯坦人都是生活在其他地方。根據巴勒斯坦中央統計局的數據，截至二〇二一年，全球共有一千四百萬巴勒斯坦人，其中僅有五百三十萬人住在占領區。[32]一九四八年的「大災難」後，難民逃離四散，他們的後代在智利、美國、沙烏地阿拉伯、卡達及阿拉伯聯合大公國等地，都有聚集超過十萬人的社群，其他地方還有較小型的僑民團體。在占領區外有兩個最大的巴勒斯坦人群體，實際上離家不遠：約有三百至四百萬人以永久難民的身分居住在鄰國，以及一百八十萬名以色列的巴勒斯坦裔公民。

在以色列獨立戰爭期間，超過七十五萬名巴勒斯坦人逃離這片終將成為另一個新國家的土地，但仍有十五萬人留下來。他們及其後代現在約占以色列人口的二〇％。其中一小部分是伊斯蘭德魯茲教派信徒，他們選擇擁抱新成立的以色列國，成為忠誠公民。然而，其餘巴勒斯坦人則對新國家心存警惕，並發現新國家對他們實行高度監控，直到一九六六年才從軍事統治下獲得解脫。以色列對此做出了一些妥協，將阿拉伯語跟希伯來語並列為官方語言，所有公民均可投票，儘管巴勒斯坦人不得參軍。不過，歧視仍是常態。阿拉伯人與猶太人鮮少交流，巴勒斯坦人生活在最貧困的社區和城鎮，獲得的公共服務與基礎設施也較少。近年來，情況有所演變。雖然某些巴勒斯坦人遠離其阿拉伯文化傳承，但更願意發聲的多數人日益政治化，積極為以色列境內的巴勒斯坦人爭取更多權利，也呼籲結束占領西岸及封鎖加薩。選舉方面，在幾十年的冷漠之後，巴勒斯坦人的政治參與度提高了。二〇二二年，投票率達到五四％，比前一次選舉提高了一〇％，愈來愈多阿拉伯政黨在以色列國會中獲得席次，並開始在以色列政治中發揮作用。[33]

政治化程度的增加，部分是回應以色列猶太選民的右傾趨勢。以色列的猶太建國主義元老堅持這是個猶太且民主的國家，但國內巴勒斯坦社區的成長，卻讓兩個並立的目標顯得矛盾：由於巴勒斯坦人口增長速度高於猶太人，民主制度可能很快會讓以色列成為非猶太國家。因此，國會通過了《二〇一八年猶太民族國家基本法》（2018 Basic Law on the Jewish Nation-State），在法律上確立了國家的猶太本質並降低阿拉伯語的官方位階。阿拉伯公民及政治人物擔心此舉將剝奪他們通過民主途徑獲得平等的機會，將他們次等公民的地位制度化。在民間，此舉反映出以色列的猶太多數及阿拉伯少數之間日益加劇的緊張關係。國際危機組織（International Crisis Group）報告稱，六〇%的以色列人認為猶太人與阿拉伯人應分開生活，且針對阿拉伯人的種族攻擊回報數量也在上升。[34]二〇二一年，緊張局勢在混居城市洛德（Lod）爆發，出現了隨機暴動。阿拉伯居民抗議自己遭受的待遇。右翼猶太民兵回應，與阿拉伯居民及前來平息緊張局勢的員警發生衝突。兩人喪生，一名阿拉伯人與一名猶太人。這次危機凸顯出巴勒斯坦裔以色列人對自身處境的挫折感，對許多人來說，也點出了現狀不可能持續下去。

另一方面，三到四百萬的難民主要分布在黎巴嫩、約旦及敘利亞，面臨著截然不同的處境。約旦收容最多難民，對巴勒斯坦人最為寬容。根據官方數據，約旦的一千萬公民中，有兩百萬是巴勒斯坦人，但考慮到最早期難民的融入程度，實際數字可能更高。阿拉伯國家中，約旦是唯一提供巴勒斯坦難民完全公民身分的國家，雖然也建設了難民營，但這些營地更像是貧困社區。儘管如此，數十年來仍舊存在著非正式歧視。新來的人通常在商界表現亮眼，卻被排除在政府與軍隊的高層職位之外，政治與社會中經年存在著巴勒斯坦人與約旦人之間的分裂。近幾十年來，情況有所改善，特別是現任國王娶了巴勒斯坦人之後，他們的長子與王位繼承人擁有混合血統。然而，某些地方仍舊存在非正式歧視。

敘利亞官方宣稱收容了超過五十八萬的難民，但具體數量仍舊不明，因為有些人在二〇一一年的敘利亞內戰後成為雙重難民。在此之前，敘利亞的巴勒斯坦人未能像約旦那樣，獲得完全公民身分，但可以購買有限數量的房地產、經營企業、就業及服兵役。然而，他們的後代若無敘利亞籍父母，將無法成為敘利亞公民，也不能投票——在敘利亞的專制統治下這點算不上什麼損失。阿薩德父子都很強調自己對巴勒斯坦人的支持，但堅稱給予難民公民身分就是變相承認以色列。然而，這使得這些難民在二〇一〇年代逃離戰亂時處境更加艱難，因為在敘利亞的不明身分，讓他們難以在其他地方取得庇護。

巴勒斯坦人在黎巴嫩的處境長期以來最為惡劣。該國敏感微妙的宗教派系平衡狀態，意味著黎巴嫩政府不僅拒絕給予難民公民身分，還阻止多數人在骯髒的水泥難民營外工作或生活（見第七章）。由於巴解組織曾以黎巴嫩為基地，並在一九七〇年代黎巴嫩陷入內戰的過程中橫插一腳，黎巴嫩人及腐敗的政治階層對難民的支持非常有限。隨著逃離敘利亞的巴勒斯坦人加入，黎巴嫩約有四十萬名難民後代仍然陷於匱乏困頓之中，前景渺茫。由於黎巴嫩政府堅拒難民融入黎巴嫩，此地的巴勒斯坦人似乎最需要解決方案。巴勒斯坦自治政府呼籲難民返鄉時，他們也是最常被提及的群體。敘利亞人雖然可能會接受某種形式的補償，來融合他們已經接收的難民（約旦已經解決這個問題），但黎巴嫩人可能不會。作為民族主義者，巴勒斯坦談判代表對於在國外難民營中的同胞感同身受，認為驅逐他們的以色列人應該要為緩解他們的困境負責。

解方：兩國、一國、三「國」？

二〇二三年十月七日，哈瑪斯武裝分子對以色列發起大規模的協同攻擊。發射數千枚火箭後，圍繞加薩的安全屏障遭到突破，戰鬥人員四散進入以色列南部。他們屠殺了超過一千四百多人，多數為平民，將至少兩百二十多人擄回加薩作為人質，最終被震驚的以色列國防軍（IDF）擊退。這一天是以色列歷史上最血腥的一天，以色列社會震驚不已。總理納唐雅胡遭到部分人士批評，過於輕忽哈瑪斯的威脅，且情報單位也未能預見這次攻擊。納唐雅胡誓言要「徹底摧毀哈瑪斯的軍事與政府能力」。一如過往，哈瑪斯攻擊之後，以色列也對加薩發動報復，但這次的反擊力道更加嚴厲，前所未見。加薩的能源與電力被切斷，以色列國防軍對該地區猛烈轟炸。短短一個月內，據報有超過一萬名巴勒斯坦人遇難，多數為平民，數量遠超過以往三次加薩戰爭的總和。加薩走廊成為聯合國口中「前所未有」的人道危機。

這起事件驚醒了先前對以巴衝突不聞不問的外國政府，但它們的反應卻依舊如故。西方領導人迅速表達對以色列的支持，儘管有些人也在加薩攻擊升溫時呼籲人道停火。美國總統拜登飛往耶路撒冷，並派遣一艘航空母艦進入東地中海以示支持，堅持以色列有自衛的權利。儘管拜登私下敦促納唐雅胡謹慎行事，但在公開場合他支持以色列總理，並否決了聯合國早先要求以色列人道停火的努力。以色列的激烈反應，似乎也破壞了以色列與阿拉伯國家之間朝向更大程度區域正常化的進程。拜登先前曾遊說沙烏地阿拉伯加入《亞伯拉罕協議》，事件發生後阿拉伯暫緩加入，並對以色列嚴詞批評，當然阿拉伯聯合大公國也譴責了加薩轟炸。土耳其總統艾爾多安繼續在言辭上支持巴勒斯坦人，稱哈瑪斯為「解放者」，並取消原定的以色列訪問行程。伊朗雖然可能協助哈瑪斯取得武器，但據以色列表示，尚未證實伊朗策劃了此次攻擊。伊朗讚揚這次攻擊「成功」，並同樣譴責納唐雅胡的回應。敵對行為重新爆發，再次顯示出衝突並未遠離，甚至隨時可能以更前所未見的暴力形式爆發，可能將區域及國際各方都拖進煉獄。此外，地方及國際反應一如常見的情況，缺乏要求克制、同情或長期解決方案的呼籲，這也說明各方距離找出達成長久和平的解決方案，有非常遙遠的距離。

目前看似不太可能找到衝突的解決方案。兩國方案，即一個獨立巴勒斯坦國與以色列共存的構想，在一九六七年首度浮現，並成為《奧斯陸協議》的基礎，如今顯得愈來愈不切實際。曾經認真參與和平進程的歷屆以色列政府，提出來的交易，從未接近巴勒斯坦領導層的最低要求。最近幾年，右傾的以色列政局接連產生的政府，甚至不願認真參與進程，寧願管理衝突，同時繼續建設屯墾區、吞併、占用及報復。巴勒斯坦內部領導層的分裂使情況更加惡化，哈瑪斯和巴勒斯坦自治政府之間的裂痕，令他們的領導層弱小分裂，讓以色列能夠辯稱找不到務實的和平夥伴，這一點似乎更在哈瑪斯拿自殺炸彈、火箭及綁架攻擊平民的行為中得到印證。鑑於美國在和平進程中扮演調解者的角色，可以預期它會介入，重啟兩國方案，但華府從未保持公正，且美、以關係的親近也讓這樣的結果難以實現。其他區域勢力過去雖曾在巴勒斯坦政治中發揮影響力，但今日沒有任何勢力足以影響局勢走向。即使是以色列視為重大威脅的伊朗，現在較為關注以國北方的敘利亞及黎巴嫩，與哈瑪斯的聯繫也不如以往密切。

隨著兩國方案破滅，許多巴勒斯坦支持者以及不少以色列左翼，主張應改尋求一國方案。他們建議阿巴斯應解散巴勒斯坦自治政府，並宣布所有巴勒斯坦人成為以色列公民，將衝突從兩個對立國家之間的鬥爭，轉變成單一國家內部的民權爭取。[35]方案背後的邏輯是，當前在整個前巴勒斯坦託管區域中，阿拉伯人略多於猶太人。這被視為一種「南非式」的衝突解決方案，亦即通過妥協及和解，達成一個民主、共有的以色列—巴勒斯坦單一國家，為兩個社群提供安全庇護。拉什德．哈利迪等倡議者，主張巴勒斯坦運動者應該致力於說服以色列人接受這個方案的好處。[36]然而，儘管這個方案有其價值，但目前看來比兩國方案更不現實。以色列及巴勒斯坦的民族主義都在兩群人民心中根深柢固，要解開並重建信任可能需要花上好幾代人的時間。跟南非不同，巴勒斯坦人在數量上並未大幅壓過以色列人；從以色列人目前的優勢地位來看，很難說服他們得接受這樣的讓步。

因此，最有可能的情境是現狀的悲慘延續，這可以稱為三「國」現實，而非「解決方案」。巴勒斯坦人仍舊在加薩跟一小部分西岸飛地間分裂，以色列則繼續殖民東耶路撒冷及其他占領區。問題在於，如同第一次及第二次起義所見，巴勒斯坦人不願意長時間保持被動，加薩戰爭可能是未來局勢的預兆。進一步的暴力衝突只會強化現狀，而國際社會只能被動旁觀，或者以某種方式改變以色列人、巴勒斯坦人與外界之間的動態。倘若這場衝突的歷史有任何啟示，那就是當巴勒斯坦人的處境愈絕望時，愈有可能孤注一擲，尋求可能。

伊拉克

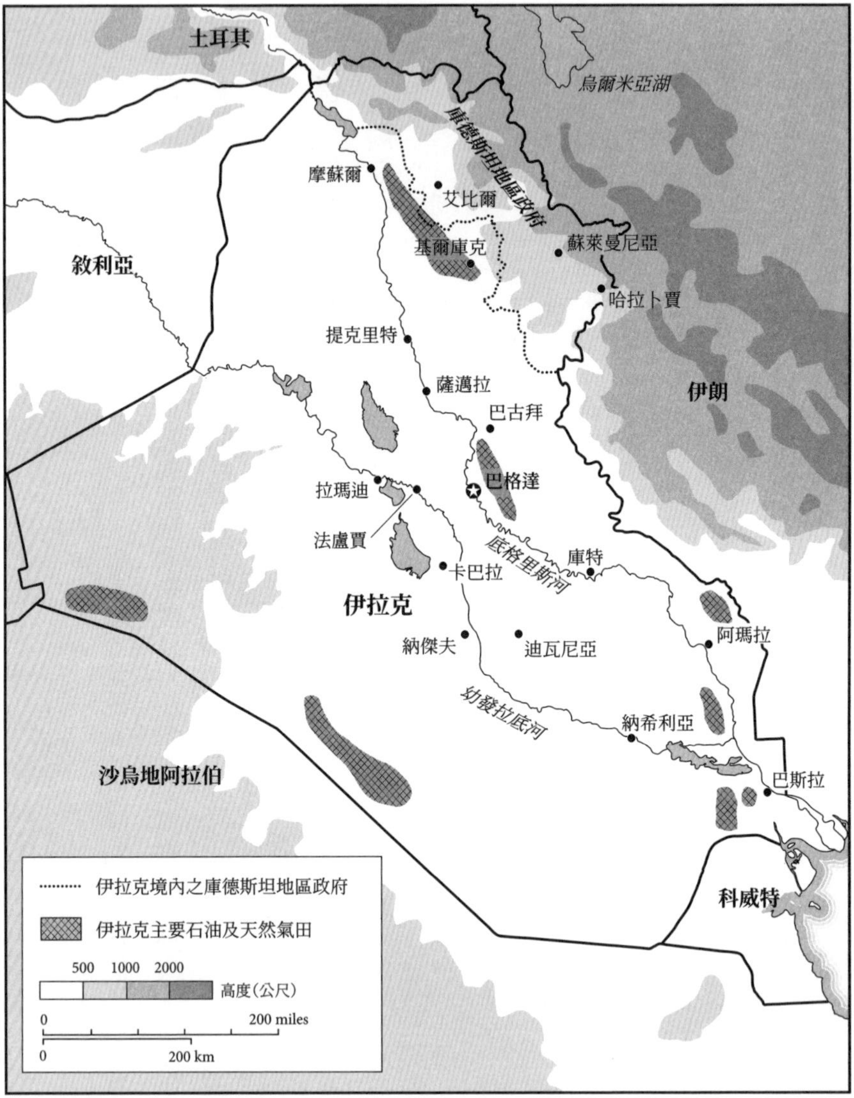

土耳其
烏爾米亞湖
庫德斯坦地區政府
摩蘇爾
艾比爾
基爾庫克
蘇萊曼尼亞
哈拉卜賈
敘利亞
提克里特
薩邁拉
巴古拜
伊朗
拉瑪迪
巴格達
法盧賈
底格里斯河
庫特
卡巴拉
伊拉克
納傑夫
迪瓦尼亞
阿瑪拉
幼發拉底河
納希利亞
巴斯拉
沙烏地阿拉伯
科威特
伊拉克境內之庫德斯坦地區政府
伊拉克主要石油及天然氣田
500 1000 2000
高度（公尺）
0 200 miles
0 200 km

第五章

伊拉克

破碎的共和國

過去四十年裡，很少有國家像伊拉克經歷這麼多的磨難。一九八〇年出生的伊拉克人，生於繁榮的現代經濟之中。石油財富、工業及先進教育，讓伊拉克在一九七〇年代的全球發展排行榜中節節高升，甚至接近一些歐洲國家。然而伊拉克卻從那個高峰陡下。那一年，伊拉克獨裁者海珊入侵鄰國伊朗，引發長達八年的艱苦戰爭。超過五十萬人喪生，伊拉克也陷入破產，促使海珊發動另一場尋求資源的侵略。這一次是一九九〇年入侵科威特。然而此舉卻引發更大規模的對抗，聯合國支持的國際聯軍在美國主導下，從空中摧毀了伊拉克。海珊雖然撤退，伊拉克卻滿目瘡痍，這次攻擊摧毀了剩下的工業與關鍵基礎設施。更糟的是，國際社會繼續對伊拉克的侵略行徑，施加最嚴格的貿易制裁。這使得伊拉克百姓陷入絕望的貧困之中，然而海珊的權力卻不痛不癢。

這一切直到二〇〇三年才結束，美國再度出兵，這一次是為了徹底推翻海珊。他們雖然成功了，卻未終結伊拉克的苦難。華府成立一個腐敗民主政體，奠基在宗教與族群差異之上，卻只服務了狹隘的精英利益。它還見證了大規模的社群暴力，占領者或新政府都無力遏制，甚至還常常助長暴力發生。十年的不穩、腐敗及派系暴力，伊斯蘭國的興起更雪上加霜；伊斯蘭國奪下伊拉克三分之一土地，包括第二大城摩蘇爾。雖然伊斯蘭國最終敗北，但跟聖戰士的戰鬥進一步摧毀撕裂這個已經非常脆弱的國家，幾乎沒有改善的希望。生於一九八〇年的伊拉克人，若能活過這四十年劫難，未如其他數百萬人遭到殺害或逃往國外，也許會感慨自己的國家為何墮落如斯。

當然，伊拉克的領導人與精英階層並未妥善領導國家。海珊的獨裁統治是災難一場。他不僅引發長期衝突、制裁與入侵，他的內政製造暴力與恐懼的氛圍，激化教派與族群的緊張關係，這些緊張在他被推翻後慘烈爆發。他的繼任者們也沒有比較好，雖然少了點狂妄自大的氣焰，但受到美國入侵鼓舞的（多數是）流亡者，為自身利益服務，監管著一個貪腐與暴力混合的悲慘體制。那些試圖挑戰精英的基層領袖也難辭其咎，經常鼓勵進一步分裂。

然而，這些也不是伊拉克領導人獨自造成，很多時候有外國政府推波助瀾，這些外國政府另有自己的目的。歷史上，英國一開始建立伊拉克的時候，就留下毒害深遠的包袱。晚近則有土耳其及敘利亞也曾在不同時期伸手干預伊拉克內政。然而，兩個最具影響力的現代勢力，則是美國跟伊朗。華府領導一九九〇年代的反海珊行動，最終在二〇〇三年讓他下台，隨後又發起一場設計與執行都很拙劣的占領行動。伊朗成為二〇〇三年之後伊拉克政局中最強大的區域勢力，它利用華府建立的派系體制，高度滲透這個西部近鄰，將曾經的敵人轉變成關鍵盟友——有人稱之為「侍從」（client）。儘管這兩大勢力主導了伊拉克政局，也常將此地視為彼此競爭的代理戰場，但整體局面一如以往複雜。外部勢力對伊拉克影響深遠，但主要是透過跟伊拉克國內動態的交互作用，而非直接操控伊拉克人。

源起：伊拉克的興衰

伊拉克國家的歷史僅有百年，但它是建在世上最古老、最發達的文明遺址之一的上方。巴格達郊外不遠處，可以發現古巴比倫城的遺跡，這是人類最早的城市之一；或者波斯帝國首都泰西封（Ctesiphon）的殘跡，這裡曾是世上最大的人類聚落。巴格達也曾擁有這個稱號，當時它是阿拔斯哈里發國（Abbasid Caliphate）的首都，在八到九世紀的「伊斯蘭黃金時代」中擁有最先進的科學與學術。然而從這個巔峰開始，伊拉克歷經許多世紀的侵略與衰退，從一二五八年的蒙古人入侵開始，他們永久摧毀了數千年來此地繁榮所仰賴的灌溉網絡。此後，巴格達及其周邊地區成了某種邊陲地帶，被納入鄂圖曼帝國，但在經濟、政治或文化上都是無關緊要之地。然而，二十世紀初在此發現石油，改變了這一切，促使英國在第一次世界大戰擊敗鄂圖曼帝國之後占領這片土地。

倫敦將三個鄂圖曼省分合而為一，包含南部的巴斯拉（Basra）、北部的摩蘇爾及中部的巴格達，打造成一個新國家「伊拉克」，並代表國際聯盟進行統治，理論上是為了協助此地準備獨立。然而英國的統治出於自利，留下有害的遺產。當時多數居民是穆斯林，但也有相當規模的基督教徒及猶太社群。一九五〇年代，巴勒斯坦起義（見第四章）之後敵意激升，猶太人被迫移民，多數移往以色列。然而，占多數的穆斯林也非一致，多數是阿拉伯人，然而北部山區由庫德族（見第八章）及相當規模的土庫曼人（Turkmen）社群主導。多數穆斯林屬於什葉派，什葉派聖城納傑夫（Najaf）、卡巴拉（Karbala）及薩邁拉（Samarra）位於新國家的中間地帶，但遜尼派卻是鄂圖曼時期的統治精英，主導了政府、商業與軍事。這三大民族—宗教團體——什葉派、遜尼派及庫德族——之間的差異，不一定會導致分裂，但倫敦卻讓緊張局勢更加惡化。倫敦接管的一年內，全國各地爆發反抗統治，倫敦認定自己需要一名當地傀儡統治，因此從阿拉伯半島引進一名外國王子費薩爾（Faisal）來擔任國王。然而，費薩爾偏愛也扶持與他相同的遜尼派，而非占多數的什葉派。[1] 他同樣邊緣化庫德族人，拒絕了他們請求的文化與教育權利，因此引發一系列叛亂，英國則毫不留情協助鎮壓這些叛亂。國王的確在一九三二年為伊拉克爭取到名義上的獨立，卻仍是英國的侍從國，給予英國廣大的軍事基地用地，以及最重要的，授予位於倫敦的伊拉克石油公司（主要由英國石油、殼牌石油、達道爾石油及埃克森美孚石油的前身所有）專屬的石油開採權，同時在一九五〇年前無須支付權利金。[2]

英國勢力在第二次世界大戰及一九五六年的蘇伊士運河危機中削弱，對伊拉克影響力的喪鐘則在一九五八年響起，軍官推翻了親英王室並殺害國王（費薩爾的孫子）。此舉雖標誌著四十五年獨裁統治的開始，卻也催生了一波社會經濟變革。[3]傳統部落生活受到抨擊，部落法庭遭廢除，女性權益獲得改善。教育擴展的同時，中產階級隨著伊拉克迅速城市化及工業化而成長。一九六三年支持阿拉伯民族主義的阿拉伯復興社會黨（Ba’ath party）上台後，這些趨勢仍舊持續下去。他們將伊拉克石油公司國有化，在一九七〇年代的石油繁榮期中，推動伊拉克財富繁榮大步成長。一九七〇年代末期，伊拉克的工業發展水準幾乎直趕某些西方國家，但這個成就很快就因為海珊的崛起而化為泡影。

海珊是阿拉伯復興社會黨領袖的親戚，這位領袖在一九六八年發動另一次政變。接下來的十年間，海珊成為國內最具權勢的人物。一九七九年，他自封為總統，展開恐怖統治，在一次電視轉播的阿拉伯復興社會黨黨代表大會上，清洗了數十名重要黨員。這些所謂的「叛徒」從座位上被帶走，送往監禁或處決。海珊的統治下，阿拉伯復興社會黨的獨裁統治變得更加險惡。身為史達林的仰慕者，他模仿偶像的警察國家，打造無處不在的個人崇拜。[4]這些政策雖然極其殘酷，但最終使得阿拉伯復興社會黨政權走向覆滅，引發數十年痛苦與倒退的，卻是他的外交政策。

成為總統不到一年，海珊就無視軍隊領導人的建議，下令入侵伊朗。他希望削弱剛上台的伊斯蘭革命政權，同時占領吞併一些伊朗油田。然而他想像中的閃電戰很快陷入困境，伊朗展開反擊。結果這場衝突僵局持續了八年，造成大規模死亡與破壞，最終並沒有任何領土變化。這場戰爭幾乎令伊拉克經濟破產，因此海珊試圖發起另一場戰爭，來解決他的財務困境：一九九〇年入侵併吞富裕的波斯灣國家科威特（見第九章）。此舉引來國際憤怒。聯合國授權由美國領導軍事行動，強行將海珊逐出科威特。一九九一年初，華府發動沙漠風暴行動（Operation Desert Storm），不僅迫使海珊撤退，還摧毀了伊拉克多數剩下的基礎設施。

美國的老布希總統（George H.W. Bush）拒絕進入伊拉克追擊海珊軍隊，但鼓勵伊拉克人民起義推翻壓迫者。[5]許多人嘗試起義。海珊跟費薩爾之後的多數領導人一樣，都是遜尼派，也偏袒這個少數群體，特別是來自故鄉提克里特（Tikrit）及當地部落的遜尼派。長期遭到邊緣化的什葉派對海珊並無好感，因此回應老布希的呼籲，在什葉派主導的南方發動叛亂。同時間，北方的庫德族也起義。他們受到的壓迫更嚴重。海珊將他們視為潛在的內應，因為在兩伊戰爭中，庫德族民兵會同伊朗一起對抗巴格達。海珊的回應就是發起壓迫平民的行動，最終在一九八八年的哈拉卜賈大屠殺（Halabja massacre）中，以毒氣殺害高達五千名庫德族人。由於這段最近才發生的歷史，華府及其盟友擔心海珊會再次使用化學武器對付庫德族人，因此在北部山區建立了禁航區。此舉阻止海珊軍隊進入該區，實際上也讓該區在接下來的十年裡，隔絕在伊拉克其他地區之外。然而，西方勢力並未對南方提供類似支持，海珊鎮壓了當地起義，讓許多什葉派深感遭到西方背叛的同時，也覺得被效忠海珊的遜尼派同胞背叛。

沙漠風暴行動後的十年間，伊拉克持續受到制裁，導致反西方情緒更加嚴重。聯合國禁止任何國家對伊拉克進行貿易，因此糧食、藥品及重要物資都不得進入，伊拉克也無法出售石油籌集資金。維持制裁的邏輯是要防止海珊重新武裝，以及模糊地期待這能促使軍方推翻海珊。然而，貧困、營養不良與疾病激增的同時，海珊依舊掌握政權。比起戰爭跟海珊的殘暴統治，這十年的制裁更加速伊拉克的衰退，對國民心理造成深遠影響。[6]

改變：入侵與後續

六千英哩之外的一系列恐怖攻擊，將改變伊拉克的命運，無論是好是壞。二〇〇一年九月十一日，蓋達組織殺害將近三千人。此事與伊拉克並無關係，以阿富汗為基地的聖戰士跟伊拉克也沒有直接連結。[7]即便如此，當時由小布希（老布希之子）領導的美國政府，在一群新保守主義理想主義者的主導下，決心要將攻擊事件跟海珊連結起來。美國與部分盟友，尤其是英國，指控伊拉克留下兩伊戰爭中取得的大規模毀滅性武器（WMD），這些武器可能會被用來攻擊西方或交給蓋達組織。數年後，英國的一項調查揭示，這些指控是基於可疑情報，但當時白宮利用大規模毀滅性武器的威脅，來合理化武力推翻海珊之舉。[8]跟一九九一年的沙漠風暴行動不同，聯合國拒絕背書美、英的行動，許多人因此認定入侵為非法，加上後來也沒能找到任何大規模毀滅性武器，讓這場行動從一開始就披上了不合法的外衣。軍事行動一發起，就迅速開展。二〇〇三年三月，美國領導的部隊從科威特入侵，三週內就奪下巴格達。海珊逃亡，但後來在故鄉提克里特附近被捕。新的伊拉克政府讓他公開受審，並於二〇〇六年判處絞刑。

海珊獨裁政權的結束，留下權力真空。儘管小布希政府堅稱從海珊暴政中解放伊拉克，但卻對阿拉伯復興社會黨政權下台後，伊拉克該何去何從，缺乏具體計畫。北部山區的庫德族人，從一九九一年以來，就在西方禁航區的保護下實行自治，因此相對順利過渡到後海珊時代。其他地方的情況則較混亂。白宮的許多政策，都是奠基在一些伊拉克流亡者的建議之上，他們流亡在國外度過數十年，二〇〇三年返國時才發現國家已面目全非。[9] 流亡者原以為美軍會被視為解放者而受到歡迎，然而事與願違，除了一小群巴格達人加入美軍士兵的行列，一同象徵性地拆除海珊雕像之外，多數人都是抱持懷疑態度，畢竟，這些是多年來轟炸跟制裁伊拉克的軍隊。美、英一系列影響長遠的錯誤，讓情況更加惡化。首先，他們未能維持社會秩序。美國承認部隊的數量不足以維持秩序，且幾乎沒人會講阿拉伯語，因此對海珊倒台後爆發的大規模劫掠無能為力。[10] 各部會及博物館裡，數十年的檔案、產權契約及國家運作至關重要的行政文件都遭到燒毀。相較之下，美軍卻派出足夠的兵力去去保護石油部，因此毫髮無損。安全真空的情況之下，當地民兵開始成形。

其次，他們廢除了阿拉伯復興社會黨，開始所謂的「去巴特化」（de-Ba'athification）的過程。執政三十五年之後，該黨的黨員資格曾是進入國家公職的必備條件，因此入黨並不表示他們都有意支持海珊。然而，去巴特化導致數千名能幹的行政人員、醫生及教師等一夜之間遭到解雇，瓦解了伊拉克的官僚體系。第三，相同的邏輯之下，美國也廢除了伊拉克的軍隊。這是白宮任命的伊拉克占領區總督保羅・布雷默（Paul Bremer）所做的決定，令小布希跟當地的美軍指揮官都大感意外。他們原本預期重整海珊的軍隊來維持秩序。[11] 然而，布雷默受到某些流亡者的影響，他們從派系角度看待伊拉克，錯誤認定多數軍官都是遜尼派，而什葉派士兵不會願意聽從遜尼派上級指揮。布雷默廢除軍隊之舉，令安全真空的情況更加惡化，填補這個空白的犯罪分子跟武裝民兵威脅了當地民眾的生活。他還創造出一大批受過軍事訓練的失業士兵加入前述團體。經過四年的混亂暴力之後，華府著手從頭創建新的伊拉克軍隊，才得以再度維持秩序。

最終，美國創建的後海珊政治體制高度失靈。占領當局正式在二〇〇四年中將主權移交給過渡政府，一年後，民選國會匆忙制定了一部新憲法，在公投中通過。儘管擁有民主外衣，實際上許多決策都是在一小群政治人物的密室協商中達成，美國大使館則擁有極大影響力。[12]主要角色是代表北部庫德族的兩個政黨，他們為自己的區域爭取到持續自治權，並在伊拉克政治中扮演了造王者的角色；另外還有幾個什葉派政黨，主要由西方或伊朗歸來的流亡者主導。遜尼派政黨及許多不想讓族群或宗教身分成為伊拉克政治決定性特徵的人，則遭到邊緣化。結果就是，名義上雖是議會民主制，實際上卻是腐敗的派系寡頭政體。

國會選舉相對自由，但精英政黨都同意實行「派系分配」制度（Muhasasa Ta'ifia）來分配政府職位。這個想法最早是由流亡的伊拉克反對派所提出，二〇〇三年後獲得美國及返國流亡者的全力支持。它視族群—宗教認同為伊拉克政治的核心特徵，並根據族群人口多寡來分配政府職位。最有權力的職位——總理，總是由什葉派擔任；總統（主要為儀式性職位）則由庫德族人出任；國會議長則是遜尼派。其他職位的分配也依此類推。這個體制看似模仿黎巴嫩類似的宗派統治協議（見第七章），因此不幸的是，也造成類似的脆弱腐敗治理。這個體制鼓勵精英領袖只為自身社群爭取利益，而非整個國家；因為他們的權力仰賴這些社群。選舉往往導向精英之間陷入好幾個月的討價還價，協商誰能獲得什麼位置，因此而癱瘓政府運作。即便達成協議，主導高層職位的流亡者，更關心如何利用手下部門，讓自己跟盟友致富，而非治理國家。

華府沒能帶來秩序、良政或繁榮，導致海珊倒台後，伊拉克陷入多年暴力。這些暴力有兩條平行、有時重疊的發展。首先是反對美國主導占領所發起的叛亂。各種伊拉克民兵透過自殺炸彈、伏擊或路邊炸彈等手段來攻擊美軍，目標是讓占領難以延續。什葉派民兵，通常由伊朗提供武裝跟資助，主要活躍在什葉派主導的地區。多數遜尼派戰士，許多人原是海珊的忠實支持者，則單獨對抗美軍，有些最終加入了伊拉克的蓋達組織。令人覺得諷刺的是，不論美國如何聲稱，但二〇〇三年之前伊拉克並沒有蓋達組織存在的紀錄。但美國入侵後，蓋達組織的分支才成立起來對抗占領，並吸引了來自世界各地的聖戰士。

其次則是遜尼與什葉派民兵之間爆發的社群暴力衝突。如伊拉克學者札伊德·阿里（Zaid Al-Ali）指出，在阿拉伯復興社會黨統治前，四百年間僅有三次顯著的遜尼—什葉派大規模暴力事件；一九六〇年代起，混居社區甚至是跨社群婚姻的情況逐年增長。[13]然而，海珊統治的最後幾年及二〇〇三年後實施的派系政治體制，卻讓緊張局勢升溫。隨著海珊政權崩潰，美國人解散軍隊後留下安全真空的狀態，遜尼及什葉派系民兵成形，逐漸以清除敵對族群為目標。巴格達的混居社區被清除，宗教場所也成為攻擊目標，特別是二〇〇六年遭到炸毀的薩邁拉阿斯卡里清真寺（Imam Al-Askari Mosque，什葉派伊斯蘭聖地之一）。這些暴力行為往往受到政治精英領導或鼓勵。好幾支民兵都是主要政黨的武裝側翼；二〇〇六年起開始擔任總理的努里・馬利基（Nouri al-Maliki），在許多政策上常表現出反遜尼的立場。數十萬人失去性命，數百萬人被迫逃離家園，被迫流亡海外。受影響最大的是伊拉克的基督教群體。基督徒遭受雙方迫害，幾乎找不到避風港，一度人數龐大的基督教人口多數逃往海外。海珊統治的最後幾年，估計有一百五十萬名基督徒生活在伊拉克。今日據信這個數字僅剩十分之一。[14]

暴力最終在二〇〇七年底開始緩解。部分原因是美軍「增兵」，以應對叛亂。部分則是因為華府隨之實施的「覺醒」政策，跟二〇〇三年以來遭到什葉派及庫德族政治人物邊緣化的遜尼部落合作。[15]部分則是因為已清洗得差不多了，混居社區已經被清除得所剩無幾，同時還有豎立起的巨大混凝土屏障永久分隔社群。此外，也是因為新的伊拉克軍隊終於能夠維持某種程度的秩序。然而，這只是暫時喘息。二〇〇三年入侵的餘波及隨之建立起來的政治體制，讓穩定是難上加難。

跳板：伊朗在伊拉克

美國和英國並非造成不穩定的唯一外國勢力，其他國家也在海珊倒台後的混亂裡，尋求自己的影響力。接壤伊拉克北部的土耳其，成為庫德族新自治區（庫德斯坦地區政府，Kurdistan Regional Government，簡稱 KRG）的重要夥伴。土耳其大幅增加與此飛地的貿易，庫德族新自治區因此在能源財富的推動下繁榮起來，伊拉克其他地方則停滯不前。同時間，土耳其對某些據點發起軍事攻擊，聲稱這些地方是土耳其庫德族分裂派的避風港。伊拉克的西鄰敘利亞也把手伸進來，損人不利己地允許敘利亞跟其他區域的聖戰士通過敘利亞，加入蓋達組織的叛亂行動。[16] 儘管大馬士革厭惡聖戰主義，但它希望美國占領陷入困境，阻止華府在伊拉克之後轉向敘利亞。有趣的是，伊拉克的富裕南鄰沙烏地阿拉伯並未參與其中。儘管沙烏地阿拉伯反對海珊（因他在一九九〇年入侵科威特之後，威脅了沙烏地油田），卻敦促盟友美國不要入侵，並正確預測到此舉將令區域宿敵伊朗得利。然而，當美國拒絕這項建議後，利雅德當局選擇不拿財富在巴格達的新政治中購買影響力，即便沙烏地阿拉伯跟部分伊拉克流亡者有長久的歷史關聯。此中具體原因並不清楚。部分人士宣稱他們不願支持什葉派主導的新政治體系，其他人則認為利雅德知道自己只會擁有有限的影響力，因此不想麻煩。[17]考慮到伊朗的起跑點優勢，這說法或許有其道理，但他們確實把這個場域讓給德黑蘭。等到沙烏地阿拉伯的領導層意識到自己的錯誤，從二〇一〇年代晚期開始全面參與時，為時已晚，伊朗已經成為新伊拉克中最強大的區域勢力。

伊朗跟伊拉克共享將近一千五百公里的陸地邊界，這段是兩國最長的陸地邊界，從北部的庫德族山區延伸到波斯灣的油田。兩國擁有深厚的歷史文化聯繫，尤其在宗教上。一九七九年宣布成立的伊朗伊斯蘭共和國，將什葉派伊斯蘭信仰置於政治身分與意識形態的核心，因此鄰國伊拉克的什葉派多數及什葉派聖地對德黑蘭就更加重要。然而，伊拉克對伊朗的安全與區域野心也至關重要。一九八〇年海珊的入侵，暴露出巴格達若由敵對勢力來統治，伊朗會有多麼脆弱。儘管新政權挺過了戰爭，但對德黑蘭實現主導中東的龐大野心來說，海珊的持續存在仍舊構成一道實際障礙。因此，美國推翻海珊既是威脅，也是機會。雖然伊朗不會懷念海珊，但美國的占領卻令其恐懼。跟大馬士革的盟友一樣，德黑蘭也擔心美國會將下個目標瞄準伊斯蘭共和國。小布希政府在二〇〇二年宣稱伊朗與伊拉克、北韓，以及後來的敘利亞、利比亞及古巴，構成威脅世界和平的「邪惡軸心」，似乎就暗示了這樣的意圖。同時，美國入侵也給伊朗帶來機會。二〇〇三年後美國建立的派系政治體制，對許多跟伊朗往來密切的什葉派政治人物有利。倘若伊朗能正確利用此一情勢，它就能將伊拉克從長期敵人，轉變成親密盟友。同樣地，海珊被推翻後，只要能將美國逐出伊拉克，伊朗將勢力擴大到伊拉克之外，進入廣大中東地區的道路就會打開。

儘管西方批評者經常將伊朗政治形容為獨裁體制，實際上是比這個簡單的刻畫要複雜許多。伊朗的總統及國會經選舉產生，但候選人須由非經選舉產生的神職委員會批准。主要政治決策，尤其是外交政策，最終由宗教最高領袖阿亞圖拉哈米尼（Ayatollah Khamenei）決定，儘管決策過程受到各種選任及非選任人物的影響。一九七九年以來，伊朗的對外政策一般是在強硬派及溫和派之間搖擺。九一一事件發生在溫和派主導的時期，伊朗試圖改善與西方的關係，在二〇〇一年底，協助美國在阿富汗擊敗蓋達組織及其支持者塔利班（Taliban）。因此當伊朗被小布希貼上「世界和平的敵人」標籤時，相當震驚，隨後的伊拉克入侵更讓準軍事組織伊朗革命衛隊（Islamic Revolutionary Guard Corps，簡稱 IRGC）領導的保守鷹派在伊朗占了上風。他們相信在巴格達的影響力對伊朗利益至關重要，因此對伊拉克戰後政治投入了大量精力及資源。

為此，伊朗採取三層重疊策略進行長期運作。首先，伊朗跟伊拉克政治人物建立密切關係。由於許多新領導人曾流亡伊朗且同是什葉派教徒，這並不困難。其中包括總理馬利基，他的政黨獲得德黑蘭資助。[18]伊朗還重啟兩伊戰爭期間與伊拉克庫德族人的舊聯盟關係，特別是賈拉爾．塔拉巴尼（Jalal Talabani），他成為後海珊時期伊拉克的首任總統。德黑蘭還試圖跟新興人物建立聯繫，尤其是穆克塔達．薩德爾（Muqtada al-Sadr），這位年輕的神職人員在巴格達貧困的什葉派社區，發起極受大眾歡迎的草根運動。其次，伊朗還培養什葉派民兵。這一點經常跟對政治人物的支持重疊，為其支持對象的武裝側翼提供資金、武器與訓練。一開始還包括薩德爾的「馬赫迪軍」（Mahdi Army）。但一段時間之後，伊朗對部分團體逐漸感到不滿，特別是對美叛亂及反什葉派聖戰士愈發激烈之後。因此伊朗開始從頭建立自己的民兵隊。其中最傑出的，就是「真主黨旅」（Kata'ib Hezbollah），這個伊拉克什葉派團體，模仿了伊朗在一九八〇年代扶植成立的黎巴嫩什葉派團體。[19]

第三，伊朗在伊拉克建立深厚的文化存在感，以促進政治及軍事連結，同時也在普通（什葉派）伊拉克人之間提升自己的形象和意識形態。海珊倒台的幾週內，伊朗革命衛隊的精英軍事情報單位聖城軍，在蘇雷曼尼的領導下，協助伊拉克南部設立「聖門維護中心」

（Centre for Restoration of the Sublime Gates）。[20]這個組織主要負責維護及保護伊拉克的各個什葉派聖地，但也成為聖城軍在伊拉克的運作基地。蘇雷曼尼由此出發，能夠遊說政治人物、運輸武器，最終還建立民兵隊。但組織原始的宗教文化任務也非掩護而已，伊朗確實也支持了長期受到忽視的什葉派宗教場所、慈善機構與媒體，贏得了不少社群好感。

這項策略的成果有好有壞。一方面，它實現了主要目標。後海珊時代的伊拉克政治轉由馬利基這類親伊朗的什葉派領導人主導。儘管小布希的「增兵」壓制了部分叛亂分子，但占領對美國來說成本還是過高，最終其繼任者歐巴馬放棄進一步更迭伊朗或敘利亞政權的幻想，在二〇一一年撤回所有部隊。此外，伊拉克確實成為伊朗強化對中東其他地方影響力的跳板，海珊倒台後的數年裡，蘇雷曼尼提升了跟黎巴嫩、敘利亞及葉門的關係。但另一方面，伊朗的干涉行為並未被忽視。華府方面，無論是小布希還是歐巴馬政府，都特別關注伊朗追求核武的問題，這在伊朗強硬派返回權力中心時就開始發展。認定德黑蘭正在發展核武的小布希政府，推動聯合國制裁，擠壓伊朗經濟。歐巴馬擴大這些制裁，進一步削弱伊朗的經濟，導致選民在二〇一三年投給哈桑・羅哈尼（Hassan Rouhani）總統，讓溫和派重新上台。他承諾與美國展開談判。這些談判最終促成歐巴馬在二〇一五年達成的協議，德黑蘭與西方國際社會同意以解除制裁換取伊朗暫停核武計畫。[21]這個關鍵背景，能協助我們理解兩國政府對伊拉克下一場悲劇的反應，以及出乎意外的合作：伊斯蘭國的崛起。

傷痕：伊斯蘭國危機

二〇一四年六月初，遜尼派聖戰士團體伊斯蘭國（Islamic State in Iraq and Sham，Sham意指「大敘利亞」）的一千多名戰士，攻占伊拉克第二大城摩蘇爾。他們在市內發現了大批現金、武器和裝備，包括已經瓦解逃離的伊拉克軍隊留下的兩千三百輛悍馬車。[22]數日後，該組織領導人阿布．巴克爾．巴格達迪（Abu Bakr al-Baghdadi）在摩蘇爾的大清真寺宣布，他所控制的領土涵蓋東敘利亞和西伊拉克，將成為新的「哈里發國」，即伊斯蘭國，目標是將所有穆斯林統一在其統治之下。此宣言吸引了一波敘利亞、伊拉克及國際聖戰士志願加入這個「哈里發國」。同時間，他們所取得的武器及資金，讓伊斯蘭國能夠進一步推進伊拉克與敘利亞，威脅到巴格達及庫德斯坦地區政府。突然間，這個過去邊緣的蓋達組織分支看起來有能力橫掃整個中東。

不到幾年前，伊拉克的蓋達組織幾乎面臨崩潰。二〇〇七到二〇〇八年的美國「增兵」行動及伴隨的「覺醒」政策，幾乎消滅這個組織。然而，巴格達迪在二〇一〇年接過領導權時更名為伊斯蘭國，將它從崩潰邊緣拉了回來。首先，他利用遜尼派對伊拉克總理馬利基的不滿情緒，當馬利基二〇一〇年連任時，他反遜尼派的立場更加明顯。他瓦解美國「覺醒」政策所做的許多工作，再次邊緣化遜尼派。歐巴馬在二〇一一年底撤回所有美軍，令局勢更加惡化，使得許多遜尼派擔心他們的命運，這讓一些人投入巴格達迪的懷抱。其次，伊斯蘭國招募前海珊時代的官員加入，他們同樣被排除在新政治之外，這些官員的軍事專業對伊斯蘭國非常寶貴。最後，巴格達迪利用了二〇一一年在鄰國敘利亞爆發的內戰（見第一章）。許多敘利亞遜尼派同樣對阿拉維什葉派阿薩德總統的獨裁統治感到不滿，為巴格達迪提供了大量新成員。敘利亞的混亂局勢也讓伊斯蘭國能夠越過邊界，在東敘利亞奪占領土，成為對伊拉克發動攻擊的基地。

馬利基及巴格達迪等伊拉克人當然要對伊斯蘭國的崛起負起最終責任，但伊斯蘭國的行動也有外國政府的助長。美國尤其要負主要責任。美國一開始入侵伊拉克，創造出蓋達組織崛起的條件；在此之前，蓋達組織在中東並沒有太大勢力。此後，美國在牢中拘留數千人，有些人甚至遭到刑求，激化了一整代遜尼派伊拉克人。巴格達迪也是其中一名囚犯。播下混亂的種子後，美國隨後又太快撤離。歐巴馬過度相信馬利基，忽視他腐敗且派系主義日益嚴重的證據。馬利基親自控制新的伊拉克軍隊，塞進大批貪腐親信，削弱軍隊的可靠性。結果，歐巴馬留下一支脆弱但裝備齊全的軍隊，在伊斯蘭國進攻摩蘇爾時崩潰。伊朗也要承擔部分責任。它也支持馬利基，蘇雷曼尼鼓舞他的反遜尼派政策，還提供什葉派民兵。部分遜尼派對伊斯蘭國的支持，正是對此的反彈。最後，土耳其跟卡達也施了力。兩者都在敘利亞內戰中支持阿薩德的反對派，並以不精確的方式向各方戰士提供資金與武器，導致大量武器落入伊斯蘭國手中。土耳其特別鬆懈，它跟敘利亞的漫長邊界對外國戰士開放，讓他們得以往返兩國之間。[23]這條路線成了外國聖戰士前往伊拉克的主要路徑。

摩蘇爾的淪陷，對新的伊拉克國家跟參與最深的兩支外部關鍵勢力——美國跟伊朗——來說，都是危機時刻。儘管馬利基在統治後期愈發專制，但他並非獨裁者；他對伊斯蘭國的失敗處理導致所有盟友都對他感到失望：國會、他的政黨、美國及伊朗。二〇一四年八月，他被迫辭職，由行事更加柔軟的海德・阿巴迪（Haider al-Abadi）取而代之。與此同時也啟動了對伊斯蘭國的軍事回應。歐巴馬一開始認為伊斯蘭國微不足道，但摩蘇爾的淪陷敲響警鐘，因此對聖戰士發動全面軍事行動。這意味著在阿巴迪的邀請下，美國重返伊拉克，協助重新訓練並重組伊拉克軍隊，同時展開大規模的空襲，以「削弱及摧毀」巴格達迪在敘利亞與伊拉克的作戰能力。華府還進一步跟伊拉克及敘利亞的庫德族戰士合作，試圖將伊斯蘭國逐出他們的家園。

伊朗較晚才意識到威脅的嚴重性，擔憂這可能導致它打造的友好伊拉克國家崩潰，並引發一波反什葉派的種族清洗。因此蘇雷曼尼領導這場地面行動，諷刺的是，這次是跟他花了近十年時間對抗的美國站在同一陣線上。蘇雷曼尼將他送往敘利亞協助阿薩德的伊拉克什葉派戰士調回伊拉克，並成立專門對抗巴格達迪的新民兵隊。這些人民動員部隊（Hashd al-Shabi）在摩蘇爾淪陷後即刻出現。當時伊拉克什葉派的宗教領袖阿亞圖拉西斯塔尼（Ayatollah Sistani）發布伊斯蘭教令（fatwa），呼籲人民起而保衛國家。各種人民動員部隊隨之成立，其中許多成員後來將主導伊拉克政局。大多數人民動員部隊與伊朗結盟，並在蘇雷曼尼的指揮下運作，但也有一些獨立運作，特別是跟薩德爾有關的部隊。[24]蘇雷曼尼運用人民動員部隊來補足美國支持的伊拉克軍，積極穿梭在伊拉克北部各地，包含庫德族地區，指揮戰鬥，協助阻止伊斯蘭國擴張。這位伊朗將軍的重要性贏得西方媒體的讚譽，美國《新聞週刊》（*Newsweek*）雜誌的封面曾以他為主角，標題是：「過去他對抗美國，現在他擊潰伊斯蘭國。」[25]

美國與伊朗在對付伊斯蘭國的行動中各自為政，但都以摧毀所謂的哈里發國為目標。雖然擋下了巴格達迪的攻勢，但要等到數年後，伊拉克軍隊才會奪回摩蘇爾。二〇一六至二〇一七年，這一刻終於到來時，仍然耗時九個月才驅逐聖戰士，但整個城市也面目全非。他們終於被逐出之時，巴格達迪宣告哈里發國成立的歷史古蹟大清真寺已淪為廢墟。到了二〇一九年，伊斯蘭國的最後據點被攻陷，美國特種部隊在敘利亞西部追捕並擊斃巴格達迪本人。儘管聖戰士暫時被擊敗，但他們的崛起與衰落已經在伊拉克政局留下深刻的傷痕。此外，隨著擊敗共同敵人，美國與伊朗之間少了合作的理由，緊張局勢很快又重新浮現。

衝突：伊斯蘭國之後

隨著伊斯蘭國撤出，伊拉克多年來在聖戰士戰爭過程中遭到掩蓋或惡化的問題，也重新浮出水面。其中之一，就是伊拉克庫德族人的命運。二〇〇三年起，庫德斯坦地區政府愈來愈脫離巴格達而獨立運作，甚至另行簽訂石油與國防協議，導致部分領導人要求完全獨立。[26]在庫德族戰士擴大控制的區域包括富含石油的基爾庫克（Kirkuk）之後，對抗伊斯蘭國的戰鬥讓他們的膽子大了起來，也引發與巴格達政府之間的緊張關係，後者要求收回基爾庫克。事情在二〇一七年夏天達到高潮，當時庫德族領導人發起獨立公投，結果以超過九三％的支持率通過，卻被巴格達政府駁為非法。[27]幾週後，伊拉克軍隊和支持他們的人民動員部隊進入了基爾庫克，重新確立權威，迫使庫德族部隊在未抵抗的情況下撤退。此舉將庫德族地區政府推回原來的邊界，壓抑了庫德族的獨立野心，但也摧毀了伊斯蘭國作戰期間可能產生的庫德族—阿拉伯人團結合作的幻想。

第二個問題，則是人民動員部隊的權力。這些單位的性質差異極大。雖然大多數是什葉派，也有許多遜尼派及部分基督教與土庫曼民兵隊。許多是由蘇雷曼尼建立，忠於伊朗，其他則是獨立的。有些人民動員部隊是忠誠且有紀律的戰鬥部隊，支持軍隊，並在解放區維持秩序；其他則是宗派狂熱信徒或暴徒，威脅遜尼派社區。這些民兵組織的未來開始引發爭辯。一方面，愈來愈多街頭抗議運動，挑戰後海珊時代政治核心的腐敗，他們抱怨人民動員部隊是未經選舉產生的武裝團體，往往更忠於伊朗而非伊拉克，且權力過大。另一方面，許多政治領袖支持人民動員部隊持續存在，多數精英都跟各種人民動員部隊往來密切，結為盟友，並將他們納入國家經費之中。其他人則擔心，要廢除這些部隊或將其併入軍隊都十分困難，它們或伊朗支持者可能會激烈抵抗。因此人民動員部隊遂成為常態化現象，激起許多人的不滿，並給伊拉克政治增添更多難以問責（且經常暴力）的角色。[28]

另一項特徵則是美伊之間的衝突再起。繼任歐巴馬擔任總統的川普，完全拒絕了前任跟伊朗的對話。川普受到以色列跟沙烏地阿拉伯對伊朗的強烈敵意影響，在二〇一八年夏天退出了歐巴馬達成的核協議，發起一系列新的制裁。然而此舉只是將伊朗的鐘擺重新轉向強硬派，授權蘇雷曼尼在伊拉克加強對抗美國的活動。兩國都專注對付伊斯蘭國的期間所達成的非正式休戰被打破了。真主黨軍與其他親伊朗的人民動員部隊開始攻擊伊拉克的美軍。蘇雷曼尼的影響力達到空前高度。在他的指揮下，二〇一九年葉門的青年運動（詳見第三章）

對沙烏地最大的石油設施，發動一次大膽的無人機攻擊，激起利雅德及華府的恐慌。[29]以色列甚至開始直接參與，攻擊位於伊拉克的伊朗基地，使得伊拉克再次成為外部對立勢力的戰場。[30]最明顯的情況莫過於，二〇二〇年一月，川普下令在一處伊拉克基地中暗殺蘇雷曼尼。

這項命令是回應真主黨軍攻擊巴格達的美國大使館；幾週前，他們在對基爾庫克發動導彈攻擊時，殺害了一名美國承包商。沒人預料到美國會作出如此戲劇性的反應，但川普以難以預料及打破常規著稱。無人機襲擊瞄準巴格達機場，殺死蘇雷曼尼和真主黨軍的領袖阿布·馬赫迪·穆漢迪斯（Abu Mahdi Muhandis）。川普的大膽舉動引發了巴格達及德黑蘭的憤怒，即使連立場獨立的薩德爾也號召追隨者上街，要求美國撤回在伊拉克的剩餘部隊。伊拉克及區域內的許多人擔心伊朗可能升高局勢，跟川普的白宮爆發全面戰爭。實際上，哈米尼選擇平息局勢。美國位於伊拉克的一處基地遭到襲擊，但似乎刻意未造成任何美軍死亡。德黑蘭宣稱已為蘇雷曼尼復仇，選擇往前看，知道自己不能冒險跟華府爆發公開衝突。然而，儘管伊朗仍保有在伊拉克及中東地區的行動能力，失去蘇雷曼尼及伊拉克的穆漢迪斯仍是一次打擊。他們的繼任者缺乏魅力及組織能力，鼓動了一批先前已開始抗議伊朗主導地位的伊拉克人。[31]

伊拉克的「十月」（Tishreen）抗議運動在二〇一九年十月爆發，儘管二〇二〇至二〇二一年受到新冠肺炎疫情干擾，抗議仍舊持續了好幾年。數萬人湧上巴格達與伊拉克南部街頭，抗議並非由既有的政治精英發動，而是由不統一的各種團體領導。這些抗議者大多是年輕人，這也不意外，因為伊拉克六〇%的人口在二十五歲以下，因此對海珊時代或更早的歷史都沒有記憶，但一致同意取代海珊的現狀並不奏效。他們有很多不滿。經濟停滯不前。二〇〇三年後幾乎沒有產業發展，尤其是失業率極高，特別是青年失業率。政府幾乎完全依賴石油部門的收入，但收入大多用來支付盟友跟裙帶關係，而非建設公共服務或基礎設施。儘管擁有全球第五大石油儲量，伊拉克的電網每天僅能提供五到八小時的電力，教育系統老舊，道路坑坑洞洞，醫療服務不足。[32]再加上迫在眉睫的環境災難，伊拉克政府（及鄰國）不當的水資源管理，全國各地產生可怕的沙塵暴，導致健康狀況惡化，更使過去的農業區域沙漠化，迫使許多農民搬遷或棄耕。巴斯拉地區的情況相當嚴重，水資源短缺、空調供電不足以及夏季五十度高溫的綜合效應，讓此地成為抗議運動的震央。

抗議者將這些問題歸咎於腐敗的精英群體，要求政治改革，終結「派系分配」制度。這些抗議者大多是什葉派，但他們拒絕大多數政黨的派系主義，希望建立一個服務伊拉克人民而非少數精英的體制。同樣地，即便是什葉派，他們也經常批評伊朗的不當影響及他們所扶植的人民動員部隊，這類抗議在具有魅力的蘇雷曼尼去世後日漸增長。抗議者經常遭到政府武力鎮壓，員警或人民動員部隊被派去動用暴力驅散示威者，導致數百名抗議者喪生。領導的運動人士遭到暗殺，凶手指向伊朗及其伊拉克盟友。這樣的情況讓部分人士卻步，關於戰術的爭論——例如參加國會選舉或抵制選舉——則進一步讓運動陷入分裂。同時間，部分精英試圖籠絡抗議者為己所用，主要政黨設立青年側翼或由知名抗議者領導的新組織，嘲諷地用來拔掉運動的毒刺。[33]

然而最具有影響力的干預出自薩德爾。這位神職人員並未發起運動，但許多出身貧困什葉派地區的支持者都參與其中，因此抗議者開始行動後，他也容易在背後給予支持。薩德爾的立場相當複雜，一方面，不像大多數伊拉克政治人物，他確實擁有一些基層支持，也不像其他人那樣被視為精英；另一方面，批評者認為他只是利用抗議活動，作為通往權力的道路。如果這種說法屬實，這個策略確實有些成效。二〇二一年十月的國會大選，是抗議運動爆發以來的第一次選舉，薩德爾的政黨表現非常出色，因為他承諾實現抗議者的主要訴求：

結束「派系分配」體制及管制伊朗支持的人民動員部隊。然而，伊拉克體制限制了薩德爾的多數地位，使他必須跟其他政黨協商以組建政府。如同後海珊時期的伊拉克一貫的情況，協商過程綿延數月，導致政府癱瘓超過一年，直到達成協議產生新總理。然而薩德爾卻讓局勢更加複雜，他在二〇二二年六月戲劇性下令他的國會議員全體請辭，因為協商結果對他不利。隔月，薩德爾為了施加壓力，命令他的支持者兩次（和平地）闖入國會大廈，卻跟反對的人民動員部隊爆發暴力衝突，結果就是進一步癱瘓政府。薩德爾與追隨者聲稱，這是為了實現抗議者改革伊拉克體制的要求，但對手則視此為他替自己謀權的可笑伎倆。最終，在二〇二二年十月達成協議組成政府時，薩德爾拒絕參與其中。

停滯：破碎的共和國

長時期的癱瘓局面，凸顯了二〇〇三年後伊拉克政治體制失靈的程度。美國曾幻想能在伊拉克建立一個繁榮的民主國家，但就像早期的英國殖民者一樣，美國更關心自己的帝國野心，受既有偏見的驅動而非建設一個運作良好且可持續的國家。伊朗及土耳其（程度較輕微）同樣將自身利益置於伊拉克新政局之上，使得問題更加複雜。為伊拉克政治人物建立的體制，無論是什葉派、遜尼派還是庫德族人，都視自己為族群或宗教群體的代表，而非整個國家的立法者。這讓分裂更加嚴重，有時甚至引起暴力。此外，美國跟伊朗支持的精英群體，在腐敗的流亡者主導下，進一步降低政府有效施政的可能性。結果就是一個難以修復的「破碎的共和國」。二〇一九年爆發的抗議運動並不令人意外；事實上，更令人驚訝的是，這股對體制的挫敗感沒有更早浮現。但抗議運動未能將普遍的不滿轉成政治變革，也顯示出系統及精英階層的根深柢固。

與此同時，伊拉克的問題持續惡化。它經常位列世界最腐敗國家的前茅，也是經商最困難的國家。[34]經濟停滯不前，環境破壞卻更加嚴重。庫德族獨立問題懸而未決，庫德族地區實際上已經與伊拉克其他地區分離。暴力仍舊可能爆發，族群—派系暴力及聖戰主義的雙重威脅仍未徹底消滅。伊拉克的脆弱政府容易受外部影響，使得外國勢力可能會繼續干涉政局，將伊拉克視為區域及國際競爭的便宜戰場。正如過去四十年，甚至更久以來的情況，伊拉克人民可能會再次承擔這些外部及內部操弄帶來的苦果。

埃及

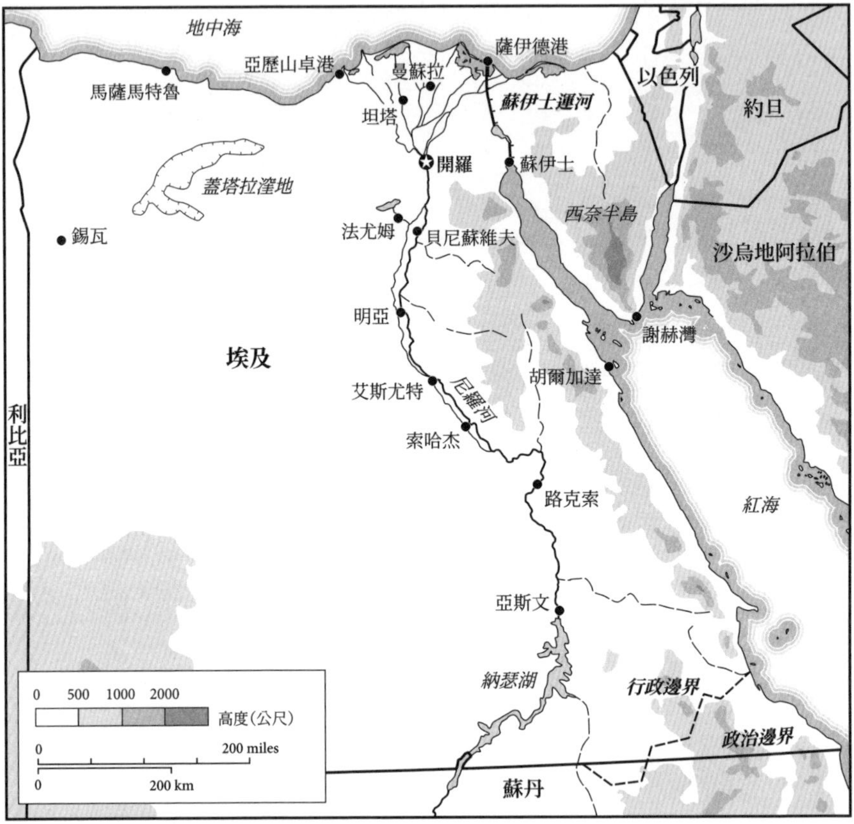
地中海
亞歷山卓港
馬薩馬特魯
曼蘇拉
薩伊德港
坦塔
蘇伊士運河
以色列
約旦
開羅
蘇伊士
蓋塔拉窪地
西奈半島
法尤姆
貝尼蘇維夫
錫瓦
沙烏地阿拉伯
明亞
謝赫灣
埃及
胡爾加達
艾斯尤特
尼羅河
索哈杰
利比亞
路克索
紅海
亞斯文
納瑟湖
行政邊界
政治邊界
0 500 1000 2000
高度（公尺）
0 200 miles
0 200 km
蘇丹

第六章

埃及

衰落的巨人

埃及是中東地區人口最多的國家，領先優勢相當明顯。擁有超過一億三百萬人口的埃及，比土耳其、伊朗這些主要競爭對手多了一千五百多萬人，同時遠遠勝過其他區域強國，如沙烏地阿拉伯（三千四百萬人）、阿拉伯聯合大公國（九百萬人）及以色列（九百萬人）。埃及還擁有區域內最大城市——開羅，擁有兩千一百萬居民，比倫敦或紐約多出一倍，比最鄰近的區域競爭對手伊斯坦堡多出六百萬人。埃及擁有阿拉伯世界最大規模的常備軍，在文化上也具有強大影響力。[1] 開羅是阿拉伯電影產業的中心，古老的艾資哈爾伊斯蘭大學（Al-Azhar Islamic university）所在地，更是區域合作組織阿拉伯國家聯盟（簡稱阿聯）的總部所在。跟許多中東國家不同，埃及是個歷史悠久的單一民族國家，某種程度上避免了其他國家因認同政治而引發的分裂。憑藉眾多優勢，傳統上埃及一直是周邊地區最強大的國家之一。古埃及法老、伊斯蘭哈里發、鄂圖曼總督和民族主義獨裁者都曾利用埃及的潛力，將影響力擴展到尼羅河以外的地方。但那些日子似乎已經一去不復返。開羅擁有眾多象徵埃及繁榮過往的紀念碑：吉薩金字塔、伊斯蘭古城、十九世紀末巴黎風情的市區，及現代主義的開羅塔——一九六〇年代曾是非洲最高的建築。但今日前往開羅的遊客，更能感受到過度擁擠、交通擁塞、污染河流及城市的龐大擴張。首都就像埃及許多地方，不但未能重現過往輝煌，僅是苟延殘喘。

十九世紀末，埃及的發展程度甚至超過日本，甚至直到一九六〇年代，它的繁榮程度仍高於後來超越它的國家，如南韓及台灣。如今，它還落後於多數中東及北非國家，昔日作為區域內最先進國家的地位不再。二十一世紀的埃及，人均國內生產毛額是區域第六低，識字率則是第四低，將近三〇%的埃及人生活在貧窮線下。[2]衰退的標誌之一是埃及區域角色的轉變。它曾是中東最具影響力的阿拉伯國家，能以軍事或政治力量介入鄰國事務，但今日，疲弱的埃及仰賴遠方的鄰國和盟友，如美國，來獲取經濟支持。它的專制政府雖然很大程度上避免了當代葉門、敘利亞或黎巴嫩經歷的外國干涉，但埃及政治在二〇一〇年代也曾短暫成為區域競逐的舞台。二〇一一年一場大眾起義，推翻了停滯三十年的獨裁政權，隨之而來的是一波樂觀、恐懼、不穩定與政治活動的浪潮。最終這一切在二〇一三年結束，軍隊推翻了選舉產生的伊斯蘭政府，建立起比兩年前推翻的獨裁政權更加嚴酷的專制政權。新任軍事獨裁者阿卜杜爾·法塔·賽西雖非傀儡，但也獲得阿拉伯聯合大公國與沙烏地阿拉伯的強力支持，並有華府默許。另一方面，伊斯蘭主義者的盟友土耳其及卡達則對此深感憤怒。儘管此後賽西試圖擺脫對外部支持者的依賴，重新宣示埃及的獨立，但成效不一。曾經是區域霸主的埃及，如今最多只能算是個中等強國。

起始：尼羅河的豐饒

九五％的埃及人生活在尼羅河沿岸及三角洲地區，這條世上最長河流是埃及存在的主因。在四周盡是沙漠的環境中，尼羅河沿岸的肥沃土地自古代文明誕生以來，就提供了豐富的農業資源。農業所帶來的盈餘和財富，以及隨之發展起來的強大中央政府與官僚體系，使埃及的統治者得以將權力擴展到尼羅河以外的區域。但同時，這些豐饒資源以及位於兩大洲門戶的戰略位置，也使這個國家成為極有吸引力的目標。埃及歷史似乎在統治與臣服的時代之間擺盪。數千年的法老統治最終以波斯、希臘和羅馬的征服吞併告終，埃及成了羅馬及後繼的東方拜占庭帝國的糧倉。七世紀的伊斯蘭征服終於讓埃及重返榮光，當時法蒂瑪王朝（Fatimids）的什葉派哈里發，以開羅為基地，建立了一個涵蓋黎凡特、北非及阿拉伯半島的帝國。接下來五百年間，埃及保持獨立，法蒂瑪王朝的各個繼承者則將統治擴展到中東多數地區，直到一五一七年再度被征服，由土耳其的鄂圖曼帝國征服吸納。

就跟中東其他地方一樣，十九世紀鄂圖曼帝國的衰落引來歐洲帝國的侵襲。首先是拿破崙領導下的法國，一七九八年短暫征服埃及，但最終卻遭英國擊敗，讓鄂圖曼帝國得以重新征服此地。鄂圖曼帝國的一位指揮官，名叫穆罕默德・阿里（Muhammad Ali）的阿爾巴尼亞人崛起，成為事實上的統治者。他推動埃及農業與軍事現代化，並通過征服蘇丹、敘利亞及阿拉伯半島，挑戰伊斯坦堡的統治。雖然阿里最終被迫撤退，但成功地讓埃及自治及其家族的控制權獲得承認。然而，他的繼任者卻向英國欠下巨額債務，導致統治權因此削弱。英國自蘇伊士運河建成後，對埃及的興趣日深，倫敦遂於一八八二年入侵埃及，並宣告埃及成為英帝國的「保護國」。

英國統治時期延續了許多穆罕默德・阿里時期開始的現代化趨勢。基礎設施、教育、城市化及農業改革都繼續快速推進，軍事現代化也持續進行。埃及變得愈來愈國際化，起初是阿里的阿爾巴尼亞同胞，接著是西歐人也取得土地、建立企業。然而外國統治也給民族主義的發展添薪加火，特別是在埃及日益增長的知識分子與工藝師階層之間。此情緒在第一次世界大戰期間，英國大幅擴張軍事占領埃及後更加升高。一九一九年爆發的民眾騷動，迫使倫敦在一九二二年給予埃及名義上的獨立，雖然仍控制著國防及蘇伊士運河等關鍵領域。[3]第二次世界大戰期間，英國再次派軍進入埃及，以坦克包圍王宮，要求法魯克（Farouq）國王任命倫敦選擇的新政府，羞辱了國王，也揭露出虛假的獨立。雖然一九二〇及一九三〇年代是相對自由的時期，埃及人享有新聞自由、文化復興及（大致）功能正常的國會民主，但經濟不平等卻逐漸加劇。[4]一般大眾及中產階級對法魯克與統治精英的冷漠感到不滿，尤其是他們認為統治者不願徹底驅逐英國人而感到失望。軍隊成為這些不滿的主要發言人，吸引了許多出身卑微或下層中產階級的軍官。一九四八至一九四九年以色列獨立戰爭中，軍隊在巴勒斯坦的恥辱令他們倍感憤怒，指責軍事失敗肇因於政府無能。最終，軍中的「自由軍官團」（Free Officers）於一九五二年發動一場無血政變，終結王室統治與英國的影響力。幾天後，他們流放法魯克，並在兩年內讓英國同意撤回最後的駐軍。

自由軍官團中的主要人物是賈馬爾・阿布杜勒・納瑟（Gamal Abdul Nasser）上校，他很快就成為新共和國的總統。對許多人來說，納瑟至今仍是對抗西方，讓埃及跟阿拉伯世界恢復榮譽的英雄。在國內，納瑟打破舊秩序。他的社會主義政策從精英手中徵收土地，分配給農民；工業及企業國有化；女性權益獲得改善；讓更多人獲得醫療及教育。君主制時代的經濟落差被拉近，讓納瑟受到大眾歡迎。國際上，納瑟的聲望甚至超越穆罕默德．阿里，讓埃及成為中東最重要的國家。一九五六年，英、法在以色列的協助下入侵蘇伊士運河，最後一次試圖尋回對埃及的影響力，卻在盟國美國的壓力下尷尬撤退。雖然納瑟在危機中並沒有太多作為，但他將英國撤軍歸功於自己，因此在阿拉伯世界被譽為反帝國主義英雄。此後，納瑟遂擁抱阿拉伯民族主義，自詡為中東的俾斯麥，承諾要團結被歐洲帝國人為劃分的阿拉伯世界。埃及開始干涉區域各處事務：鼓勵對阿拉伯君主國發動軍事政變，在黎巴嫩的宗派政治裡支持特定對象，跟敘利亞短暫結盟，派遣埃及軍隊參與北葉門內戰。納瑟的名聲甚至超越中東，成為反冷戰陣營「不結盟運動」的重要人物，跟印度及南斯拉夫比肩。

然而納瑟的批評者卻認為，這些短暫的外交成功，被後期的一連串失敗所掩蓋。埃及的輝煌時刻如此短暫。一九六〇年代，埃及與敘利亞的聯盟崩潰，北葉門陷入花錢泥淖，隨後在六日戰爭中慘敗給以色列，導致西奈半島遭到占領，蘇伊士運河被封鎖。經濟破產的納瑟，不得不放棄阿拉伯民族主義與不結盟政策，轉而向阿拉伯君主國求助資金，並向蘇聯求取武器援助。此外，納瑟的社會主義政策的失敗，使得官僚經濟陷入困境。納瑟統治之下也有其陰暗面。他掃除戰間期的自由主義，建立了一個獨裁政權。在他上台的最初幾週，就絞死了紡織業勞工爭議的領袖，以宣告他跟過去的決裂。納瑟雖然不像隨後的哈菲茲・阿薩德或海珊等獨裁者那樣殘酷，但新聞自由仍舊被終結，國會民主遭廢止，政治反對派經常受到鎮壓。納瑟的政策也終結了埃及的多元文化傳統。外國地主與商人的財產遭到剝奪並被迫離開，埃及古老的猶太社群也在對以色列敵意升高時，失去財產離去。儘管一九七〇年納瑟去世時，數百萬支持者湧上街頭哀悼，他留下的埃及曾繁榮一時，卻問題重重。

納瑟的繼任者是另一名自由軍官團的軍官，也是他的副總統安瓦爾・沙達特（Anwar Sadat）。沙達特缺乏前同袍的魅力和口才，即便如此，他仍試圖通過解決納瑟統治末期留下的挑戰，來鞏固權力。在國際上，他於一九七三年發動了另一場對以色列的戰爭，最終雖以僵局收場，但為後來的和平談判鋪路，實現西奈半島歸還，重新開放蘇伊士運河。此事也讓埃及得以在冷戰中轉變立場，拋棄蘇聯，轉向美國，每年獲得十五億美元的援助。[5]在國內，沙達特承諾更多政治經濟開放，最初先允許更多異議及新聞自由，並放棄社會主義轉向市場經濟。儘管經濟改革為精英及部分中產階級帶來財富，大眾卻蒙受其苦，貧窮更加惡化，開羅再次開始積累巨額外債。然而與以色列的和解引發國內反對時，沙達特就開始收縮政治自由化政策。最終，這一切促成了一九八一年的暗殺事件，當時伊斯蘭激進派認定被和平條約背叛，在一場軍事閱兵中槍殺了沙達特。

沙達特之死迎來了胡斯尼．穆巴拉克（Hosni Mubarak）的三十年統治。穆巴拉克同樣是軍人，曾在一九七三年的戰爭擔任空軍指揮官，但比兩位前任年輕一代，比較沒受到他們所經歷的意識形態潮流所影響。他延續了沙達特制定的國內及國際路線：對以色列維持和平、與西方結盟，以及國內的資本主義專制。儘管這條路線在中期表現穩定，卻也改變不了納瑟時代開始的衰退，埃及變得更加貧困，國內不平等更加惡化，國際地位也日漸萎縮。

鬥爭：軍官與伊斯蘭主義者

如同所有國家社會，現代埃及也是複雜多元，許多不同群體及機構在政治、國際關係與日常生活中發揮影響力。其中有兩個團體對當代埃及造成不成比例的深遠影響：軍隊和穆斯林兄弟會。軍隊最為重要，主導著政治、經濟與社會。自從埃及廢除君主制度以來，總統幾乎全是軍人，只有一人例外。耶齊德．薩伊赫（Yezid Sayigh）教授形容埃及為「軍官共和國」，以此來描述軍隊角色影響之深遠。[6]現役或退役軍官不僅擔任如部長和省長等國家重要職位，還掌握著主要產業與企業中的關鍵職位。然而，埃及政府並非軍政府，許多領導人雖試圖維持軍隊特權，同時也避免其過度介入政治。例如，納瑟就脫下軍裝，換穿西裝。納瑟雖從軍中拔擢總理及其他重要職位的人選，但他也擔心軍隊可能會像推翻法魯克國王那樣推翻自己，因此試著稀釋軍隊的影響力，但成果有限。沙達特同樣也擔心軍事政變，特別是跟以色列談和之後，軍隊便失去外部焦點。他的解決方案，是在剛開放的經濟中，給軍隊更大的好處。這些特權在穆巴拉克時代延續並擴大，穆巴拉克則是試圖以巨額財富，交換將軍隊排除在政治之外（個別軍人例外）。[7]

一方面，這些策略很大程度上確實奏效。軍隊雖是統治政權中最強大的成分，卻未直接介入政治。跟頻繁發動政變的土耳其軍隊不同，埃及在一九五二年後將近六十年內，未曾經歷過此類軍事干預，土耳其軍方類似強大的「深層國家」實體，從一九六〇到一九九七年間共發動了四次政變（見第八章）。這些策略的缺點就是，給了軍隊這麼大量的財富與地位，也讓它對自身特權的保護慾極高，最終導致軍隊在二〇一一年推翻穆巴拉克，犧牲總統以維護自身特權。但早在此之前，軍隊就已經時常干預政府和經濟的方方面面，擴大它的控制範圍，擠壓民營企業或要求分紅。這在已經繁冗的官僚體系中，到處創造競爭「封地」，導致政府治理和公共服務變得更加緩慢低效。[8]但對圈內人來說，可謂獎賞豐厚。高級軍官住在開羅郊區彷若與世隔絕的度假村庭園宅邸。因為徵兵制的關係，他們手底下有上百萬兵員，為各種企業提供廉價勞力。這包括軍隊經營的水泥廠、農場、鋼鐵公司、瓶裝水工廠、義大利麵廠，當然還有國防工業。二〇一一年後，這些業務活動更加蓬勃發展。

穆巴拉克統治後期，經濟陷入困頓時，軍方是少數受益者之一。沙達特時代的改革引入了裙帶資本主義，私人部門崛起與龐大國有企業並存，這些企業卻是極度腐敗。穆巴拉克一開始雖然從埃及有限的石油與天然氣資源獲益，然而這些資源就跟經濟很多層面一樣，逐漸枯竭且管理不良，迫使埃及開始進口石油跟天然氣。同樣地，儘管擁有悠久的農業生產歷史，缺乏投資及管理不良，表示埃及不得不進口大量小麥。儘管納瑟曾鼓勵計劃生育，但這些措施並非優先政策而被擱置，導致埃及人口激增，從一九六〇年的二千七百萬人，躍升至二〇一〇年的八千七百萬。[9]相較之下，同一時期英國人口僅增加了一千萬。人口增長帶來龐大的勞動力，但經濟疲軟難以吸納，導致普遍的失業、就業不足及社會不滿。

在經濟衰退的過程中，另一個主要受益者是埃及政治的另一股大勢力：穆斯林兄弟會。

這個成立於一九二〇年代的伊斯蘭組織，創始人哈山·巴納（Hassan al-Banna）堅持他們不是政治團體，而是希望從基層推動人們採取更符合宗教信仰的生活方式。然而，他們大量的活動經常被視為威脅，從君主時代到納瑟都是如此，納瑟甚至取締該組織並逮捕其領導人。沙達特比較寬容，讓兄弟會合法化，且比納瑟更鼓勵宗教發展，希望伊斯蘭信仰能取代他在外交政策上逐漸遠離的阿拉伯民族主義，與此同時，埃及民間對於伊斯蘭的虔誠信仰普遍增加。到了一九七〇年代，隨著埃及人出國工作，許多人受到波斯灣國家保守派伊斯蘭思想的影響，同時對納瑟未能帶來實質改變的左翼世俗主義感到失望。[10] 隨著沙達特跟穆巴拉克的經濟政策逐步縮減國家公共服務，愈來愈多人轉向兄弟會，該組織在貧困地區提供替代性的教育及醫療所等替代服務。

儘管政府經常打壓穆斯林兄弟會，但該組織到一九八〇年代已經成為重要的政治力量，他們開始參與相對權力較小的國會選舉，也在專業工團與大學工會內推舉候選人。他們在二〇〇五年國會的第一輪選舉中表現尤其亮眼，這輪選舉在美國的壓力下比以往更加自由開放，也導致穆巴拉克總統在第二輪引進新限制，確保兄弟會不至於獲勝。即便穆巴拉克如此擔憂，兄弟會也並非不可阻擋。兄弟會內部存在著意識形態與策略分歧，還有新舊世代的矛盾。此外，儘管擁有廣泛支持，領導層卻是由一小群保守派主導，這些小團體終究缺乏政治技巧。雖然二〇一一至二〇一三年埃及局勢被描繪為兄弟會與軍隊之間的鬥爭，這些伊斯蘭主義者的影響力與資源是遠遠比不上軍方，最終也難以勝出。

民怨：起事與政變

這場對抗來臨時，軍隊跟兄弟會都吃了一驚，因為這場民眾起事並不是由這兩者所發起。二〇一一年一月，群眾抗爭推翻鄰近的突尼西亞獨裁者後，憤怒的埃及人也走上街頭，要求自家暴君下台。穆巴拉克三十年的專制統治，加上經濟衰退及安全部隊頻繁的羞辱，人民的憤怒達到了沸點。數百萬人走上開羅與其他城市街頭，要求「政權下台」。穆巴拉克一再堅持不下台，十八天的抗議後，事情已經脫離他的掌控。在美國推動下，軍隊推翻了八十二歲的領導人，將他送往謝赫灣（Sharm el-Sheikh）的別墅。[11]軍方宣布由軍事最高委員會（Supreme Council of the Armed Forces，簡稱 SCAF）接管政權，六個月內舉行選舉。

兄弟會並未積極參與抗議活動，直到最後階段才加入呼籲要求穆巴拉克下台。抗議者主要是一群自發性形成且無組織的中產階級、青年、勞工運動者及學生。但穆巴拉克一下台，他們卻無力組建團結的政黨，既缺乏一致的聲音，也沒有組織的基層網絡。相較之下，兄弟會的這類資源就相當豐富，因此很快成為新時代的主要受益者。一開始，兄弟會選擇了比較妥協的姿態。他們堅持若當選，不會強加推行伊斯蘭教法（sharia），也不會主導政治，他們拒絕推出總統候選人，只競逐三〇%的國會席次。[12] 然而，當軍事最高委員會（SCAF）同意舉行選舉時（比承諾的時間晚），兄弟會已經發生了一些內部變化，剔除許多參與抗議活動的改革派跟青年運動者，採取更加強硬的立場。他們競逐超過一半的國會席次，以三七%的得票率，成為最大政黨。更具爭議的是，他們接著提名了穆罕默德・穆爾西（Mohamed Morsi）參加總統選舉，並以微弱優勢擊敗了軍事最高委員會挑出的候選人。埃及共和國歷史上，第一次產生非軍人的總統，是由民主選舉產生的伊斯蘭主義者。

民主埃及只持續了一年多。穆爾西並不適合擔任總統。他原本只是兄弟會的第二選擇，在首選候選人遭取消資格後，被推出投入選舉。穆爾西既不是出色的演說家，也不是有效的行政管理者，他之所以入選，更多是出自他長期對兄弟會的忠誠，而非擔任總統的資質能力。[13]上台之後，穆爾西表現出僵化且不願妥協的態度，令埃及政治中的分歧更加惡化，而非彌合分裂、鞏固民主革命。他疏遠那些促成二〇一一年起義的自由派運動者。儘管許多人不喜歡兄弟會，但因為擔心另一個候選人會導致軍事獨裁回鍋，不少人仍支持穆爾西而非軍事最高委員會的候選人。然而掌權之後，穆爾西和兄弟會忽視國會中的自由派議員，只跟其他宗教政黨合作或迎合軍方的要求。他甚至以「保護革命」之名採取專制措施，因而激怒了自由派，被視為伊斯蘭主義者的奪權之舉。[14]

穆爾西同時也疏遠軍方。軍事最高委員會最初不願放權，但最終卻允許舉行選舉。高級軍官一開始希望跟兄弟會合作，但兄弟會卻不願在總統候選人上妥協，讓這個希望落空。雖然期間還是有些合作案例，例如穆爾西在二〇一二年通過的憲法，賦予軍方相當大的自治權並保護其特權，以及一項對兄弟會高度有利卻不利於自由派的選舉法。兄弟會天真認定此舉能平息軍方的不滿而維持中立。穆爾西甚至親自挑選一名軍方人士阿卜杜爾·法塔·賽西擔任國防部長，認定這位信仰虔誠的將軍會是他在軍中的盟友。但最終領導政變的，卻是賽西。到了二〇一三年夏季，除了兄弟會的核心支持者外，穆爾西普遍不受歡迎。不只是自由派跟親軍方的不滿聲音，連埃及的基督徒（占總人口的五％到一〇％）也擔心埃及會變成另一個伊朗，人民革命遭到伊斯蘭主義者接管。整個初夏，反對穆爾西的抗議活動頻繁，而這些抗議都由受到賽西指示下的情報機構祕密鼓勵。[15]七月初，賽西利用抗議活動來合理化對抗兄弟會的行動。軍方給穆爾西四十八小時，要求他滿足抗議者的要求。充耳不聞的穆爾西拒絕，幾天後他遭到軟禁時，顯然對此感到完全意外。

賽西上台後，開創了比穆巴拉克時期更嚴酷的獨裁鎮壓時代。跡象出現在政變剛過一個多月後，近千名穆爾西支持者在開羅的拉巴廣場（Rabaa Square）上和平靜坐時，遭到軍方屠殺。儘管納瑟、沙達特跟穆巴拉克時期偶有暴力，這類大規模屠殺對埃及人來說是罕見的，他們也不曾見過伊拉克或敘利亞的恐怖暴行。不久之後，穆斯林兄弟會再次遭到取締，這是新政權廣泛打壓所有潛在對手的措施之一，也包含自由派和左翼人士。數以千計的反對派人士遭逮捕，數百人被判死刑。[16]穆爾西本人也因為捏造的間諜罪被判死刑，後來改為終身監禁，直到二〇一九年死於獄中。這段期間，他的國防部長賽西則掌握政權。起草了授予總統跟軍方更多權力的新憲之後，賽西於二〇一四年五月當選總統。選舉在鎮壓後的恐懼氛圍中舉行，好幾名自由派運動者抵制投票。在這場名不副實的選舉中，競選對手只有一名聽命於賽西的候選人，賽西以九六％的得票率獲勝。然而四三％的投票率卻低於兩年前穆爾西選舉時的五二%，但賽西確實受到某些族群的歡迎，那些人認為他拯救埃及免於兄弟會的統治。相比之下，兄弟會支持者與自由派則對二〇一一年革命的失敗感到絕望。

對於埃及在二〇一一年後未能成功建立民主制度，兩年後再度重返威權主義獨裁的情況，學者與分析師提出多種解釋。羅伯特・史普林柏格（Robert Springborg）教授等人認為，穆巴拉克被推翻後，有數個障礙讓埃及無法發展出可行的民主制度。[17] 跟成功經歷民主革命的國家相比，埃及的人口更年輕、以鄉村為主、教育水準較低，缺乏有規模的中產階級，並且過度依賴國家供養。另一個結構性劣勢，是軍隊在埃及國家中的既有地位。由於納瑟、薩達特跟穆巴拉克賦予軍隊的特權，民主力量很難讓軍隊乖乖待在營區內，特別是他們覺得受到威脅的時候。比穆爾西及兄弟會更具政治才能的民選領導人，也許有可能安撫軍方，以妥協的方式逐步嵌入民主實踐。然而，伊斯蘭主義者卻全然失敗，屢屢失誤，疏遠核心支持者以外的所有人。最後，所有內部勢力都靠外部力量的援助。正如下文將討論，多數外國援助來自於對民主轉型不感興趣或積極反對的勢力。卡達以及土耳其（程度較輕微）支持兄弟會，阿拉伯聯合大公國和沙烏地阿拉伯則支持賽西的政變。美國本可能成為盟國中民主力量的重要倡議者，卻在二〇一三年明顯沉默，事實上就是對軍事接管的默許。

外力：買下影響力

儘管有諸多缺陷，比起許多其他中東國家埃及仍然更為穩定，避免了敘利亞、利比亞跟葉門的內戰，也沒有遭遇伊拉克與黎巴嫩的政治混亂。但這並沒有讓它對外國影響力免疫。二十世紀最後幾年，特別自二〇一一年以來，埃及的弱點就在經濟及統治精英對資金的需求，這就讓外國勢力有機會透過經濟援助來擴展影響力。起義之前，主要是友好的波斯灣國家跟美國，向搖搖欲墜的穆巴拉克政權注入資金，二〇一一年的動盪則促使不同區域及國際政府加入競逐，支持不同的埃及派系。多數波斯灣國家對穆巴拉克的垮台感到震驚。他們原以為共同盟友美國會支持垂死的埃及政權，因此當歐巴馬總統鼓動埃及軍方促成穆巴拉克下台時，讓它們倍感震驚。唯一的例外是卡達，其所屬的半島電視台全程報導起義過程，激勵更多埃及人參與抗議活動。

卡達與穆斯林兄弟會擁有長期聯繫，而阿拉伯聯合大公國與沙烏地阿拉伯則反對這個組織。但在動亂初期，這些國家都被其他問題分散了注意力：多哈及阿布達比當局為利比亞問題牽動（見第二章），所有國家則都被巴林問題所困擾（見第九章）。這三個波斯灣國家後來才逐漸展現出對埃及的興趣。二〇一一年的國會選舉中，比穆斯林兄弟會更保守也更不革命派的政黨——薩拉菲派的光明黨（al-Nour party），贏得第二多席次，部分是因為波斯灣來的資金。[18]沙烏地阿拉伯促成這個結果，可能是希望薩拉菲派能分裂伊斯蘭主義者的選票，削弱兄弟會。另一方面，兄弟會組成政府後，卡達就介入支持埃及搖搖欲墜的經濟，提供七十億美元的援助。同時間，半島電視台持續放送對兄弟會有利的報導，包括以埃及為主的新頻道。身為卡達親密盟友、兄弟會支持者的土耳其，也提供了二十億美元的貸款。[19]

然而，外國援助也救不了穆爾西，他的政府正處於經濟危機邊緣，這也是促使政變發生的因素之一。與此同時，賽西得到阿拉伯聯合大公國跟沙烏地阿拉伯的強力支持。他跟沙烏地阿拉伯領導層有私人交情，過去曾擔任埃及駐利雅德大使館的國防武官，他也跟阿拉伯聯合大公國王儲穆罕默德・賓・札耶德（簡稱MBZ）關係密切。軍方開始策劃政變時，洩露的錄音顯示阿拉伯聯合大公國從初期就參與其中，[20]包含資助部分反穆爾西的抗議活動，並承諾若美國反對推翻穆爾西，阿拉伯聯合大公國願承擔美援損失。穆爾西被推翻後幾日，沙烏地阿拉伯、阿拉伯聯合大公國及其波斯灣盟友科威特，就宣布給予新政府一百二十億美元的援助計畫。MBZ在拉巴廣場大屠殺發生不到兩週，就親自到開羅造訪賽西表達對此行動的支持。總體來說，這三個波斯灣國家在接下來三年內，提供了三百億美元的援助。[21]相比之下，卡達遭到新政權排擠，半島電視台的部分頻道遭禁，記者遭到逮捕審判，連英語台的西方特派員也不例外。

財務與外交支持當然有附帶條件。阿拉伯聯合大公國與沙烏地阿拉伯在對抗兩個主要區域敵人——穆斯林兄弟會跟伊朗——愈發積極，並期待賽西加入他們的行列。賽西並非任人擺佈的傀儡，僅選擇性地參與其中。他熱情加入阿布達比的行列，支持鄰國利比亞的反叛將軍哈利法·哈夫塔，對抗與穆斯林兄弟會有關的民選政府。他還參與沙烏地阿拉伯與阿拉伯聯合大公國的聯盟，對抗伊朗支持的葉門青年運動叛軍，但只派遣一支象徵性的海軍。類似情況中，儘管開羅在二〇一七年同意與利雅德及阿布達比一起封鎖和孤立卡達，但埃及的參與卻是節制的。埃及並未驅逐任何卡達投資者，多哈的二十五萬埃及公民也留在當地。[22]賽西還拒絕參與敘利亞衝突，在這場衝突裡，沙烏地阿拉伯支援敘利亞叛軍反抗伊朗的盟友阿薩德。由於許多叛軍跟穆斯林兄弟會結盟，因此賽西並不特別熱衷看見阿薩德被擊敗，並默默保持跟敘利亞領導層的聯繫管道。這也是阿拉伯聯合大公國的作法。

事實上，這兩個波斯灣國家中，阿拉伯聯合大公國成為埃及更親密的盟友。二〇一五年，沙烏地阿拉伯權力轉移至穆罕默德·賓·薩爾曼王子手中，他將賽西最親密的盟友逐出沙烏地阿拉伯宮廷，後來更逮捕此人，引發了埃及與沙烏地阿拉伯的緊張關係。[23]開羅試圖修補關係，包括不顧國內反對意見，將兩個紅海無人島嶼的控制權交給沙烏地阿拉伯。兩國間儘管存在一些分歧，仍舊保持盟友關係。二〇一六年，賽西成功從國際貨幣基金取得一百二十億美元的貸款，給他更大的財務獨立，讓他從波斯灣支持者手中重新取得部分自主權。然而，埃及脆弱的財政狀況再次曝露，首先是在新冠疫情期間，其次則是二〇二二年的烏克蘭戰爭，因為埃及從烏克蘭進口大量穀物。這導致開羅心懷感激地接受沙烏地阿拉伯、阿拉伯聯合大公國與改造後的卡達所提供的二百二十億美元援助。[24]埃及的薄弱財政，令它再度成為外部影響力下的獵物。

美國對埃及擁有最大的影響力，但在利用影響力方面，表現卻不如波斯灣國家。沙達特自從在冷戰中改變立場以來，埃及一直是美國在中東的重要盟友。埃及擁有最多人口、最多軍隊以及控制十分之一全球貿易流通量的蘇伊士運河，因此確保埃及穩定並與美國維持一致立場，一直是美國的戰略優先事項。[25]這跟華府對以色列的深厚承諾密切相關：維持白宮斡旋達成的和平協議，並利用開羅跟鄰近加薩地帶巴勒斯坦人的聯繫，在必要時緩解緊張局勢（見第四章）。這個聯盟關係，一如埃及與波斯灣國家的聯盟，主要靠金錢來潤滑維持。一九七九年的和平協議帶來美國的年度援助，目前每年十三億美元，其中大部分是軍事援助，並出售數十億美元的武器。然而，近年來美國的實力與優先事項重心轉移，這段關係對雙方的重要性都在降低。美國占領伊拉克後，在中東過度擴張，更陷入長達二十年的阿富汗泥淖，美國大眾及領導人都對海外冒險失去熱情。二〇〇八年的金融危機削弱美國力量，中國崛起也結束了後冷戰時期美國不受挑戰的全球霸權地位。埃及在此背景脈絡下發生起義與政變，而華府領袖對埃及與廣大中東地區的興趣愈來愈少，行動的自主程度也不若以往。

歷任美國總統應對環境變化的方式各不相同。歐巴馬是起義跟政變期間的美國總統，他能當選，部分是因為民眾對前總統小布希干預中東失敗的反彈。因此，當起義爆發時，他並不願意涉入埃及事務；部分幕僚，如國務卿希拉蕊．柯林頓，則建議支持穆巴拉克。[26] 然而，歐巴馬最終了解到穆巴拉克的地位難以維繫，因此敦促埃及軍方介入對抗穆巴拉克。儘管美國跟穆斯林兄弟會先前並無關係，但在接下來這一年裡，白宮急切地想要與其建立聯繫。歐巴馬在二〇一二年跟穆爾西對話，欲協助促成哈瑪斯與以色列在加薩停火。穆爾西天真地相信，這種個人支持能確保美國會阻止埃及及軍方推翻他的政權，他過度高估美國在開羅的影響力，以及其對兄弟會政府的承諾。事實上，美國情報部門早在政變發生的幾個月前，就已得知政變可能性，卻未採取行動。據報導，歐巴馬曾要求五角大樓敦促賽西不要介入，但當時的美國國防部官員不喜歡兄弟會，因此未採取任何行動。[27]接著歐巴馬面臨支持以色列、阿拉伯聯合大公國及沙烏地阿拉伯的遊說壓力，要求他不要反對推翻之舉，意味著要他不要將二〇一三年的事件描述成「政變」，因為此舉將依法要求美國暫停援助埃及。即便在拉巴廣場大屠殺後，白宮也只是暫停付款，隨後不久就恢復援助。儘管一開始歐巴馬支持起義，但最終還是將安全與穩定置於民主之上，不願或無法對抗來自以色列跟波斯灣的壓力。

歐巴馬的繼任者川普也傾向減少介入中東。但歐巴馬是想方設法要結合兩者——減少介入的戰略傾向跟個人對自由民主的承諾，川普卻沒有這種顧慮。埃及人權狀況惡化時，歐巴馬拒絕邀請賽西進入白宮，川普卻在上任幾個月內就邀請賽西，後來還稱他為「我最喜歡的獨裁者」。[28]川普在任的四年間，改善了美國跟埃及的關係，這位言辭激烈的總統擁抱埃及的賽西、沙烏地阿拉伯的MBS、阿拉伯聯合大公國的MBZ及以色列總理納唐雅胡，支持他們反伊朗以及反穆斯林兄弟會的地區政策。這一政策最終促成了川普斡旋的《亞伯拉罕協議》，讓以色列跟阿拉伯聯合大公國、巴林、摩洛哥及蘇丹簽署和平協議，也為埃及跟以色列之間合作鋪路，減少區域內跟猶太國家合作的汙名。然而，埃及跟華府的關係並未回到冷戰晚期的密切同盟。川普對中東仍舊不冷不熱，普遍採取更多孤立主義、交易式的外交政策。拜登在二〇二一年初繼任川普時，他同樣將中東放在次要地位，重心在東亞，後來又轉向二〇二二年入侵烏克蘭的俄羅斯。跟埃及維持友好關係仍然重要，但比起川普，拜登面對國會跟民主黨基層更大的壓力，得對賽西的人權紀錄發聲。二〇二二年，拜登從十三億美元援助中，象徵性扣下一億五千萬，但同時也舉行了六年來第一次美埃戰略對話，顯示賽西的獨裁政權不會阻礙雙方聯盟。[29]

對賽西來說，他更喜歡多元化的外交關係，而非依賴美國。因此逐漸加強與俄羅斯的關係，後來俄羅斯成為埃及武器採購、能源合作、觀光旅遊，以及利比亞與東地中海外交合作的來源。賽西並不是要以俄羅斯取代美國的同盟地位，而是減少對美國的依賴，讓自己能擁有外部資金、武器及援助的多重來源。埃及對美國的看法大幅轉向的跡象之一：二〇〇〇年代中，七五％的武器來自美國，到了二〇一〇年代比例僅有二三％，其餘主要來自俄羅斯、德國及法國。[30]美國對埃及仍然重要，但不再是最重要的盟友。二〇二二年，埃及跟其他阿拉伯國家及以色列，拒絕加入西方盟友譴責俄羅斯入侵烏克蘭的行列，而是追求中立立場，這一舉動反應了埃及與美國關係已逐漸轉變。

專制：賽西的埃及

雖然賽西可能維持了外國盟友所欣賞的那種穩定，卻是以埃及老百姓作為代價。政變之後的幾年間，賽西以殘酷的方式鞏固統治。他在二〇一八年的選舉中，以接近九七％高得票率成功連任，他隨後修改憲法，允許他掌權至二〇三〇年。其他修正案則賦予他權力，任命所有大法官跟檢察官，實質上將法院掌控在手中。他強化軍隊的程度遠超過所有前任，賦予軍隊幾乎全面的免責權與自治權，讓軍官獲得更大經濟利益。[31]同時間，鎮壓行動持續進行。一開始是對穆斯林兄弟會的鎮壓，接著擴展到所有政治反對派，包括記者、社會運動者、勞工領袖及學生。政變一年後，已經有四萬人遭到拘留，三千人遭到殺害。被拘留、酷刑折磨及謀殺的人士裡，包含義大利博士生朱利奧．雷真尼（Giulio Regeni），但埃及政府否認與他的死亡有關。二〇一六年，國際特赦組織報告指出「數百名學生、政治運動者及抗議人士，包含年僅十四歲的孩子，在國家手中消失無蹤。」[32]國會選舉雖獲准舉行，但跟穆巴拉克時代一樣，當選的都是親政權的死忠支持者，這些占據議會，使議會成了一個幾乎沒有實權的聊天室。許多過去失寵的穆巴拉克心腹重獲權力，二〇一七年，連起義以來就被囚禁獄中的前總統本人也被釋放，並在二〇二〇年安詳去世時獲得國葬。

賽西統治下的埃及，比二〇一一年前更加暴力與分化。穆斯林與基督徒之間的社群暴力日漸增加。過去，兩社群曾因信仰虔誠度提升而引發緊張，尤其是基督徒對限制新建教堂的不滿，但二〇一一年時，兩社群曾共同抗議穆巴拉克的統治。然而，科普特基督徒（Coptic Christian）普遍支持政變，當其主教在政變數日後與賽西並肩現身，使得基督徒社群逐漸成為被迫害的對象，包括對教堂的自殺炸彈攻擊，及造成百人以上死亡的暴徒襲擊。賽西統治下，暴力犯罪普遍增加，性騷擾和對女性的襲擊也上升，這在穆巴拉克時代已經是個嚴重的問題。一項二〇一七年的調查顯示，超過六〇%的埃及男性曾在公共場所性騷擾女性。[33]雖然賽西公開表示支持基督徒和女性，但在他的統治下，他們的生活確實比較不安全。此外，邊緣地區有更多分裂引起的暴力。二〇一四年，埃及南部長期遭到忽視的努比亞社群與阿拉伯部落發生衝突，造成二十五人死亡。與此同時，另一個邊緣區域西奈半島爆發重大叛亂，一個跟伊斯蘭國結盟的恐怖組織，吸收心生不滿的貝都因人。賽西將伊斯蘭國聖戰士與穆斯林兄弟會視為同一類威脅，一上任總統就擴大先前的打擊力道，派遣超過兩萬五千人的軍隊進入西奈半島。這次行動採取粗暴手段，包括無差別空襲跟剷除村莊，超過三千名士兵與一千多名平民喪生。[34]儘管透過軍事行動以及西奈半島急需的經濟投資，成功削減了聖戰士的軍力，但他們仍舊活躍，偶爾對軍方據點發動攻擊。

賽西在穩定埃及經濟取得一些初步成果。二〇一六年，開羅同意實施嚴格經濟改革方案後，國際貨幣基金提供貸款，包括五〇%的貨幣貶值，這對貧困人口的影響尤為重大。然而，這確實有助於削減政府失控的赤字，將公共債務降至國內生產毛額的九〇%（儘管仍是巨額數字），並在四年內讓人均國內生產毛額超過二〇一六年的水準。然而，二〇二〇年的新冠肺炎疫情及兩年後的烏克蘭戰爭，都為埃及帶來新的經濟壓力。埃及不得不再度尋求更多國際貨幣基金貸款，隨之而來的緊縮措施以及二〇二二年貨幣進一步貶值，再度使貧困人口遭受嚴重打擊，對賽西政權的不滿日增。[35]賽西的大型基礎設施建設讓經濟問題進一步惡化。他耗資八十億美元建設一條平行的蘇伊士運河，希望能提升使用率，然而收入增長卻不如預期。二〇一五年開始興建造價五百八十億美元的新都，希望將政府遷出交通擁擠的開羅，也許還有意要遠離潛在的民眾起事，但建設進展緩慢，許多人質疑此項工程的必要性與價值。二〇一三年後，埃及也重金投資軍事硬體，一度成為世界第三大武器進口國。穆巴拉克時期由於軍事支出大幅下降，設備需要更新，但賽西的投資規模表明，他優先滿足自己軍隊及美俄等武器交易盟友的需求，而非本國人民的需求。[36]與此同時，埃及的教育與醫療服務進一步惡化，人力資本的投資微乎其微。儘管經濟曾有短暫的復甦，但賽西的經濟政策仍未能提供充足的就業機會，大型雇主如旅遊業也難以恢復到二〇一一年前的水準。

賽西相對成功的領域之一是外交政策。雖仍與波斯灣國家保持密切關係，但也試圖在周邊地區採取獨特的外交策略。除了支持利比亞的哈夫塔外，他在東地中海地區的參與，比起穆巴拉克時代更加積極。埃及開發了自己的離岸天然氣資源，並透過海軍現代化來保護這些平台。同樣地，賽西還改善跟其他東地中海盟友的關係，包含以色列、希臘、賽普勒斯與義大利。相比之下，埃及跟土耳其的關係卻惡化，主要是因為安卡拉支持穆斯林兄弟會，此外兩國在利比亞內戰中支持對立的雙方；同時在東地中海天然氣田的主張上，賽西支持賽普勒斯跟希臘，而非土耳其與北賽普勒斯。經過數年敵對，土耳其與埃及的關係在二〇二二年有所改善。相對地，埃及跟南方鄰國的關係仍然緊張。自從二〇一九年蘇丹推翻獨裁者以來，蘇丹政治漸趨往暴力發展，賽西試圖加深對蘇丹的參與，然而成效不一。同時間，埃及與衣索比亞的關係日益緊張，因為阿迪斯阿貝巴當局計劃興建大衣索比亞復興水壩，將削減流入埃及的尼羅河水量（見第十章）。在其他地區，賽西也試圖提升埃及在中東的影響力，成為三十年來首位訪問伊拉克的埃及總統，並在二〇二二年同意一項與黎巴嫩的天然氣協議，略微緩解該國的經濟危機。然而，這些都是相對輕微的介入，儘管它們讓埃及重回談判桌，但跟過去在區域內的主導地位相比，仍差距甚遠。賽西成功阻止開羅重蹈二〇一〇年代初期短暫陷入區域競爭中心的覆轍，但他的外交政策並未能讓埃及重返區域強權的頂端。二〇二三年，埃及連同另外五名成員，受邀加入新興非西方經濟體的「金磚」（BRICS）集團，顯示出潛在的未來影響力。然而，目前它的影響力大抵不出直接近鄰區域。

暗流：難以延續的體制？

儘管二〇一一年來發生諸多變化，推翻穆巴拉克起義的許多問題根源仍未獲得解決，許多方面甚至惡化。人口壓力持續增加，埃及人口預計將於二〇五〇年達到一億六千萬人。經濟持續受到賽西及其軍事夥伴的不當管理，未能替年輕人口為主的社會提供所需的工作機會。此外，環境問題也令人擔憂。儘管表面上擁抱綠色政治，包含興建全球規模最大的太陽能發電廠之一，並主辦二〇二二年全球氣候變化大會（COP27），埃及卻承受著數十年來投資不足的後果。農產品因為污染問題，遭外國買家退貨，尼羅河的污染及水質不佳，對健康造成顯著影響。[37]由於國家資源太少用在百姓身上，大筆資源流向精英，特別是軍隊掌控超過四分之一的國家預算。對賽西的不滿情緒持續增長，但他的政權跟二〇一一年被推翻的穆巴拉克政權有兩個差異。首先，總統還保持著某種程度的支持度。雖然穆巴拉克在任三十年後普遍遭到厭惡，但賽西上台時確實贏得了一大票人的真正支持。儘管如此，由於缺乏真正自由的選舉，真實程度難以評估，同時在二〇二〇年代初的經濟困境中，他似乎失去了不少好感。其次，賽西建立了比穆巴拉克更恐怖的警察國家，甚至可能比納瑟時期更嚴厲，使反叛的代價更大。目前來說，這兩項因素暗示，儘管相當貧困，但二〇一一年重來一次並不太可能發生。然而，二〇一一年阿拉伯起義中發生在埃及與其他地方的事件顯示，這些因素並無法永遠阻止失望的民眾，也無法排除未來可能會有反對賽西政權的動盪。

然而情況已經改變，未來的叛亂也不意味著會再次嘗試民主。很可能是掌權的軍隊在賽西歡迎度進一步下降的時候拋棄他，以其他領袖取代，或者強大的波斯灣支持者也可能會再次支持另一名獨裁者，取而代之。另一種可能，有鑒於賽西暴烈的統治，他可能會像敘利亞的阿薩德一樣，以暴力回應騷亂，可能引發內戰或國家崩潰。鑒於穆斯林兄弟會擁有廣大基層支持，伊斯蘭國在西奈半島擁有根據地，因此有可能發生涉及武裝伊斯蘭分子的暴力衝突。這種結果會是美國、歐洲及其他中東首都的噩夢，他們亟需區域內最大國家維持穩定。西方擔心國家崩潰將引發更多的大規模移民及人口販運，正如人口相對較少的利比亞與敘利亞爆發內戰時所發生的情況一樣。同時間，以色列及波斯灣國家也希望埃及保持平穩。因此，多數外國政府都樂意扶持賽西的獨裁統治。即便他們認識到埃及潛藏的爆點，但他們更擔心二〇一一年那種笨拙的民主改革，可能會引發他們最害怕的不穩定局面。故而，反對賽西統治的人面臨極為艱難的困境，不僅在國內遭受壓制，國際上也缺乏真正奧援。當然，真正的問題在於，這種局面最後可能難以為繼。埃及已經跌入深淵，但似乎仍未到底。

黎巴嫩

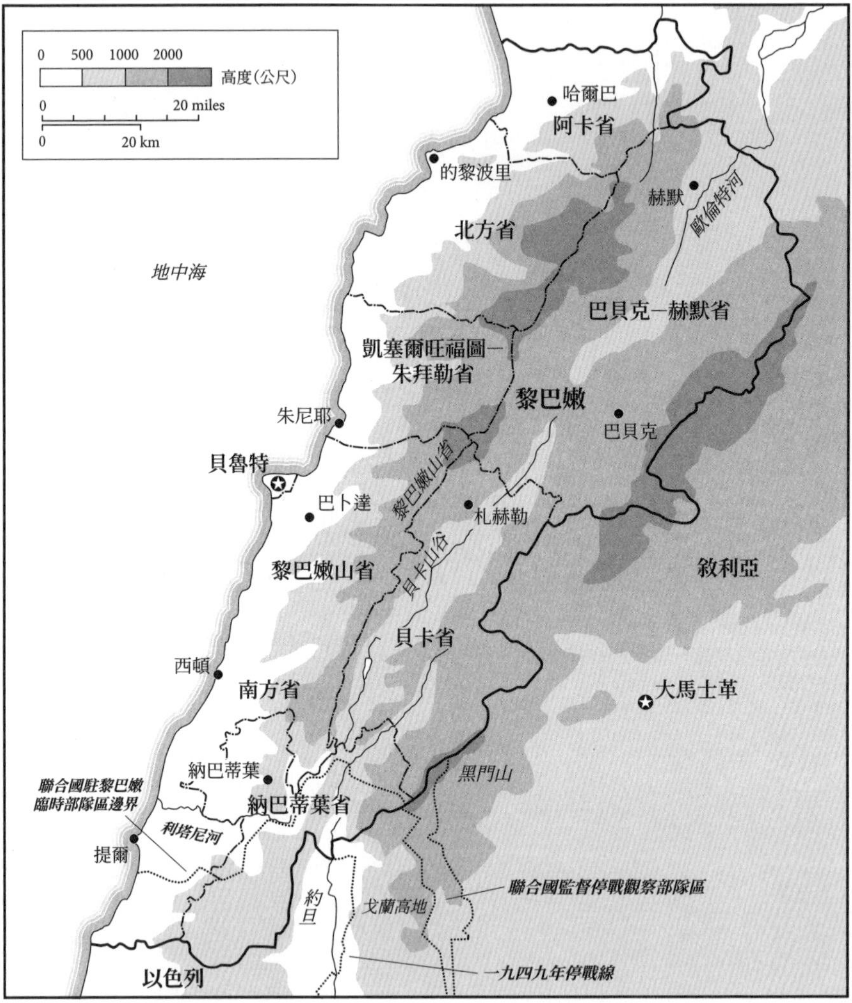
0 500 1000 2000
高度(公尺)
0 20 miles
0 20 km
哈爾巴
阿卡省
的黎波里
赫默
歐倫特河
北方省
地中海
巴貝克－赫默省
凱塞爾旺福圖－
朱拜勒省
黎巴嫩
朱尼耶
巴貝克
貝魯特
黎巴嫩山省
巴卜達
札赫勒
貝卡山谷
黎巴嫩山省
敘利亞
貝卡省
西頓
南方省
大馬士革
納巴蒂葉
黑門山
聯合國駐黎巴嫩
臨時部隊區邊界
納巴蒂葉省
利塔尼河
提爾
約旦
戈蘭高地
聯合國監督停戰觀察部隊區
以色列
一九四九年停戰線

第七章

黎巴嫩
崩潰中的國家

一聲轟天巨響，就在二〇二〇年八月四日典型的溫暖傍晚六點之前。下班回家的貝魯特人注意到黎巴嫩首都港區冒出一股煙霧。二十分鐘後發生一次爆炸，隨後又來一次更大的爆炸。這次爆炸在空中產生龐大的紅橙色蕈狀雲，並在城裡引發巨大震波。這是史上規模最龐大的非核爆炸之一，震感延伸到一百五十英哩外的賽普勒斯。貝魯特的景象令人心碎：兩百一十八人喪生，超過七千人受傷。港口附近的房屋商店，城裡年輕人喜歡光顧的時尚酒吧，及精英階層經常造訪的餐廳，幾乎全毀。從黎巴嫩內戰與入侵中倖存下來的鄂圖曼豪宅立面也倒下了。附近一間醫院嚴重損壞，導致患者不得不在街上接受治療。同時間，首都海岸線上留下一個直徑寬達一百公尺的巨大坑洞。

人們紛紛趕來確認親人安危，急救人員也全力以赴救助傷者，此時恐懼驚慌一度蔓延。剛剛到底發生什麼事？黎巴嫩的暴力歷史讓現狀充斥種種可能。也許是以色列襲擊，一九七〇年代以來，以色列已經五度入侵黎巴嫩，戰鬥機經常飛越貝魯特天際，以示威脅。或許是聖戰士的攻擊，他們曾在近年轟炸平民、對抗軍隊。也可能是黎巴嫩不同派系之間日益緊張的局勢，激發內戰重來的第一場衝突。又或者是黎巴嫩最強大的民兵——真主黨，在全國各地藏匿的武器庫意外引爆。很快地，真相浮出水面，所有假設都證明為誤，實際情況卻同樣悲劇。爆炸並非來自敵對鄰國、恐怖組織或互相鬥爭的派系，而是港口的意外火災點燃了大量硝酸銨。儘管距離人口稠密居住區域如此之近，政府官員卻將這些高度易燃的化學品儲存在此六年多，未曾採取適當安全措施，更無人負責安全儲存事宜。追根究柢，兩百一十八人喪生，三十萬人流離失所，首都一大片區域遭毀，都因為政府的無能與疏忽。

執政精英的作為更是雪上加霜，阻礙爆炸事件的調查與責任追究。黎巴嫩享有中東最自由的政治環境之一，擁有自由的新聞媒體、定期選舉及公共抗議的傳統。但它同樣深受腐敗的宗派統治精英所苦，他們雖宣稱代表黎巴嫩多方宗教社群，實際上卻是服務自身利益。他們試圖掩蓋二〇二〇年爆炸真相的作法，跟他們及過往前輩在黎巴嫩現代史中的一貫態度，是一致的。

這就是黎巴嫩的大悲劇。它有潛力成為自由與繁榮的燈塔。在這片狹小土地上，它有幸擁有肥沃農地、豐美果園、壯麗山脈及美麗海灘。一九六〇年代的旅遊宣傳中曾經吹噓，遊客可以上午滑雪，下午在海中游泳。貝魯特是個充滿創意與活力的城市，因為此地的時尚精品店與咖啡館、藝術氛圍及知識分子，有時被譽為「中東巴黎」。這裡擁有勤奮且受過良好教育的人口，許多人移民之後，成為他國的產業與專業領袖。然而，黎巴嫩的歷史與現狀並非成功與繁榮的故事，反而充滿了衝突與不穩。一九七〇年代爆發一場為期十五年的內戰，源於不同宗教和意識形態派系之間的衝突。最終雖達成和平協議，卻讓武裝軍閥轉成西裝筆挺的寡頭，彼此瓜分國家資源。儘管宣稱團結，精英階層與許多黎巴嫩人之間仍舊分裂，這是戰後政治體制設計中的一部分。正如同內戰之前與內戰期間，這些緊張關係因為精英階層與外國勢力之間的連帶關係愈演愈烈。黎巴嫩立國以來，各派系就持續經營外部勢力，欲聯手擊敗國內的競爭對手，也使得國家頻繁成為戰場。

陰影：宗派國家

黎巴嫩憲法承認五百萬人左右的居民中，有十八種不同宗教。如此多元的宗教信仰，源於這個地區獨特的歷史與地理。國家的心臟地帶是黎巴嫩山脈，崎嶇雄偉的山峰曾是馬隆派基督徒（Maronite Christians）逃避拜占庭及伊斯蘭統治的避難所。雖然馬隆派是個獨立教會，但在一〇九〇年代歐洲十字軍入侵時，馬隆派跟羅馬愈走愈近，最終與天主教會完全聯合起來。也因此，馬隆派長期以來依賴外國保護，近代以來特別倚重法國。這些山脈也成為另一個宗教群體的避難所，十一世紀抵達此地的德魯茲教派，是名義上屬於什葉派穆斯林的小宗派，曾受到地區的遜尼派統治者迫害。儘管馬隆派與德魯茲派在後續一千年內的大部分時間都和平共處，一八六〇年時黎巴嫩山脈卻爆發內戰。德魯茲派與馬隆派教徒之間的激烈戰鬥，最終以德魯茲派獲勝及部分基督徒遭到種族清洗而告終。[1]外部勢力介入後，法國支持馬隆派，英國人則與德魯茲派結盟，對愈發無力的鄂圖曼帝國施壓，迫其賦予黎巴嫩山脈特殊地位。在歐洲政府充當保護者的情況下，這個地區獲得半自治權，由基督徒總督統治，從旁協助的行政議會必須含括所有宗教群體的代表。這種將宗教挑出來作為關鍵政治身分的作法，給後來的政局留下深長陰影。

一次大戰之後鄂圖曼帝國崩潰，法國援引自己傳統上身為馬隆派保護者的角色，爭取控制黎巴嫩山脈。馬隆派領袖接受這項安排，其他人卻不太熱衷，許多人向美國調查團表示，他們希望被納入更大的獨立統一阿拉伯國家。[2]這些呼籲被英、法忽視，兩者瓜分了鄂圖曼帝國的土地。法國選擇將黎凡特北部劃分成兩個新國家：敘利亞及黎巴嫩。然而它新建立的黎巴嫩國家，卻遠比黎巴嫩山脈的小型半自治飛地要大上許多，納入許多非馬隆派人士。鄂圖曼統治下曾是統治精英的遜尼派穆斯林，主導的黎波里、西頓（Sidon）及貝魯特大部分地區。什葉派穆斯林則是這片區域傳統上遭到邊緣化的農民階級，在靠近提爾（Tyre）的南部地方及肥沃的東部貝卡谷地（Beqaa valley）形成多數。許多跟馬隆派分屬不同信仰的東方正教基督徒，也被納入新國家。許多非馬隆派群體感到不滿，因為法國將他們跟敘利亞（距離貝魯特僅一百公里）的家人、朋友與同信仰者分隔開來，更對巴黎意圖讓馬隆派成為新的統治精英感到憤怒。為了平息這些憂慮，法國再度採用黎巴嫩山脈保護國以宗教信仰為基礎的政治公式。它制定了一部民主憲法，使宗教成為主要的政治身分，再根據宗派來分配政府職位。有權勢的總統永遠都是馬隆派，總理為遜尼派穆斯林，國會議長為什葉派穆斯林，而德魯茲派跟東方正教基督徒也有人列席內閣。

一九四三年黎巴嫩獲得獨立時，留下這套公式並予以正式化。在精英領袖達成的《國家公約》（National Pact）下，政府首長職位及國會席次的分配，是依據各宗派的人口比例。基督徒的國會席次比穆斯林多，比例為六比五，總統永遠由馬隆派出任。獨立後的幾年帶來經濟繁榮與開放的政治社會，西方遊客蜂擁進入黎巴嫩的海灘和滑雪場，阿拉伯異議人士成為貝魯特咖啡館的常客。然而，背後的宗派政治體制卻面臨許多困難。很多人對《國家公約》感到不滿，認為這項制度未能應對人口變化。儘管過去基督徒曾是多數，許多人懷疑這個情況是否仍然成立。連續幾任政府都拒絕進行新的人口普查（前次普查為一九三二年），更加深這個疑慮。有些人則完全拒絕《國家公約》。隨著貝魯特在一九五〇、一九六〇年代成為知識分子與激進派的溫床，許多遜尼派穆斯林、德魯茲派及東方正教基督徒主張黎巴嫩應該拋棄殖民時代強加的宗派制度，建立一人一票原則的真民主。[3]這些聲音通常與當時在中東地區崛起的阿拉伯民族主義運動一致，這個運動受到當時埃及總統納瑟的啟發（見第六章）。他們想要逆轉法國的劃分，跟敘利亞重新聯合起來，可能的話，也跟阿拉伯世界其他地區再度一統。這個立場也讓他們對巴勒斯坦人與巴解組織心生同情；一九四〇年代末以色列國成立的時候，有十一萬名巴勒斯坦人逃到黎巴嫩；巴解組織則是在一九七〇年被逐出約旦後，改在黎巴嫩南部建立據點。與此相反，許多馬隆派，儘管並非全部，卻對巴勒斯坦人心生畏懼。由於巴勒斯坦人多數為遜尼派穆斯林，馬隆派擔心他們若留在黎巴嫩並成為公民，將會改變微妙的宗派平衡，並對他們不利。他們也厭惡巴解組織的存在，後者引發以色列攻擊黎巴嫩南部。

這些緊張局勢最終爆發為內戰。第一次內戰在一九五八年持續了幾個月，隨後在一九七五到一九九〇年間爆發更嚴重的衝突。宗派政治體制讓黎巴嫩國家虛弱，導致獨立民兵組織蓬勃發展，國家軍隊卻無力遏制這些勢力。這些武裝團體通常圍繞著強大家族或特定意識形態（如阿拉伯民族主義或共產主義），多數具有宗派性質。一九七五年，馬隆派基督徒民兵聯盟對上巴解組織及其黎巴嫩盟友（主要是遜尼派及德魯茲派民兵），導致雙方都發生種族屠殺。脆弱的國家進一步崩潰，軍隊瓦解，叛逃士兵加入自己宗派的民兵組織。民兵隊跟軍閥成為主要勢力，武裝幫派統治街區，向居民索討保護費，控制著自己領地內的貨物人員流動。戰鬥不僅是意識形態的較量，也關乎戰利品的爭奪。馬隆派、遜尼派和什葉派民兵不僅相互對抗，也跟同宗派民兵隊作戰，爭奪地盤，或在外國支持者的鼓勵下進行戰鬥。[4]

內戰一開始，外國政府就介入其中，參與程度更逐步升高。部分馬隆派民兵獲得以色列的武器跟資金，以對抗共同的巴勒斯坦敵人。[5]這些作法沒能擊敗巴解時，以色列遂直接入侵，首先是一九七八年占領黎巴嫩南部一小片區域，隨後在一九八二年發動大規模入侵，以色列軍隊一路推進到貝魯特。這場勝利並不長久，國際社會隨後介入，安排巴解撤出，再也無法返回黎巴嫩。然而此舉並未穩定黎巴嫩情勢，因為以色列希望由馬隆派盟友巴席爾・格馬耶爾（Bashir Gemayal）出任統治，他卻很快遭到暗殺。此事引發內戰中最血腥的一幕，格馬耶爾家族旗下憤怒的馬隆派民兵，屠殺了高達三千五百名手無寸鐵的巴勒斯坦難民，而以色列占領軍幾乎未加阻止。以色列的宏偉計畫破滅，游擊隊騷擾很快迫使以色列撤回南部。諷刺的是，這次入侵雖為以色列北部邊界除去一個敵人，卻創造出另一個新敵人。什葉派穆斯林在戰爭初期並非要角，但以色列占領什葉派主導的黎巴嫩南部，卻引發武裝抵抗。一九七九年上台的什葉派伊斯蘭主義伊朗政府將以色列視為敵人，派遣武裝分子在黎巴嫩組建新的什葉派伊斯蘭組織：真主黨——「真主之黨」。它很快令以色列芒刺在背，迫使以軍退回南部一處狹長地帶，最終在二〇〇〇年時撤離。

其他國家的介入則比較短暫。一九八二年，由美國、法國和義大利領導的多國部隊被派往貝魯特，一年後卻因為一連串炸彈攻擊造成數百名西方維和人員死亡而撤出。戰爭後期，海珊的伊拉克則支持馬隆派民兵，欲破壞對手敘利亞在黎巴嫩的計畫。但最終，敘利亞反倒成了影響最深遠的干涉者，並在戰爭結束時處於上風。哈菲茲．阿薩德總統玩弄一套損人利己的手法，他身為阿拉伯民族主義者，認為這個西方鄰國本就不該從敘利亞分裂出去。他想阻止敵人以色列，同時也希望讓黎巴嫩持續弱勢，順服於大馬士革。為此，哈菲茲在一九七六年派出軍隊，即使在戰爭結束後，這些軍隊仍舊長期駐留黎巴嫩。他還支持各種宗派的民兵，養出一群他隨時可以呼喚的手下。等到以色列跟美國這些更強大的勢力介入時，敘利亞雖然無法直接挑戰他們，卻扮演破壞者的角色——很可能安排刺殺格馬耶爾，也幫助伊朗發展真主黨。

哈菲茲也願意等待風頭轉向。到了一九九〇年，隨著冷戰結束，美國對親蘇聯的敘利亞更加友好，並拉攏敘利亞加入國際聯軍，並將海珊逐出科威特（見第五章）。雖然哈菲茲本來就厭惡海珊，卻提出一項條件：讓他在黎巴嫩的行事不受拘束。華府於是施壓以色列盟友，而以色列在黎巴嫩南部歷經十年的失敗之後，便接受了這項要求。此時，黎巴嫩的軍閥與精英領袖也感到疲憊，並意識到世界正在變化，已被說服試探和平選項，因此於一九八九年在沙烏地阿拉伯的塔伊夫（Taif）簽下協議。戰爭終於在一九九〇年結束，此時敘利亞在華府的同意下，獲准在黎巴嫩部署軍隊，追擊那些拒絕塔伊夫妥協方案及大馬士革新霸權的武裝分子。

脆弱：塔伊夫體制

今日所稱的《塔伊夫協議》（Taif Accord），是由統治精英達成的一項重大交易，類似一九四三年的《國家公約》，將形塑黎巴嫩未來三十年的樣貌。這項協議讓內戰中的軍閥，通常是幾十年來代表著某個宗派社群的主要家族，同意解除武裝，重新進入重整過的宗派政治體制。現在基督徒跟穆斯林將擁有同等數量的國會席次，總統雖仍是馬隆派，總理也仍是遜尼派，但已減少前者的部分權力。然而，這些仍舊未能解決當初引發衝突的許多根本問題。國家仍然弱勢，且由宗派組成，讓希望黎巴嫩成為非宗派共和國的人感到失望。它也未能解決人口結構變化的問題。由於人口普查仍舊遭到禁止，多數估算顯示，戰爭期間，宗派平衡已經發生劇變。[6]隨著許多基督徒跟遜尼派外移，多數因為貧窮而無法逃離的什葉派成為最大的宗教群體。然而，在《塔伊夫協議》之下他們的代表性仍舊不足。因此真主黨拒絕隨同其他民兵解除武裝，聲稱仍在南部對抗以色列占領，利用這種失落感建立了強大的民眾支持基礎。

儘管協議存在缺陷，它仍舊帶來和平，伴隨著後冷戰的樂觀浪潮，使戰火之下滿目瘡痍的貝魯特迅速重建。這個過程中，遜尼派黎巴嫩商人拉菲克．哈里里（Rafiq Hariri）扮演了核心角色。戰爭期間他在沙烏地阿拉伯積累財富，一九九〇年代大部分時間及二〇〇〇年代初期返國出任總理。哈里里希望將戰後的黎巴嫩轉變成遊客與投資者的新自由主義樂園。[7]儘管哈里里並非民兵指揮官，也非出身古老統治家族，其他精英仍舊歡迎他的計畫，將自己從軍閥變成商人。他們利用自己的高層職位，將政府合約收到自己跟追隨者手裡。曾經為了爭奪檢查哨控制權而戰的精英們，現在競相掌控預算最豐厚的政府部門。這段期間，哈里里則將貝魯特市中心從戰場變成一座娛樂宮，開創了充滿高檔餐廳、公寓及精品店的亮麗商業區。不幸的是，就跟戰後黎巴嫩多數地方一樣，這些區域似乎是為了富裕遊客及統治精英設計，多數普通市民負擔不起。

倘若貪腐精英是新黎巴嫩的延續特色之一，外部干預則是另外一個特色。伊朗繼續支持真主黨，以色列也持續對其發動襲擊，包含一九九三及一九九六年兩次短暫入侵。同時間，沙烏地阿拉伯跟哈里里的親密關係，讓沙國也開始將黎巴嫩視為實現區域野心的舞台。然而，最重要的角色仍然是敘利亞。駐黎巴嫩的敘利亞軍事情報部門首腦，實際上就像是個總督，利用敘利亞的軍事力量確保黎巴嫩領導人言聽計從，同時從多數經濟計畫中抽成。一開始，哈里里跟其他人一樣接受現實，將敘利亞的存在視為穩定力量。但到了二〇〇四年，敘利亞當時由哈菲茲缺乏經驗的兒子巴沙爾（見第一章）所統治，哈里里與大馬士革的關係開始惡化。阿薩德堅持延長親敘派黎巴嫩總統的任期，與哈里里的意願相悖，造成致命決裂。幾個月後，二〇〇五年的情人節當天，哈里里遭到一枚巨大汽車炸彈暗殺，爆炸震撼了貝魯特，矛頭隨即指向敘利亞。哈里里支持者的公開哀悼，迅速轉成要求敘利亞立即撤軍的怒吼。他們獲得美國、法國與沙烏地阿拉伯的支持，這些國家都是哈里里的盟友，對大馬士革持敵對態度，最近還推動一項要求阿薩德撤軍的聯合國決議。[8] 三月十四日，哈里里暗殺事件一個月後，超過百萬黎巴嫩人在貝魯特集結，反對敘利亞。面對壓力，阿薩德讓步，結束了敘利亞在黎巴嫩二十九年的軍事存在。

然而，敘利亞撤出只是帶來更多分裂、不穩及外部干預。阿薩德的反對派並不同心。此前一週，即三月八日，真主黨主辦了另一場示威支持敘利亞，特別反對聯合國決議，因為這項決議同時還要求解除所有民兵武裝——暗中打擊真主黨。這兩場對立的示威，後來成為後敘利亞時代主導黎巴嫩政局的兩大政治聯盟之名。三一四聯盟由哈里里之子薩阿德（Saad）領軍，包含多數遜尼派及德魯茲派政黨，以及許多基督教黨派。[9] 另一方面，三〇八聯盟則由真主黨領導，包含其他宣稱代表什葉派的黨派，以及部分宣稱代表基督教的黨派，包括前陸軍總司令米歇爾．奧溫（Michel Aoun）。黎巴嫩政治的諷刺之處在於，奧溫在內戰期間以公開反對敘利亞而聞名，此刻卻在經歷多年流亡後以親敘利亞聯盟的身分回歸。塔伊夫體制高舉聯合政府，因此儘管三一四聯盟在敘利亞撤離後的首次選舉中獲勝，但三〇八聯盟的黨派，包括真主黨在內，仍舊擁有內閣相當多席次。

緊張情勢依然高漲。哈里里暗殺事件後，更多暗殺隨之而來。汽車炸彈鎖定反敘利亞的政治家與記者，部分人將責任歸咎於大馬士革以及三〇八聯盟。二〇〇六年的夏天，黎巴嫩跟以色列之間發生長達三十四天的毀滅戰爭。真主黨游擊隊綁架了兩名以色列士兵，以色列隨即以地面入侵與慘烈轟炸行動回應，造成超過千人死亡。真主黨的反擊表現出乎意料的戰鬥能力，當戰爭最終在聯合國斡旋的停火協議下結束，真主黨遂宣稱取得「勝利」。此事使得真主黨及其領袖哈桑．納斯魯拉（Hassan Nasrallah）在阿拉伯世界贏得高人氣，也讓他們在國內更加囂張。[10]幾個月後，他們試圖藉由辭去三〇八聯盟的內閣席次來瓦解政府。這個策略失敗後，聯盟指示支持者和平占領貝魯特市中心。這場靜坐抗議持續了一年多，使市中心陷入癱瘓。哈里里的遊樂場遭到布帳篷占據，軍隊在政府建築周遭設置鐵絲網，防止進一步的占領。遊客及投資客避而遠之，經濟急劇下滑。更糟的是，二〇〇八年五月，遜尼派及什葉派的混居地區爆發騷亂，並升級為直接武裝衝突。這場比賽一面倒，真主黨與三〇八聯盟民兵隊在一週內擊敗了經驗不足的三一四聯盟戰士。隨即達成一項和平協議，三〇八聯盟重新入閣，帳篷城被拆除，貝魯特市中心終於重新開放，但真主黨已經揭露了塔伊夫和平的脆弱。儘管滿嘴團結和解，但戰士們隨時可以被動員來攻擊自己的同胞。

當二〇一一年敘利亞自己也陷入內部動盪時，黎巴嫩擔憂內戰重返的恐懼特別強烈。黎巴嫩各群體間的緊張情勢首先升高。在敘利亞，阿薩德政府主要由自己所屬的阿拉維派（什葉派分支）支持，另外加上敘利亞多數其他什葉派、德魯茲派與基督教徒，還有部分遜尼派。因此，多數黎巴嫩什葉派及人數較少的阿拉維派對阿薩德抱持同情態度，特別是真主黨也派出自己部隊，協助這位岌岌可危的獨裁者。除了宗教上的支持，真主黨也擔心若阿薩德被擊敗，他們會失去通過敘利亞獲得伊朗關鍵補給的路線。相對而言，許多黎巴嫩遜尼派則更支持反阿薩德的叛軍，這些叛軍大多來自代表性不足的遜尼派多數。黎巴嫩的基督徒則比較沉默。許多三〇八聯盟的支持者公開挺阿薩德，認為敘利亞叛軍若勝利，叛軍中興起的伊斯蘭激進派將會迫害基督徒。三一四聯盟的支持者厭惡阿薩德，但也擔心他若倒台，黎巴嫩就會面對一個遜尼派伊斯蘭主義當家的鄰國。各派政治領袖全都堅稱，敘利亞戰爭不會波及黎巴嫩，但暴力事件仍舊發生。遜尼派跟阿拉維派鄰居在的黎波里發生衝突；遜尼及什葉派主導的地區發生一連串炸彈攻擊，造成數十人死亡；而真主黨與軍隊聯手，在西頓跟敘利亞邊境打擊遜尼派聖戰士。

第二項挑戰則來自戰爭的經濟影響。儘管黎巴嫩充滿國際非政府組織（NGO）工作者，他們利用黎巴嫩作為介入衝突的基地，其他收入來源卻中斷了。二〇〇八年和解協議與貝魯特市中心重啟後，遊客與投資緩步回升，卻帶著局勢再度不穩的隱憂，復甦步伐停滯不前。此一情況隨著敘利亞難民湧入而更加惡化。敘利亞局勢愈發惡化，更多人逃到相對安全的黎巴嫩。到了二〇一四年，超過一百萬難民進入黎巴嫩，意味著此刻四分之一的黎巴嫩人口是敘利亞人。[11]然而，政府卻不願接納這些難民，因為大家都還有印象，一九六〇及一九七〇年代巴勒斯坦難民營成為巴解軍事主義根基的事，內閣拒絕讓新來的敘利亞難民跟過去一樣，建立正式的難民營。取而代之的是，較富裕的難民租住私人房舍，較貧困的難民則住在環境惡劣的非正式帳篷區。難民的存在造成進一步緊張與經濟壓力，政治領導人經常把難民當成各種問題的代罪羔羊，導致零星襲擊事件不斷。

儘管潛在的衝突風險很大，黎巴嫩卻未重返內戰。精英們設法達成各種協議與交易，每次國家看似接近懸崖邊緣時，都能成功降溫。這包括延遲國會選舉超過五年，以及總統選舉僵局導致長達二十九個月沒有國家元首。即便如此，還是避免了衝突。但也一如既往，這些協議僅只是精英之間的交易，對普通民眾幾乎毫無幫助，他們在多年的癱瘓與衰退中愈來愈沮喪。

援助：區域、美國及歐洲的介入

黎巴嫩憲法鼓勵的派系主義，使得一代又一代的統治精英利用區域跟全球對抗情勢，尋求外部支持。例如當年英法試圖影響衰微的鄂圖曼帝國，阿拉伯跟以色列的衝突，以及冷戰都是如此。今日也不例外；不論是在黎巴嫩土地上或透過黎巴嫩進行的地緣政治鬥爭，特別是試圖挫敗伊朗的各方勢力，都在其中。目前伊朗在黎巴嫩擁有重要影響力，這是出於德黑蘭的宗教、意識形態及戰略考量。宗教上來看，伊朗領導人希望援助保護黎巴嫩的什葉派；

意識形態上來看，伊朗反對以色列，因此支持所謂的「抵抗」美國中東計畫的行動，造成伊朗扶植起真主黨；在戰略上，維持真主黨的武裝，讓伊朗擁有防禦及進攻的能力。不論是從黎巴嫩本土，還是從敘利亞內戰期間斬獲的南部據點，伊朗都可以運用黎巴嫩民兵來攻擊以色列。防禦方面，真主黨的火箭庫在二〇〇六年戰爭期間，對以色列北部造成巨大破壞，威懾以色列，讓後者不至於攻擊伊朗。雖然伊朗一開始是作為敘利亞盟友而成為黎巴嫩的次要夥伴，隨著大馬士革積弱，德黑蘭的角色逐漸重要。包含派遣高級軍事指揮官蘇雷曼尼協助指揮二〇〇六年的真主黨戰爭，戰後還為了重建遭到轟炸的什葉派社區，支付大筆費用。[12] 貝魯特南部的廣告招牌上，自豪展示著真主黨與伊朗領導人的形象，宣稱德黑蘭資助了大量重建工作。儘管納斯魯拉是獨立領導者，而非伊朗的傀儡，但他的民兵已然成為德黑蘭區域政策的重要工具。真主黨民兵進入敘利亞是為了自身利益，但也在伊朗要求下進入伊拉克跟葉門（見第三章）。

另一方面，以色列在黎巴嫩的角色也有所轉變。它曾經也支持當地盟友，但一九八二年的入侵及隨後十八年的艱苦占領讓它心有餘悸。任何曾想將黎巴嫩變成友好鄰國的偉大計畫都已成為過去式，以色列現在更傾向直接回應，對真主黨或其他武裝分子發動軍事攻擊。

許多黎巴嫩人與外部觀察者都擔心，此發展可能會引發另一場類似二〇〇六年真主黨與以色列的衝突。[13]這類戰爭的破壞性將更強，因為真主黨在敘利亞十年作戰裡，武裝更加精良且作戰經驗也更豐富，這意味著以色列需要動用更多武力。反面觀點則是，雙方都不希望爆發戰爭。邊界兩側存在著「恐怖平衡」，領導人都意識到破壞性戰爭對雙方都不利。事實上，以色列攻擊據點時，真主黨及其伊朗盟友只是偶爾作出回應，將這些攻擊視為警告或「小剃頭」，只是為了限制擴張，不是完全根除。[14]此外，二〇一五年以來，俄羅斯在敘利亞的存在降低了意外戰爭的可能性，由於莫斯科跟伊朗、真主黨及以色列的關係都不錯，倘若任何衝突升級，俄羅斯可以從中協調。話雖如此，如此微妙平衡可能隨時變動；例如，倘若俄羅斯要從敘利亞撤出，或以色列選出更鷹派的領導人，或真主黨在黎巴嫩的政治地位削弱，這些算計都可能改變。正如二〇二三年加薩戰爭所示，以色列與真主黨（及伊朗）的盟友哈馬斯之間的衝突，也可能改變動態。

伊朗的其他對手，沙烏地阿拉伯和美國，傳統上在黎巴嫩政治裡扮演著積極的角色，但他們的興趣已經降溫。內戰結束後，沙烏地阿拉伯支持哈里里及其子薩阿德領導的三一四運動，為民兵提供武器和訓練，但這些民兵很快就在二〇〇八年被真主黨擊敗。[15]但自從穆罕默德・賓・沙爾曼王子（MBS）在二〇一五年上台以來，沙烏地阿拉伯的支持就減少了。MBS的注意力轉移到離家更近的地方——他的葉門干預及卡達封鎖（見第九章）。雖然他一開始確實是將黎巴嫩視為擊敗區域對手伊朗的另一個場域，但此興趣在二〇一七年的災難性行動後消滅。時任黎巴嫩總理的薩阿德・哈里里被邀請到利雅德，幾天後宣布因為伊朗跟真主黨的持續干預，他決定辭職。這個舉動令人費解，因為當時他跟真主黨的關係不錯，幾天前才見過一名伊朗官員。洩漏出來的消息是，沙烏地王儲（二〇一七年後）逼迫哈里里辭職，希望以更順從的親沙領導人取而代之，事際上更將他扣為人質。此舉引發驚人的反效果。反沙情緒在貝魯特爆發，各政黨的抗議者都要求釋放哈里里。利雅德的西方盟友敦促MBS讓步，於是他才同意讓薩阿德離開。薩阿德回到黎巴嫩並撤回辭職。MBS的草率政變失敗後從黎巴嫩撤出，也撤回給薩阿德政黨的資金，並呼籲所有沙烏地阿拉伯公民離開黎巴嫩。[16]薩阿德雖得以繼續在任，此舉卻仍重創他的政治生涯，讓他的政黨失去主要外部支持者，最終導致三一四運動緩慢衰退。

華府同樣也撤退。一開始美國是《塔伊夫協議》的關鍵支持者，策劃敘利亞的戰後接管，接著支持對抗大馬士革的三一四運動。然而，隨著小布希政府失敗之後，美國失去對中東轉型的興趣，它對黎巴嫩的承諾也同樣縮減。歐巴馬小心謹慎不要涉入太多，以免影響他跟伊朗的核協議。川普甚至更加冷漠，他主要從反伊朗、親以色列及親沙烏地阿拉伯的角度來看待黎巴嫩。這包含了對真主黨及部分三〇八聯盟成員施加制裁，作為全面反伊朗制裁計畫的一部分。[17]除此之外，川普相當安靜，讓法國主導二〇二〇年貝魯特爆炸後的西方援助工作。他的繼任者拜登同樣在二〇二〇年代初期的危機期間，向黎巴嫩提供援助，但也沒有太多宣傳或努力要協助解決問題。

這使得歐盟成為最主要的西方行動者，由法國領軍。歐洲人對黎巴嫩內戰的記憶猶深，當時數十名歐洲記者成為人質，扣押多年，地中海東岸（離歐洲相對較近）的屠殺畫面播送到震驚的觀眾面前。因此《塔伊夫協議》之後，歐洲迫切想要協助重建，自此歐盟成為美國以外最大的援助提供者。然而，歐盟是個龐大笨拙的外交政策操作者。儘管代表全球最大的單一經濟市場，擁有大量資源，二十七個成員國（英國脫歐前為二十八個）經常有不同議程，使得制定實施有效政策變得相當困難。在中東北非地區，歐盟的旗艦策略是「歐洲街區政策」（European Neighbourhood Policy），希望通過貿易促進與中東鄰國的連結，帶動成長與穩定。二〇〇〇年代初期，此政策在地中海沿岸的中東北非國家中（敘利亞與利比亞除外）獲得某些成果，彼此簽訂夥伴關係協議，實現自由貿易。[18]然而這是影響力的高點，爾後布魯塞爾並未能將之轉化成穩定或重大影響力。從那時開始，布魯塞爾就傾向讓特定領域中擁有利益的大型成員國來主導：法國、義大利和西班牙在北非地區；德國在以色列；法國和英國（二〇二一年前）在黎凡特其他地區、埃及及波斯灣地區。但很多時候，當成員國利益發生衝突時，例如義大利和法國在利比亞的利益衝突（見第二章），歐盟通常無法讓這些差異屈服於更全面的「歐洲」政策。這讓歐盟常常顯得無能為力，雖然對地區或議題有論據有方法，卻常遭到主要成員國破壞或忽視。

在黎巴嫩，幸好各國對處理方式的歧見較少。歐盟通常同意為貝魯特提供大筆資金方案，以維持其經濟運轉。包括二〇〇一年黎巴嫩政府接近破產時的大筆紓困，同時進一步在二〇〇二、二〇〇七及二〇一八年安排捐助國會議，此外還有二〇一二年以來協助敘利亞難民的額外資金。[19]所有行動都由法國主導，也都在巴黎主辦這些會議。身為前殖民統治者，法國政府對黎巴嫩特別關注。但法國的關注在黎巴嫩得到的反應不一。許多統治精英及中產階級，特別是部分基督徒，仍講法語且保留法國文化聯繫，並受到內戰期間移居法國的龐大黎巴嫩人社群協助。其他人，主要是真主黨及其盟友，則視法國為前帝國主義干涉者。[20]近期，不同法國領導人對黎巴嫩的重視程度也不一。雅克・席哈克（Jacques Chirac）跟拉菲克・哈里里是密友，特別關心將哈里里的刺客繩之以法。另一方面，艾曼紐・馬克宏（Emmanuel Macron）則從二〇二〇年貝魯特爆炸中看見強調國家領袖資歷的機會，因此早在其他西方領袖之前急忙趕往現場，也在當地受到熱烈歡迎。馬克宏隨後再度籌集更多援助，修復損壞，並提出一項改革黎巴嫩經濟與政治困境的計畫。

然而，西方援助卻產生反效果。募得的資金大批交給貝魯特時，幾乎沒有任何使用上的管控。這些資金直接流入精英的口袋，他們用這些錢鞏固自己的盟友與支持者，但未能嘉惠更廣泛的群眾。事實上，日益壯大的黎巴嫩反對派運動，開始批評歐盟及其他捐助國反而維繫了貪腐精英。[21]布魯塞爾在二〇一八及二〇二〇年姍姍來遲，試圖在援助方案加上一些條件，但黎巴嫩的領導人未能或不願進行改革。這種頑固最終也使得馬克宏的二〇二〇年努力宣告失敗，除了多數精英堅拒進行必要變革之外，他的計畫還受到地緣政治干擾。因為他的計畫中承認真主黨為黎巴嫩局勢的要角，此舉引來美國、沙烏地阿拉伯及以色列的強烈批評。缺乏國內與國際支持，馬克宏的倡議迅速崩解——這是近代歷史中，持續困擾黎巴嫩的內外陰謀之下的另一個犧牲品。

貪腐：崩潰邊緣

二〇二〇年的爆炸與後續試圖掩蓋的事件，遺憾地並非特例，而是由統治精英引發的一系列災難中的最新一起。黎巴嫩在前一年陷入經濟危機，在本書寫作之時，還沒有結束的跡象。在此之前，二〇一五至二〇一六年間，關於垃圾收集的爭議，使得貝魯特的垃圾在街頭堆積了數月之久，並任由腐爛，而執政的政黨們還在爭論責任歸屬。這些近乎永恆的危機，已將戰後的塔伊夫體制，甚至是黎巴嫩國家推到了邊緣。對於哈里里的新自由主義經濟、宗派權力共享體制，以及由兩者受益的統治精英，大眾的信任已經來到歷史最低點，一場迥然不同的抗議運動正日益壯大，要求變革。[22]然而，精英們根深柢固，且仍舊獲得大量外部支持，許多人似乎寧願應對災難，也不願冒險失去特權地位。

二〇一五年的垃圾危機揭示出這些精英為了自我保護，願意做到什麼程度。貝魯特的垃圾處理問題，從內戰以來就是各屆內閣不願碰觸的問題。他們一直依賴市郊一處臨時垃圾掩埋場，然而附近居民反覆抱怨，負責管理掩埋場的承包公司殆忽職責，導致老鼠蒼蠅侵擾他們的家園。這座垃圾掩埋場原定於二〇〇八年關閉，卻持續延長使用，因為一如往常，這些長官們持續拖延逃避問題。二〇一五年七月，村莊居民忍無可忍，封鎖入口。幾天內，垃圾堆滿城裡與周邊鄉村，市民在沒人收運的情況下隨意丟棄垃圾。夏季高溫導致垃圾腐爛，首都瀰漫著難聞氣味。憤怒的市民把怒火發洩到政府身上，點燃垃圾堆，並在全國各地抗議。他們的口號「#你們真臭」（#You Stink）迅速在社群媒體上傳開，號召了數萬人走上街頭。很快地，抗議者不僅針對垃圾問題，還攻擊整體精英階級，抨擊他們在公共服務上的無能、宗派體制及失敗的新自由主義經濟。然而他們的努力最終功敗垂成，因為統治精英們團結了起來。部分運動人士希望在二〇一六年的貝魯特市選舉中選出新的政治領袖：非宗派出身、能夠公平治理的專家。不可思議的是，對立的三一四與三〇八聯盟竟然齊心合力，合併成同一張候選人名單來阻止他們。運動派儘管獲得三二％的選票，卻被排除在外，未能獲得任何一席市議會席位。[23]

倘若垃圾危機動搖了大眾對統治精英的信任，四年後的經濟危機則徹底摧毀了這種信任。內戰結束以來，黎巴嫩經濟一直仰賴外匯定期注入，主要來自觀光旅遊、外國投資、外援、謹慎的銀行部門中的存款，以及龐大的僑民匯款。這些資金使得黎國中央銀行能將黎巴嫩鎊對美元掛勾，創造出一定程度的經濟與金融穩定。流入的外匯還用來資助政府日益增長的貿易赤字與公共債務。[24]然而，這是一座蓋在沙上的房子。黎巴嫩幾乎沒有產出，製造業微不足道，消費率卻很高，時髦的中產階級渴求進口舶來商品。當敘利亞內戰令遊客及投資者退避三舍時，外匯來源枯竭，卻沒有其他出口來換回美元。同時間，進口商品的消費卻毫無節制。實際上，許多精英擁有進口公司，因此更鼓勵消費。中央銀行嘗試一些金融操作，但只是暫時壓抑即將到來的危機，況且這最後還增添了更多公債。[25]

到了二〇一九年，所有應對措施都已窮盡。眼前很清楚，黎巴嫩的違約即將來臨，掛勾美元的制度撐不下去，導致黑市匯率暴漲。為了防止存款擠兌，商業銀行無預警關閉兩星期，等到重新開放後，又限制帳戶持有者存取外幣。此舉是違法的，但內閣部長們拒絕強迫銀行釋放資金給人民，他們知道一開放，銀行部門將會崩潰，但他們也不採取行動保護人民的儲蓄。更糟的是，央行印製更多黎巴嫩鎊來取代短缺的美元。這種種措施造成一場災難。黎巴嫩鎊迅速貶值，從二〇一九年的一千五百鎊兌一美元，跌到二〇二二年的三萬五千鎊兌一美元，因為市民瘋狂尋求外幣保值。生活儲蓄幾乎化為烏有。通貨膨脹暴漲，一些基本生活必需品如米價上漲超過百分之一千。[26]商家倒閉，失業率上升，重要的進口藥品變得高不可攀。幾年內，超過八〇%的民眾生活在貧困線以下，這對一個傳統上以中產階級為主的國家來說，是激烈的下滑。[27]當時發生的一起社會事件可說是經濟崩潰的縮影：一名絕望男子持槍闖入銀行，不是為了搶劫，而是要求提取一小部分自己的儲蓄，用來支付父親的醫療費用。這起事件引起人民廣泛同情，而非譴責，隨後出現了好幾起模仿「搶劫」。

就像垃圾危機，經濟崩潰也引發激烈抗議。從二〇一九年十月到二〇二二年，黎巴嫩各地定期舉行抗議活動，有時規模較小，有時則聚集數十萬人。經濟困境是觸發因素，特別是燃料和糧食補貼的削減，但抗議者很快就提出跟二〇一五年一樣的訴求：結束宗派政治，驅逐貪腐的統治精英，改善公共服務跟正常運作的經濟。然而，精英們依舊紋風不動。抗議者有時遭到暴力相向，政府安全部隊或某些政黨的暴徒會被派來進行鎮壓。更多時候，政府單純忽視群眾，偶爾講幾句支持的話或承諾改變，但很少實際行動。事實上，統治精英甚至不願進行任何小幅度改革，這開始讓歐盟等外部資助者愈來愈不耐，進而封鎖重建資金，並對某些領導人施加制裁，試圖迫使他們改變。國際貨幣基金同樣在二〇二二年同意一筆三十億美元的紓困貸款，條件是推動精英們不願進行的改革。[28]相比之下，其他外國政府反倒鼓勵黎巴嫩固守現狀。尤其是伊朗，繼續為真主黨提供資金，使這個民兵組織不願考慮任何改革。真主黨的對手，過去從銀行及旅遊業得利，因此經濟危機對對手的打擊比對納斯魯拉政黨的打擊更大更嚴重。隨著安全部門在內的政府服務遭到貪腐影響，真主黨卻利用伊朗的資金為自己的選民提供醫療、教育及安全支持，從而維持自己的支持基礎，也讓真主黨免於部分民怨。[29]然而，此舉反過來又阻止納斯魯拉考慮改革。諷刺的是，一開始以激進革命政黨成立的伊斯蘭民兵，現在已經變成了現狀的最大捍衛者。

真主黨並不是現狀的唯一的捍衛者。儘管危機規模龐大：幾十億美元的損失、二〇二〇年爆炸造成的死亡人數、大幅惡化的貧困情況，精英們幾乎毫不動搖。抗議者雖然充滿熱情，但組織分散，且如同二〇一六年，發現難以將街頭活動轉化為成功選戰。二〇二二年的國會選舉中，少數抗爭者成功獲得席次，但多數席次再度落入既有政黨之手。這並不令人驚訝。精英政黨仍有核心支持者，他們提供的服務與經濟支持，是這些支持者此刻迫切的需要。此外，宗派選舉制度也讓街頭抗議者這樣的宗教混合群體，難以推翻集中建制派選民的政治集團。儘管盡了最大努力，並寄予厚望，抗爭者卻被迫與自利精英共存。西方政府與非政府組織也面對同樣矛盾的難題：他們若想幫黎巴嫩人度過危機，就得跟導致危機的貪腐領導人合作。

貧窮：國家在哪？

「Wayn al-dawla?」國家在哪？這句話是黎巴嫩人抗爭、排隊加油或停電一片漆黑時（每天經常停電數小時）常問起的挑釁問題。[30]他們有理由這麼問。歷史上黎巴嫩並不窮。貝魯特擁有閃亮的摩天大樓，大樓裡是豪華公寓、敞篷屋頂的高級夜總會、奢侈跑車及古馳（Gucci）精品店。但電力並非二十四小時全天供應，垃圾收集也不太規律。從燈光明亮的市區步行一小段路，就會進到貧困的什葉派社區，他們從來吃不起這些高價餐館。再往遠處走，就會發現巴勒斯坦人。他們的祖父母在七十五年前逃到貝魯特，卻仍然住在混凝土「難民營」裡，因為他們無法取得黎巴嫩國籍。在他們身旁的，還有面臨類似困境的敘利亞難民。對於所有被排除在外的人來說，國家是缺席的。自從內戰結束，迎進宗派新自由主義經濟體制，創造出明顯的富者與窮者以來，這已成為常態。但近年來接連不斷的危機，令貧窮人口的數量大幅膨脹。現在，曾經付費給私人公司來提供電力或醫療保險的中產階級，也切實感受到國家的缺席了，因為他們無法進入自己的銀行帳戶，生活成本卻不斷飆升。

但能怎麼辦呢？過去並非沒有人嘗試過。一九七〇年代，巴勒斯坦人在他們的難民營裡爭取被承認與融入，最終失敗了。一些什葉派人士也加入民兵隊以改善地位，但這些運動最終卻被體制吸收。現在，中產階級試圖以和平抗議的方式推動變革，卻發現自己被統治菁英排除在外。黎巴嫩本身就是一個脆弱的、以宗教派系為基礎的國家，這種制度深深植根於一代又一代的精英利益之中，他們並沒有意願改變現況。實際上，他們為了維護現狀而鬥爭與殺戮的次數不計其數。長久以來，這種脆弱的宗派結構鼓勵精英向黎巴嫩之外，尋求協助他們利用當時區域或國際間的敵對關係，與那些想透過貝魯特得利的外來勢力結盟。過去曾經是英國、法國、埃及和敘利亞；今日則是伊朗、以色列、美國、歐盟及沙烏地阿拉伯；明天可能是其他國家。只要這個體制存在，黎巴嫩將在這個國家的自利精英積極鼓動之下，繼續被爭奪。然而正如歷史顯示，黎巴嫩難以在如此境況下往前進。塔伊夫體制雖可能在當前或下個危機裡崩潰，但正如戰後情況所見，精英與其外部支持者總會找到新的宗派交易，維持他們的權力不墜。

庫德斯坦

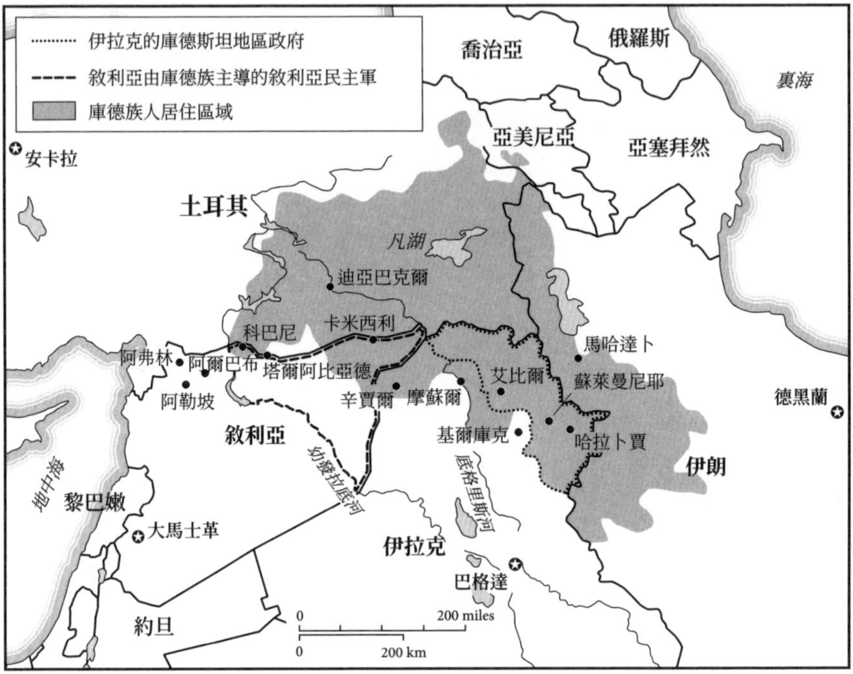

伊拉克的庫德斯坦地區政府
敘利亞由庫德族主導的敘利亞民主軍
庫德族人居住區域
喬治亞
俄羅斯
裏海
亞美尼亞
亞塞拜然
安卡拉
土耳其
凡湖
迪亞巴克爾
卡米西利
科巴尼
阿弗林
阿爾巴布
塔爾阿比亞德
阿勒坡
辛賈爾
摩蘇爾
艾比爾
馬哈達卜
蘇萊曼尼耶
德黑蘭
基爾庫克
哈拉卜賈
伊朗
敘利亞
幼發拉底河
底格里斯河
地中海
黎巴嫩
大馬士革
伊拉克
巴格達
約旦
0
200 miles
0
200 km

第八章

庫德斯坦
山中的奮鬥

庫德族有充分理由被稱為世上最大的無國家民族（stateless nation）。中東地區估計至少有三千萬庫德族人。[1]「庫德斯坦」（Kurdistan），這片以庫德族人口占多數的山區，範圍相當廣闊，從伊朗西部，一路延伸到伊拉克北部、敘利亞北部，幾乎涵蓋了整個土耳其的東南部。這些土地倘若合併成一個獨立的庫德斯坦，將成為中東第五大國。這個民族主義夢想為何至今尚未實現？歷史上，當英國與法國在第一次世界大戰後瓜分鄂圖曼帝國之時，庫德族人錯失了時機。儘管部分庫德族領袖為爭取獨立而遊說，但這塊區域卻被分割為四個不同國家，庫德族成為四個國家境內的少數民族。在當時，庫德族的民族主義意識遠不及土耳其、阿拉伯及伊朗強大，而「庫德族」的身分認同對於大多數偏遠跟部落為主的庫德人來說並不特別強烈。然而，隨著二十世紀的發展，四個國家政府的歧視與暴力日增，促使庫德族人的身分認同變得堅定，並催生多個民族主義運動。

其他地方類似的民族主義通常導致分裂與獨立，但庫德族卻未能迎來解放。部分原因在於內部分裂。庫德人之間存在多重分歧。他們操持不同方言。雖然七五％為遜尼派穆斯林，但也有其他宗教群體，包括什葉派、基督徒、阿列維派與亞茲迪（Yazidi）社群。意識形態上也存在顯著差異，部分民族主義者偏好左派世俗解決方案，另一些人則支持保守部落政治。此外，許多出生於庫德家庭的庫德人，卻完全拒絕庫德民族主義的理念。庫德族人被劃分到四個國家中，導致民族主義運動在不同地區，根據各國庫德族人所面臨的挑戰而有各自的發展。這些內部分裂更遭到外部勢力的利用而惡化。土耳其、伊朗、敘利亞及伊拉克政府，都堅決反對任何形式的庫德族獨立，因為這意味著失去重要的領土，但這些國家又資助在其他國家的庫德組織，試圖達成自己的政治目的。更遠方的勢力如英國、以色列、俄羅斯及最有影響力的美國，也都介入其中。

除了內部分裂與外國干預之外，領導層的不足也進一步限制庫德族追求理想。無論是土耳其境內左翼分子的無情殘暴，還是伊拉克庫德斯坦地區政府（KRG）的腐敗，即便庫德民族主義者設法克服許多障礙，他們的領導人也未能突破。因此，庫德斯坦長期陷入暴力、治理不善及貧困的困境。

由來：分裂的民族

部分庫德族聲稱，他們在庫德斯坦山區擁有悠久歷史，甚至可以追溯到亞伯拉罕時代。[2]部落確實於七世紀左右就存在這個區域，並納入伊斯蘭哈里發國之中。他們曾出過某些最勇猛的穆斯林戰士，包括十二世紀擊敗十字軍的薩拉丁（Saladin）。儘管薩拉丁擁有庫德族血統，但他可能不認為自己是「庫德族」，因為當時宗教才是主要的身分認同根據。具體的庫德族認同一直到十九世紀才開始形成。[3]當時，多數庫德族人生活在鄂圖曼帝國中，雖然也有部分住在邊境之外的波斯。隨著這個多元帝國衰退，許多帝國內部的社群受到歐洲民族主義思想的影響，開始爭取獨立。然而，庫德族對這個趨勢的反應比較慢，因為他們主要是鄉村及部落社會，缺乏城市中心與知識分子，而知識分子是發展民族主義的推手。

然而，他們周圍的世界起了變化。鄂圖曼帝國在第一次世界大戰敗北後，戰勝的同盟國試圖將其領土劃分成歐式民族國家，由強權保護者統治或影響。比起阿拉伯、亞美尼亞或希臘民族主義，庫德族民族主義發展較慢，因此幾乎無人推動建立一個涵蓋庫德斯坦全境的庫德國家。南部地區被劃歸敘利亞和伊拉克，分別由法國和英國統治，東部地區則留在波斯，波斯後來改名為伊朗。一開始，同盟國同意在土耳其境內設立一個庫德族自治區，並留有未來獨立的可能性。這是懲罰性的《色佛爾條約》（Treaty of Sèvres）的一部分，由同盟國強加給戰敗的鄂圖曼土耳其人。[4]然而墨水未乾之前，鄂圖曼的反抗將領穆斯塔法．凱末爾（Mustafa Kemal）就成功對抗色佛爾願景，贏得獨立戰爭，撕毀這份條約。同盟國與凱末爾後來另訂《洛桑條約》（Treaty of Lausanne），承認從鄂圖曼土耳其的土地上創建出一個新國家——土耳其，而反駁了希臘、亞美尼亞及庫德族的主張。所有關於獨立甚至自治的談判隨即熄火，庫德族被劃分到土耳其、伊朗、敘利亞及伊拉克四個國家中。

當時，除了少數民族主義者以外，多數庫德族人並沒有強烈的庫德族身分意識，部落跟宗教才是更重要的連結。然而接下來的幾十年裡，隨著他們面對該國政府的壓迫與強制融合，這一點將發生改變。土耳其的情況最為嚴峻。凱末爾後來以「阿塔圖克」（Ataturk）為名（意為「土耳其之父」），在他的新國家裡推動嚴格的同化計畫。一度規模可觀的基督教社群已遭移除，首先是在他之前的鄂圖曼人發動了可怕的亞美尼亞大屠殺，接著是他在一九二三年與希臘進行人口交換，拿數百萬名土耳其基督徒交換希臘的穆斯林。[5]這使土耳其成為以穆斯林為主的國家。然而，阿塔圖克是堅定的世俗主義者，他希望他的國家團結在土耳其語言之下，而非伊斯蘭教。這對東部的庫德語使用者來說，就意味著麻煩。

安卡拉系統性地壓制庫德族的認同，目標是將庫德族變成土耳其人。所有提及庫德斯坦的文字都從官方文件抹除，學校中禁止庫德語，庫德語的地名全都改成土耳其語。數以千計的村莊遭到移除，居民被驅趕到西部，計畫是讓土耳其人數超過庫德族人，進而使他們融入土裔之中。數以千計的庫德族孩子，無論男女，被強行送往寄宿學校，培養成優秀的土耳其人。逐漸地，「庫德」一詞也不再使用，取而代之的是「山區土耳其人」。[6]這些措施，加上阿塔圖克的反宗教政策，如一九二四年廢除伊斯蘭哈里發國，激起了庫德族部落多次叛亂，許多叛亂是由保守宗教領袖領導。這反而又引來更多國家鎮壓，形成惡性循環：軍隊造成大量傷亡；庫德族更加憤怒激動；安卡拉就愈加堅決要壓制他們的認同。

土耳其庫德族的困境因為經濟情況而更加惡化。十九世紀時，庫德地區的貧困程度僅比土耳其西部稍差，但在二十世紀期間卻顯著惡化。一九五〇年，庫德人的識字率只有全國平均水準的一半；庫德族不能用自己的語言學習，讓情況雪上加霜。[7]經濟困境導致庫德族人外遷，許多人離開山區，前往庫德斯坦內部的城市或是像伊斯坦堡這樣的西部大都市。然而，這些移民並未如安卡拉所希望的融入土耳其社會，反而在土耳其都市中形成庫德族社群。隨著愈來愈多庫德族人都市化，民族主義的概念也迅速發展蔓延，從一九六〇年代開始，出現數個民族主義團體，跟過去的部落叛亂截然不同。部分團體偏保守，但主導的是左翼組織，其中最重要的是庫德工人黨，他們於一九八四年在土耳其東部發動大規模游擊戰。土耳其軍隊被派來鎮壓叛亂，結果土耳其東部幾乎陷入內戰狀態。一九九九年庫德工人黨領袖阿布杜拉．鄂嘉蘭（Abdullah Ocalan）被俘時，已有超過四萬人死亡，區域內四處受到破壞。[8]

伊拉克的庫德族情況稍微好一點。一九二一年以英國託管地的地位成立的伊拉克王國，由阿拉伯人主導，雖然遜尼派跟什葉派之間分裂，王室對占總人口約一八%的庫德族人，普遍抱持著沙文主義的傲慢態度。庫德族部落發起一連串叛亂。一九二二年，短命的「庫德斯坦王國」宣布成立，隨後遭英軍摧毀，一九三一年又發生了一次叛亂，最終也被鎮壓。最重大的一次叛亂發生在一九四三年，由毛拉．穆斯塔法．巴爾札尼（Mulla Mustafa Barzani）領導，他團結了大多數庫德族部落對抗巴格達，要求讓庫德人自治。他堅持了兩年，最終在巴格達說服部分部落背棄他之後被擊敗。[9]他逃往伊朗，成為庫德族的民族英雄，後來，伊拉克王室在一九五八年被推翻後，他被請回伊拉克。庫德族自治獲得承諾、庫德政黨合法化、毛拉・穆斯塔法的政黨——庫德民主黨（Kurdistan Democratic Party，簡稱 KDP）也獲得合法地位。然而，一九六〇年自治談判破裂，巴爾札尼再度與巴格達決裂，又引發十年叛亂，隨後更多的自治談判都未能實現，戰鬥仍然持續。

一九六八年上台的阿拉伯復興社會黨政府，繼承了前任統治者反庫德族的阿拉伯民族沙文主義態度，更積極將庫德族排擠到戰略位置之外。他們開展一項「阿拉伯化」計畫：燒掉庫德族村莊，將六十萬庫德人驅逐到伊拉克境內其他地區，並在傳統庫德族區域安置阿拉伯人。[10]特別是在石油資源豐富的基爾庫克，政府努力安置了更多阿拉伯人，此地一直是庫德族、阿拉伯人及土庫曼人混居與競逐控制權的地方。一九八〇年，海珊總統發動兩伊戰爭時，局勢更加惡化。海珊以伊朗邊界上的什葉派庫德族為目標，認定他們跟德黑蘭有聯繫。接著他下令在艾比爾（Erbil）大規模處決平民，此地為庫德民主黨的根據地，此刻由穆斯塔法之子馬蘇德・巴爾札尼（Masoud Barzani）領導，他已經跟伊朗結盟。一九八八年，海珊發動安法爾行動（Anfal campaign），指示他的堂弟，有「化學阿里」之稱的阿里・哈桑・馬吉德（Ali Hassan al-Majid）掠奪庫德族土地。阿里運用殺戮小隊、化學武器、空中轟炸及大規模驅逐，最終導致了惡名昭彰的一九八八年哈拉卜賈毒氣攻擊事件。這起攻擊中，總共奪走十萬庫德人的性命，許多人將此行動稱為種族滅絕。[11]唯一的好消息是，一九九一年海珊入侵科威特後，庫德族再度叛亂，國際社會擔心庫德族會再度成為化學武器的攻擊目標，因此建立了保護性禁飛區，從而使伊拉克庫德斯坦首度實現真正的自治：一處國際保護區，終於擺脫了巴格達的控制。這種自治經驗，影響了二〇〇三年海珊倒台後伊拉克北部的發展。

伊朗的庫德族同樣受到前後幾任政府的歧視，儘管遭遇或許不如伊拉克或土耳其庫德族那樣悽慘。伊朗的人口結構複雜，僅有略高於半數的人口為波斯人，其餘是由大量的亞塞拜然人（Azeri）、庫德人、俾路支人（Baloch）、盧爾人（Lurs）及其他族群組成。庫德族約占伊朗人口的一〇％，但讓他們跟多數伊朗人不同的並非族裔與語言而是宗教；多數庫德族為遜尼派穆斯林，而伊朗九〇％到九五％的人口是什葉派穆斯林。[12]這個差異，加上鄰近其他國家庫德民族主義者的啟發，使得伊朗的庫德族愈發反抗德黑蘭的中央集權統治。早期最好的發展是一九四六年，第二次世界大戰後，馬哈達德庫德斯坦共和國（Kurdish republic of Mahabad）得到蘇聯支持，宣布成立。然而蘇聯一撤退，共和國就迅速遭到伊朗軍隊摧毀。

隨後，伊朗國王（Shah）成立的情報與國家安全組織（Savak）嚴厲打壓庫德族文化、語言與政治組織。然而國王本人卻愉快地支持伊拉克的庫德族政黨如庫德民主黨，以削弱巴格達對手的力量。[13]一九七九年伊朗革命推翻專制國王時，庫德族全面慶祝，軍隊力量消失之際，庫德戰士迅速控制當地。然而，新成立的伊斯蘭共和國並沒有比較好，在許多方面複製國王的作法：它在國外支持伊拉克（及土耳其）的庫德族組織以削弱區域對手的勢力，在國內卻嚴厲打壓庫德族。[14]雖然兩伊戰爭結束後，德黑蘭政策變得較為寬容，允許庫德文化出版品及慶祝庫德族新年（Newroz），但政治團體仍舊被禁止及壓制。

敘利亞的庫德族社群在四個國家中最小，在二十世紀多數時間內，也是政治活動最少的一群。敘利亞的庫德族距離山區最遠，主要分布在敘土交界處，許多人是在一九二〇、一九三〇年代面對安卡拉壓迫時，逃往相對安全的區域。隨著阿拉伯民族主義在一九五〇年代達到巔峰，敘利亞政府對庫德族的敵意加劇，此刻許多庫德族居住在肥沃的平原上，大馬士革開始挑戰他們的所有權。一九五八年，庫德出版品遭禁，三年後，敘利亞更名為「敘利亞阿拉伯共和國」，暗示著排斥占人口九％的庫德族人。一九六二年，超過十二萬庫德族人因為非法土耳其移民的虛假指控，遭到剝奪國籍，實際上許多人已在當地定居數代，卻苦無證明文件。[15]

一九七〇年，哈菲茲・阿薩德上台後，國內對庫德族的歧視更加惡化，他們也模仿其他國家，支持國外的庫德族反抗軍。就像海珊，他將阿拉伯社群移進庫德族區域，以稀釋庫德族的比例，並禁止在工作場所使用庫德語。[16]但他同時也是土耳其庫德工人黨的主要外國支持者，提供武器、訓練及資金，以對付他的冷戰敵人土耳其。這些政策對敘利亞庫德族有兩項長遠影響。首先，如同其他地方，壓迫強化了庫德族認同，但民族認同卻比其他國家來得晚且微弱。多數人尋求仰賴外國支持，亦即敘利亞的民族主義者通常是由伊拉克或土耳其的庫德族團體支持。其次，哈菲茲對庫德工人黨的支持，使其在敘利亞內部發展出不小的勢力，這在二〇一〇年代敘利亞爆發內戰時具有關鍵作用。

打壓：土耳其及其庫德族

全球約有一半庫德族生活在土耳其，因此安卡拉的政策對庫德社群的命運產生深遠影響。同樣地，由於庫德民族主義是土耳其的焦點，這項議題也形塑了安卡拉對鄰國的關係。因此，二〇〇〇年代土耳其首都發生的變化，燃起了新世紀比前一個世紀更和平的希望。這項變化發生在二〇〇二年，當時保守的伊斯蘭主義者——正義發展黨（Justice and Development Party，土語縮寫為 AKP）當選，開啟了超過二十年不間斷的執政。過往，阿塔圖克與其意識形態的繼承者——所謂凱末爾主義者，堅決反對伊斯蘭主義者，並運用法律與非法手段令他們無法擔任公職。一九三八年阿塔圖克去世後，軍隊成為「凱末爾主義」的捍衛者，經常介入政治，防止土耳其的民選政治人物偏離他們認定的凱末爾世俗民族主義道路。軍隊在庫德族問題上最為鷹派。[17]因此，正義發展黨的當選，某種程度上可說是一場革命。他們不僅比過往任何伊斯蘭主義傾向的政治人物執政更久，還巧妙操控軍隊，最終打破了軍方對政治的控制。

關鍵人物是艾爾多安，他是正義發展黨的創黨元老之一，並在二〇〇二年成為總理。艾爾多安是來自黑海沿岸的前職業足球員，驅動他的是意識形態與勃勃雄心。意識形態上，他是土耳其民族主義者，卻反對凱末爾派的世俗主義。身為虔誠穆斯林，他認為一九二三年以來統治國家的安卡拉與伊斯坦堡的世俗精英，並不代表許多虔誠信仰的外省土耳其人。實際上，正是這些選民的支持，讓正義發展黨得以掌權。與凱末爾主義者不同，他也以鄂圖曼帝國的遺產自豪。一九二三年以來，土耳其的外交政策一直面向西方：土耳其在一九五〇年代加入北約，並大體上疏離鄂圖曼曾統治的中東地區。然而，正義發展黨卻採取一種「新鄂圖曼」路線，讓土耳其成為前鄂圖曼領土上的主要勢力。[18]最初的目標是「與鄰國和睦共存」，但二〇一一年阿拉伯起義後，土耳其選擇站邊。艾爾多安也是個雄心勃勃的人，二〇〇七與二〇一一年再度當選後，他試圖修改土耳其憲法，來繞過總理任期限制。此舉讓他可參選權力新近擴大的總統職位，且任期更長。為了達成這個目標，艾爾多安展現出狡猾、務實且冷酷的領導風格，並試圖利用庫德族問題來實現他的目標。

正義發展黨的崛起發生在土耳其庫德斯坦相對平靜的時期。土耳其軍隊終於在對庫德工人黨的艱苦戰爭中取得上風。一九九八年，因為敘利亞與庫德工人黨的密切關係，土耳其威脅要入侵敘利亞，導致大馬士革驅逐了庫德工人黨及其領袖鄂嘉蘭。鄂嘉蘭於一年後在肯亞被捕。他雖然遭土耳其法院判處死刑，但在歐盟（當時土耳其渴望加入歐盟）施壓下，判決改為終身監禁。鄂嘉蘭在獄中迅速改變立場，從先前毫不妥協的馬克思主義分裂派，轉向呼籲停火，並改為支持地方自治而非完全獨立。長期停火提供了一處開口，讓上台後的艾爾多安得以利用。

總理希望強調以土庫兩族共同宗教信仰為基礎的新國家認同，而非族群差異，來吸引庫德族選民支持正義發展黨。贏得庫德族支持，或能帶來穩定的國會多數席次，讓他推動憲法改革。這個計畫有些好處。許多庫德族是虔誠信徒，其中一些甚至是伊斯蘭主義者，例如與庫德工人黨對抗的伊斯蘭主義者——庫德真主黨（Hizbullah，勿與黎巴嫩真主黨混淆，雖然兩者都受伊朗支持）。同樣地，許多庫德人反對正義發展黨的對手凱末爾主義者，認為他們要為數十年的壓迫負責。艾爾多安還承諾庫德文化權利的改革與改善，部分是為了安撫庫德族，部分則是為了滿足歐盟的要求。他在二〇〇五年訪問該區，公開表示庫德族應該有權稱自己為庫德族，扔掉凱末爾主義者的「山地土耳其人」口號。他還允許在教育機構中使用庫德語，雖然僅限學生年齡在十八歲以上的私立機構，土耳其第一個庫德語電視頻道也開始放送。[19]儘管庫德工人黨的停火在二〇〇四年破裂，艾爾多安仍跟鄂嘉蘭展開對話。從二〇〇九年開始，土耳其情報部門與庫德工人黨代表進行多次會議，燃起突破進展的希望。艾爾多安還軟化了土耳其對國外庫德族的立場，與伊拉克的庫德斯坦地區政府建立密切聯繫。雖然主要是經濟合作，但有助於艾爾多安建立親庫德族的形象。最初他的計畫頗有成效，正義發展黨在二〇〇七年選舉中大勝，拿下多數庫德族主導的省分。

然而，二〇〇七年的成功被證明只是一次例外，隨後的國會跟總統大選中，大多數庫德族選民放棄了正義發展黨。艾爾多安的策略為何失敗？首先，他並未兌現承諾。他提出的文化措施既不徹底也不連貫。例如，電視頻道的內容枯燥無趣。此外，庫德語雖然合法化，但土耳其語中缺乏的關鍵字母仍然遭到禁止，使得合法化成為一場笑話。跟庫德工人黨的接觸也同樣乏善可陳，鄂嘉蘭的和平提案遭到忽視，艾爾多安常在國內形勢感覺有利時中斷談判。關鍵的是，兩邊的鷹派——庫德工人黨的各地指揮官與土耳其軍方——似乎都不怎麼熱衷於和平，襲擊與報復持續不斷，破壞了少數和平努力的薄弱成果。

其次，艾爾多安所謂連接土耳其人與庫德族之間鴻溝的說法，被另一個政黨更有效攔截——中間偏左的人民民主黨（People's Democratic Party，簡稱 HDP）。這個政黨由富有領袖魅力的庫德族人賽拉哈汀．戴米爾塔許（Selahattin Demirtaş）所領導，吸引了庫德族跟土耳其人的支持，克服土耳其嚴苛的選舉標準（目的在於排除庫德族政黨），二〇一五年首度在國會中贏得席次，並贏得大多數庫德族省分的支持。最後，艾爾多安對國外庫德族的對外政策日益嚴厲，令國內庫德族也感到心寒。當時他也許正與伊拉克的庫德斯坦地區政府交好，但二〇一一年土耳其南鄰爆發內戰時，他對敘利亞的武裝庫德族人卻是持公開敵對態度。二〇一四年，當伊斯蘭國聖戰士圍攻敘利亞庫德族城鎮科巴尼時，艾爾多安拒絕開放土耳其邊界提供幫助。由於科巴尼在庫德工人黨的敘利亞盟友控制下，艾爾多安似乎願意讓伊斯蘭國掃平他們。最終國際壓力迫使安卡拉提供一些援助，允許伊拉克庫德族戰士通過土耳其進入敘利亞，但損害已經造成：此時土耳其的庫德族已然認定艾爾多安根本不是盟友。

科巴尼事件代表一個轉折點。在庫德族這邊，它引發了新一波行動。科巴尼事件導致庫德族城市發生騷動，受到敘利亞庫德兄弟建立自治區的啟發，庫德工人黨的青年側翼也在二〇一五年夏末，宣布在多個土耳其庫德族城市實行自治。此舉激怒了艾爾多安，他再次部署軍隊，激烈的城市戰造成超過六百人死亡，高達五十萬人流離失所，土耳其軍隊在二〇一六年春天重新奪回所有城市。[20]對艾爾多安來說，科巴尼事件讓他放棄對庫德族的策略，標誌著轉向更獨裁的統治形式。這個轉變在二〇一六年六月的失敗政變中更為加強，這次政變是由對他不滿的軍官發起，但很快就失敗了。艾爾多安利用這次陰謀作為打壓國內多個政敵的藉口。他的前盟友居倫派（Gulenists）伊斯蘭主義者遭到指控，但他們並非唯一目標，凱末爾主義者與庫德族人也成為受害者。數十萬名國家公務員遭到解僱，其中包括超過兩萬名軍官，他將曾經獨立的軍隊轉變成忠誠擁護艾爾多安的機構。數千名記者被捕，法官和大學教授也遭解職。[21]結果就是從土耳其國家機構中徹底清除掉任何被質疑不忠於艾爾多安的人。

戴米爾塔許也是被捕入監的其中一人。

這次大規模的清洗讓艾爾多安擁有更大的權力，這件事從兩個方面對庫德族產生影響。國內方面，他推動修訂憲法並在二〇一七年舉辦公投。他既然放棄了爭取庫德族選票，便轉而拉攏右翼的民族行動黨（MHP），該黨通常會獲得約一〇%的選票。傳統上，這些具有法西斯傾向的世俗土耳其民族主義者厭惡伊斯蘭主義者，但艾爾多安通過對庫德族採取更強硬的政策，贏得他們的支持。這一策略奏效，艾爾多安在公投中勉強勝出，並在隨後大選中成為土耳其的強勢新總統。國際上，軍隊裡充滿忠實支持者，又獲得民族行動黨的支持，讓艾爾多安得以在對抗庫德工人黨的敘利亞盟友民主聯盟黨時更加強勢。二〇一六年起，土耳其共對敘利亞發動四次軍事干預，目的在於保護邊境地區，並阻止民主聯盟黨入侵。其中包括二〇一八年對敘利亞城鎮阿弗林的明顯種族清洗，許多庫德族人被迫流離失所，取而代之的是土耳其的敘利亞阿拉伯盟友。[22]同樣模式在二〇一九年再啟，新一輪行動占領了塔爾阿比亞德（Tal Abyad）附近的一片土地。這些殘酷行徑再度向土耳其庫德族證明，無論統治初期艾爾多安做出什麼承諾，最終他看待庫德族人權利的方式，跟凱末爾及凱末爾主義繼承人並無多大區別。

飛地：敘利亞的戰爭與機遇

敘利亞內戰對庫德族人來說，是一種覺醒。傳統上，四國的庫德族人裡，他們是政治組織最薄弱的一群，但二〇一一年中央權威的崩潰（見第一章），給他們提供了機會。早在前十年期間，改變就已經發生。衛星電視興起，接著出現的手機與網際網路，讓敘利亞庫德族接觸到庫德語言、文化，並跟其他國家的庫德族建立聯繫，這些新的機會強化了庫德族人的認同。[23]鄰國伊拉克戰爭所引發的緊張局勢，也導致二〇〇四年庫德族與阿拉伯人之間首度發生嚴重衝突，庫德族政黨也開始成形。最重要的是二〇〇三年成立的民主聯盟黨。它們官方宣稱並非庫德工人黨在敘利亞的分支，但它公然遵循鄂嘉蘭的左派意識形態，該黨多位領導人都曾在土耳其為庫德工人黨作戰。最關鍵的是，它似乎是由庫德工人黨資助，當它組建武裝民兵時，骨幹戰士都是曾在土耳其東部參戰的老兵。[24]

儘管長期受到敘利亞政府的歧視，二〇一一年抗議巴沙爾．阿薩德總統的活動爆發時，許多庫德族政治團體並不願加入反對派，但仍有部分年輕人加入示威活動。庫德族領袖並不信任主導反對派中的伊斯蘭主義者跟阿拉伯民族主義者，尤其是其中許多派系都獲得土耳其支持。最終，十個庫德團體組成反阿薩德聯盟，稱為庫德全國委員會（Kurdish National Council，簡稱 KNC），並獲得伊拉克的庫德斯坦地區政府主席馬蘇德．巴爾札尼的支持，馬蘇德本來就資助了許多敘利亞庫德族政治人物。然而民主聯盟黨拒絕加入該聯盟，一方面是因為馬蘇德跟土耳其的密切關係，讓他們對他的參與審慎看待，同時也反對庫德全國委員會多數保守的意識形態。民主聯盟黨對阿薩德採取較為模糊的立場，考量到庫德工人黨與阿薩德父親哈菲茲過去的密切聯繫，因此它們並未公開呼籲推翻阿薩德。此外，正如我們將看到的，民主聯盟黨當時是裝備訓練最好的庫德族團體，加入匆忙組成的庫德全國委員會對他們並沒有好處。二〇一二年中，阿薩德選擇將所有部隊撤出庫德族主導的地區，專注在人口更多的敘利亞西部心臟地帶。轉眼之間，空出的政府職位就由民主聯盟黨戰士填上，導致反對者堅稱，它們必定與阿薩德合謀——這個指控確實有可能。[25]雖然庫德全國委員會發出抗議，並要求共治庫德族地區，民主聯盟黨卻拒絕了。這導致短暫的衝突，最終庫德全國委員會不敵，領導層逃往伊拉克。民主聯盟黨現在有效統治敘利亞幾乎所有庫德族地區，二〇一三年他們將此區命名為「羅賈瓦」（Rojava），庫德族語裡意為「西部」，表示這是庫德斯坦的西部地區。

鄂嘉蘭的理念在羅賈瓦首度付諸實踐，他入獄期間，將馬克思威權主義修訂成進步的「民主聯邦制」。[26]羅賈瓦諸省由當地選出的議會進行治理，強調性別平等——這是鄂嘉蘭的核心價值之一——每次都是男女共同擔任主席。庫德族及西方支持者都讚揚這場地方進步治理的實驗，但論者認為，民主聯盟黨在相當保守的社會中強推自己的意志，容不下太多反對意見。[27]

不過，伊斯蘭國從伊拉克向西猛攻，使得這個實驗幾乎在起步階段就遭到扼殺。民主聯盟黨在科巴尼的英勇抵抗，成功阻止伊斯蘭國推進，讓羅賈瓦得以再延續一段時間；這場戰役也讓美國相信，民主聯盟黨是對抗伊斯蘭國的可靠夥伴。只不過，美方的問題在於，它在一九九〇年代應盟友土耳其的要求，將庫德工人黨定為恐怖組織。因此，華府只在官方名義上接受民主聯盟黨與庫德工人黨無關的說法，但仍要求庫德族團體跟非庫德族戰士聯手，「敘利亞民主力量」（Syrian Democratic Forces）應運而生，使美國得以資助、訓練及武裝五萬名戰士對抗伊斯蘭國。然而，民主聯盟黨的民兵，包括獨立的女子部隊，都是民主軍中最強大的一支，他們主導了整個聯軍，成為所有主要戰場的先鋒。

當伊斯蘭國最終被擊敗時，民主聯盟黨的領導層實際上控制了敘利亞東部一大片區域，這範圍已遠遠超出土耳其邊界沿線的庫德族主要聚居地區。美國實際上促成了這個半獨立的庫德族飛地的形成。民主聯盟黨努力變得更加包容，放棄「羅賈瓦」這個名稱，並在民選的地方委員會中包含區域內所有族群與宗教社群的代表，例如，遜尼派阿拉伯人及東方亞述教會基督徒（Assyrian Christian）都被賦予重要職位。然而，多數人私底下都承認，民主聯盟黨仍是該地區的真正主導勢力，並由其理念引導治理——這在某些方面引發私下的不滿。

然而，這項自治實驗是建立在不穩固的基礎上。土耳其從未將民主聯盟黨跟庫德工人黨視為不同——在它看來，這是一個比伊斯蘭國更可怕的恐怖組織。當美國盟友支持武裝羅賈瓦時，安卡拉對華府相當憤怒，這導致雙方關係的重大裂痕。被拒絕的艾爾多安轉而迎合華府的對手俄羅斯，俄羅斯在二〇一五年介入協助阿薩德，土耳其獲得允許占領敘利亞北部部分地區，以阻止民主聯盟黨前進。土耳其首先在二〇一六年對抗阿爾巴布（al-Bab）的伊斯蘭國，阻止民主聯盟黨占領這座邊境城市。兩年後，土耳其又直接在阿弗林對上這支庫德民兵，這對民主聯盟黨是重創，因為他們早在內戰之前就已在這座城市有深厚基礎。安卡拉隨後改變阿弗林的人口結構，在兩年內，將庫德族人口比例從八五％降到僅剩二〇％。[28] 儘管民主聯盟黨在軍事上取得不少成就，但事情突然間變得很清楚，顯然他們的命運最終仍為外部勢力所左右。

二〇一九年，美國總統川普突然宣布將從敘利亞東部撤回兩千人左右的美軍，這相當於拋棄了民主聯盟黨。與此同時，他似乎默許土耳其對塔爾阿比亞德附近另一處民主聯盟黨控制的領土發動入侵。五角大廈官員最終說服川普改弦易轍，讓部分美軍留在當地，包括至關重要的空中支援。但此舉為時已晚，無法挽救塔爾阿比亞德及其周邊地區。此事讓民主聯盟黨領導層對美國的可靠性產生嚴重質疑。兩年前，美國在伊拉克也未阻止伊拉克部隊重新占領基爾庫克，儘管當時華府與庫德斯坦地區政府關係密切，美國仍袖手旁觀。川普的繼任者拜登在二〇二一年從阿富汗撤軍，導致當地盟友迅速崩潰，進一步加深了被拋棄的恐懼。在北方，土耳其猶如達摩克利斯之劍般盤據著，虎視眈眈，老一輩的民主聯盟黨領袖建議跟阿薩德和解。許多人跟俄羅斯有密切聯繫，曾在蘇聯受過訓練，二〇一九年軍隊指揮官轉向俄羅斯而非美國尋求保護，以對抗土耳其威脅。經歷過敘利亞內戰的年輕一代，比較怕阿薩德，認為他的軍隊若回來，也不會給他們自治地位，因此希望美國能無限期駐軍。然而，所有人都意識到處境危險，他們的未來很可能是由華府、安卡拉或莫斯科決定。

交換：伊拉克，有價的自治

目前為止，庫德族民族主義者中，最成功的莫過於伊拉克的庫德族。一九八〇年代的恐怖經歷之後，他們不僅獲得自治，還享受相當程度的繁榮。然而，獲得長期渴望的自由後，領導層卻在執政中顯露出腐敗傲慢的徵兆。早在一九九〇年代，當時美國主導的國聯軍，在伊拉克的庫德族地區設立禁飛區，阻擋了海珊對庫德地區的控制，因此使這區享有事實上的自治權時，政權腐敗的跡象就已經出現。一九九二年首次民主選舉中，這個地區被切割成巴爾札尼的庫德民主黨（KDP）跟主要競爭對手——賈拉爾・塔拉巴尼（Jalal Talabani）領導的庫德斯坦愛國聯盟（Patriotic Union of Kurdistan，PUK）。儘管這兩個黨派的意識形態不同，庫德民主黨偏向保守傳統主義，庫德斯坦愛國聯盟則屬於左派進步主義，他們也曝露出地理區及語言差異造成的更大裂痕。令人難以置信的是，巴爾札尼與塔拉巴尼選擇忽略正式選舉結果——庫德民主黨些微領先，而是選擇平分政府職位。[29] 這是個民主實驗的不祥開端，卻定下了未來的基調。

此後，這兩個政黨壟斷了權力，瓜分政府職位。儘管傳統部落主義在一九七〇年代消退，「新部落主義」卻隨後崛起，政黨的成員資格成為晉升的關鍵。然而，這個兩黨聯盟相當脆弱，雙方都試圖超越對方。因此在一九九四年爆發暴力衝突，發展成三年戰爭，雙方都尋求外援以求生存。巴爾札尼歡迎海珊的支持，促使塔拉巴尼尋求伊朗協助。然而讓巴格達跟德黑蘭雙方都不爽的是，最終卻是當時區域主導力量的美國，成功調解了這場爭端。正面來看，這意味著當二〇〇三年海珊遭到推翻時，庫德族人已經解決了一些內部歧異，反而是伊拉克的阿拉伯人深陷暴力動亂之中。

伊拉克在二〇〇三年遭到入侵後（見第五章），庫德族黨派之間的相對共識，讓他們能夠在後海珊政府的談判裡團結一致。巴爾札尼與塔拉巴尼展現高超政治手腕，巧妙超越美國行政官員及新成立的阿拉伯裔伊拉克政黨。即便巴格達的新政治階層希望建立一個強有力的中央政府，並得到華府支持，但庫德族領袖卻能成功保下庫德地區政府的正式自治權。包含讓庫德民主黨及庫德斯坦愛國聯盟的武裝力量——自由鬥士（Peshmerga）——保留武器的權利，並禁止伊拉克軍隊在未經庫德議會批准下，進入該區。同時還賦予庫德地區政府在油氣田出口上相當大的自主權。

後者成為關鍵因素，當伊拉克其他地區陷入宗派暴力時，庫德地區政府卻蓬勃發展。

國際公司對投資伊拉克南部持保留態度，政治腐敗、無能及不穩，導致巴格達的石油出口花上數年時間，才恢復到二〇〇三年前的水準。但相對穩定的庫德地區政府則讓外國企業較為安心，因此此地產量激增，很快就吸引大型石油公司進駐，包括埃克森美孚於二〇一一年抵達，隨後是道達爾及雪佛龍。[30]土耳其也成為意料之外但至關重要的經濟夥伴。儘管安卡拉始終對任何形式的庫德族獨立都抱持敵對態度，然而艾爾多安似乎對庫德地區政府的自治狀態頗為滿意，只要它不尋求進一步發展成完全獨立的主權國家。這部分得益於地區領導人巴爾札尼，他跟塔拉巴尼達成協議，讓後者擔任伊拉克總統，以換取自己成為的庫德地區政府主席之位。雖然塔拉巴尼的庫德斯坦愛國聯盟歷來都同情土耳其的庫德工人黨，但保守的庫德民主黨卻經常跟鄂嘉蘭底下的馬克思主義者發生衝突，甚至授權土耳其進入伊拉克北部追擊武裝分子。

這樣的經濟關係證實是互惠互利的。土耳其缺乏能源資源，因此急切消費庫德地區政府的石油跟天然氣。庫德地區政府日漸脫離巴格達獨立的徵兆之一，就是在艾比爾蓋了一條直通土耳其的新石油管線，因此不須再依賴伊拉克政府控制的現有管道。[31]相對地，庫德地區政府將大部分石油財富花在購買土耳其的商品跟服務上。隨著閃閃發光的新建築跟商場林立，改變了艾比爾的市容，其中多數建設都是由土耳其公司承攬完成，同時庫德地區政府更從北方鄰國進口了大量食品與製成品。到了二〇一〇年，伊拉克成為土耳其的第二大貿易夥伴，其中百分之七十的貿易量都是來自庫德地區政府。[32]這種種樣貌都跟南方的情況大相逕庭。海珊倒台十年後，庫德地區的生活水準首次高於伊拉克的阿拉伯人地區，這使得巴格達愈加不滿，因為它已經感到庫德地區政府拿走太多石油收入。

經濟繁榮，新世代甚至對過去的恐怖毫無記憶，庫德族青年進入庫德地區政府在各地新成立的眾多大學，許多人甚至沒有學過阿拉伯語，他們似乎跟伊拉克其他地區愈來愈脫節。然而，三場危機讓這種進展戛然而止，其中兩場危機是庫德地區政府領導人自己造成的。首先是二〇一三年後的經濟衰退。全球油價下跌，但庫德政府並未妥善管理收支，因此積累了巨額債務。高層貪腐猖獗，巴爾札尼本人被指控積累了超過二十億美元的資產。[33]由於庫德地區政府並非主權國家，因此借貸選擇有限，加上跟巴格達的爭端，使伊拉克中央政府不再對其發放聯邦預算分配款。結果就是經濟長期停滯，導致企業關閉、經濟移民潮湧現以及拖欠薪資。

第二場危機的背景是伊斯蘭國的崛起。隨著聖戰士擴大「哈里發國」的範疇，進逼到距離艾比爾僅有三十英哩處，並在辛賈爾讓庫德地區政府的自由鬥士慘敗撤退，留下的五千名亞茲迪人（Yazidi）遭到屠殺，另有五千人遭到奴役。這場恥辱更因為其對手——敘利亞民主聯盟黨——打過邊界，為倖存者開闢安全撤離路線而更加嚴重。然而，庫德地區政府最終還是扭轉了這場災難，它分別跟美國與伊朗合作，擊敗聖戰士，並將領土擴展至各方爭搶的石油城市基爾庫克。第三場危機則源於此，挾戰功而自滿的巴爾札尼，在二〇一七年舉行了庫德地區政府脫離伊拉克的獨立公投。儘管土耳其、美國跟伊朗都要求停止，公投依然如期舉行，並以九三％的支持率通過，投票率達到七二％。[34]然而，這次公投非但不具有法律效力，更引發艾比爾周邊所有鄰國的怒氣。

伊朗立刻在庫德地區政府邊境進行軍事演習，土耳其也跟進，取消了所有往返該地區的航班，並切斷與巴爾札尼的聯繫。伊拉克軍隊及同盟民兵（其中許多人是由伊朗僱用）進攻基爾庫克，自由鬥士未經戰鬥就棄城投降。已陷入經濟深淵的庫德地區政府，現在又被切斷基爾庫克的石油，因此陷入絕望。遭受羞辱的巴爾札尼被迫承認公投違法，以獲得巴格達同意提供經濟紓困，他隨後也辭去了庫德地區政府主席一職，由他的侄子接任。最終，伊朗與土耳其跟庫德地區政府重新建立關係，但庫德民族主義者的勢力已經被大幅削弱，任何推動獨立的想法此刻似乎都已擱置。

鎮壓：伊朗的緩慢進展

相較於伊拉克的逆轉情勢，伊朗的庫德族在二十一世紀初期處境改善的進展最為緩慢。伊朗的庫德族地區仍舊是該國境內發展最遲緩的地區之一，也是失業率最高的區域之一。[35]庫德族政黨依然被禁，當地民眾也不時面臨鎮壓。德黑蘭對待境內庫德族的態度隨執政者而異。改革派總統穆罕默德．哈塔米（Muhammad Khatami，一九九七至二〇〇五年在位）緩解了兩伊戰爭以來的強力軍事控制，並允許更多文化自由。他的繼任者馬哈茂德．阿赫瑪迪內賈德（Mahmoud Ahmadinejad，二〇〇五至二〇一三年在位）則採取了比較嚴厲的手段。在他任內，包含庫德族運動者在內的政治犯遭到處決的數量有所增加。下一位總統哈桑．魯哈尼（Hassan Rouhani，二〇一三至二〇二一年在位）則是另一位溫和派，嘗試進行對話，包括延攬一名遜尼派庫德族人進入內閣，但他在二〇一七年庫德地區政府獨立公投後，也曾派軍進入庫德族城市展示武力。當伊布拉欣・萊希（Ebrahim Raisi）於二〇二一年成為總統時，局勢再次右轉。隔年因為女性權利爆發全國性抗議時，庫德地區成為動亂中心，鎮壓措施特別嚴厲。

面對鎮壓，武裝組織持續對政府部隊發動間歇性攻擊。歷史上，兩股最強的勢力是伊朗庫德民主黨（Kurdish Democratic Party of Iran，簡稱 KDPI，勿與伊拉克的庫德民主黨混淆，儘管兩者起源相似）與馬克思主義的科馬拉黨（Komala）。但兩者在一九八〇年代對抗伊斯蘭共和國的暴力行動後，重要性都逐漸衰弱。到了一九九〇年代，庫德斯坦自由生活黨（Kurdistan Free Life Party，簡稱 PJAK）取而代之，這是庫德工人黨的伊朗分支，成為二〇〇〇年代最有影響力的游擊隊。然而，這些組織從來都比不上庫德工人黨在土耳其、庫德民主黨或庫德斯坦愛國聯盟在伊拉克，或者（二〇一一年後）民主聯盟黨在敘利亞所擁有的組織或支持。這些組織雖然對德黑蘭造成困擾，但它們看來不太可能迫使伊斯蘭共和國給予任何類似自主權的東西。

或許也因此，伊朗的庫德族地區所受的外國影響最小。以色列（見第四章）在伊朗邊界上的庫德地區政府領域有個地下據點，並與巴爾札尼建立未擺上檯面的關係，但此處主要是針對伊朗活動的監聽站，影響力並未伸進伊朗的庫德族社區。事實上，最大的外國影響來自其他庫德族組織，而非敵對政府。庫德斯坦自由生活黨受到土耳其庫德工人黨及伊拉克庫德斯坦愛國聯盟的影響，並在二〇一二年接受兩者遊說，暫停對德黑蘭軍隊的攻擊。因為伊朗支持敘利亞內戰中的阿薩德，並對民主聯盟黨持同情態度。伊朗庫德民主黨也與伊拉克庫德斯坦愛國聯盟有密切聯繫，經常退守到後者的伊拉克領土，導致伊朗偶爾會發動跨境空襲或無人機攻擊。

諷刺的是德黑蘭也利用境外的庫德族團體，經常根據目標及策略改變立場，同時卻又鎮壓國內類似的武裝分子。一九八〇年代，伊朗資助並訓練庫德族的伊斯蘭主義者，順利地在土耳其成立真主黨，雖然他們是遜尼派，但伊朗仍希望以此削弱跟西方結盟的土耳其世俗派凱末爾主義者。[36] 相比之下，二〇〇〇年代，它跟艾爾多安簽下安全協定，共同對抗庫德工人黨及庫德斯坦自由生活黨，雙方同意遣返來自對方反抗團體的庫德族戰士。伊朗也經常援助伊拉克的庫德族，無論是一九九〇年代協助庫德斯坦愛國聯盟對抗巴爾札尼，或是在二十年後幫助庫德地區政府自由鬥士部隊對抗伊斯蘭國。同樣地，它也不阻止境內的庫德族人離開伊朗，前往敘利亞加入民主聯盟黨對抗伊斯蘭國。伊朗歡迎民主聯盟黨的存在，因為這有助於削弱阿薩德的敵人。簡言之，德黑蘭，或許比其他政府（除了美國以外）更善於利用庫德族戰士來實現自己的目標，同時又最小化對自己的反噬。然而，對於伊朗境內的庫德族來說，似乎缺乏任何突破的希望。

覺醒：不獨立的自由？

獨立庫德斯坦國家出現的可能性看來依然渺茫。至今仍未能實現的主要原因有三。首先，庫德民族運動起步艱難，比周邊相互競爭的民族主義運動發展晚了一步，導致庫德族爭取獨立的聲音比別人小聲。西方國家殘酷地將庫德族群劃分進四個國家，令他們成為各國境內的少數民族。統治他們的土耳其、伊朗、敘利亞和伊拉克政府同樣苛刻，全都試圖鎮壓庫德文化並強迫同化。這種壓迫讓庫德認同轉變成大規模民族主義，然而諷刺的是，分裂狀態生出了庫德民族主義，卻也使得統一的獨立庫德斯坦國家顯得渺茫。

其次，庫德民族主義甫出現，領袖及運動組織就犯下一系列自我毀滅的錯誤。最明顯的是內部分裂。即便在各個國家中，庫德人也因為意識形態、地理及個人因素而分裂，這使得他們很難以統一陣線對抗壓迫的政府。跨國界競爭也常出現，最強大的勢力——土耳其的庫德工人黨及伊拉克的庫德民主黨及庫德斯坦愛國聯盟——也在庫德斯坦的其他區域支持敵對團體，進一步惡化分裂的情況。在敘利亞尤其明顯，那裡的庫德族團體全都依賴外國庫德族政黨，並且也受到它們分化。領袖們追求個人利益而非共同的庫德族理想，也是一大錯誤。

最後，庫德族的內部分裂在不同政府的陰謀詭計操弄下，又更加惡化。敘利亞、伊拉克、伊朗和土耳其，都曾數度在國內鎮壓庫德族異議者，同時又跟國外的庫德族組織結盟。外國政府也插了一腳，最近幾年以色列跟俄羅斯都影響了庫德斯坦的命運。然而，最有影響力的外部勢力是美國，它協助實現了伊拉克跟敘利亞兩處最成功的庫德族自治案例。然而，華府同時也是不可靠的朋友，它曾在不同時期因為自身利益而拋棄庫德盟友。伊拉克庫德族，特別是敘利亞庫德族，擔心此事可能會再度發生是有道理。

儘管障礙重重，伊拉克跟敘利亞的庫德族仍舊設法爭取到一些自由，這樣的自由是他們的土耳其與伊朗同胞難以企及的。儘管有所缺陷，且可能難以延續，考慮到他們面對的重重障礙，這仍是一項成就。儘管如此，對兩者來說，要實現完全獨立還需要跨出更大一步，正如庫德地區政府在二〇一七年所見。這將需要克服土耳其、伊拉克、伊朗及敘利亞政府的強烈反彈，並獲得像美國這樣的重要外部勢力的支持。然而，對許多庫德人來說，已經無法回頭去過認同遭到壓制的日子。無論政治命運如何，過去幾十年的動盪已喚醒庫德文化與認同。無論身在區域內，抑或是此刻數量龐大的僑民，政治人物、運動者跟更多人都在尋求庫德斯坦更好的權利與生存條件。即便獨立仍舊遙不可及，山中的鬥爭或許將以不同形式持續進行。

波斯灣國家

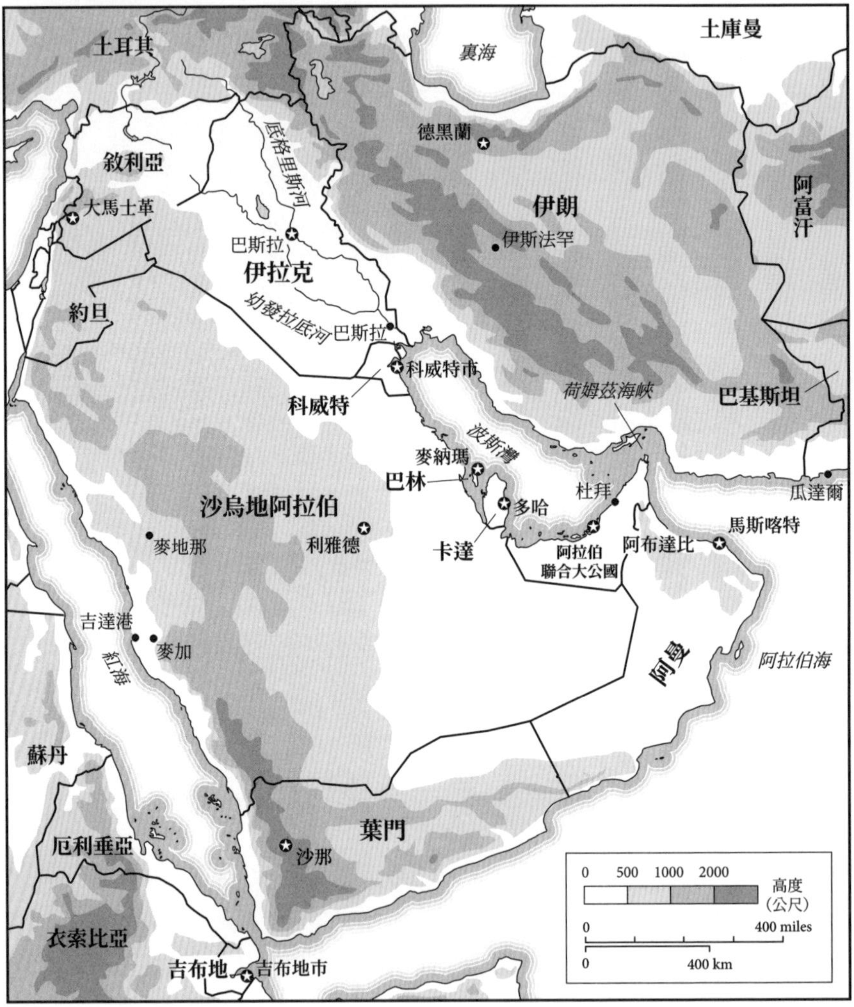
土耳其
裏海
土庫曼
敘利亞
底格里斯河
德黑蘭
阿富汗
大馬士革
伊朗
巴斯拉
伊斯法罕
伊拉克
約旦
幼發拉底河
巴斯拉
科威特市
科威特
荷姆茲海峽
巴基斯坦
波斯灣
麥納瑪
巴林
瓜達爾
沙烏地阿拉伯
多哈
杜拜
利雅德
馬斯喀特
麥地那
卡達
阿拉伯
聯合大公國
阿布達比
吉達港
麥加
紅海
阿曼
阿拉伯海
蘇丹
葉門
沙那
厄利垂亞
0
500
1000
2000
高度
(公尺)
0
400 miles
0
400 km
衣索比亞
吉布地
吉布地市

第九章

波斯灣地區
財富與不安

二〇二二年卡達主辦的世界盃足球賽盛況空前。投入高達兩千兩百億美元，讓這個比美國康乃狄克州還小的國家，足以接待一百四十萬名訪客——這數字超過卡達人口的半數。為了迎接大量足球迷進入這個波斯灣小國，卡達興建了七座新的足球場，還修建新的公路、旅館及地鐵系統。[1]儘管建設新設施的移工死亡事件，及LGBT球迷在這個禁止同性戀的國家中的安全問題，讓比賽蒙上陰影，卡達領袖仍然無視外界批評，以首個舉辦世界盃的穆斯林及中東國家自豪。然而這項賽事差點未能如期舉行。距離首場比賽不到兩年前，卡達還面臨鄰國的封鎖。它的前盟友沙烏地阿拉伯、阿拉伯聯合大公國、巴林以及埃及，封閉了卡達唯一的陸地邊界，要求多哈當局在外交政策上做出根本改變。由於糧食與其他物資僅能通過錯綜複雜的空中及海上路線來運輸，主辦世界盃的前景顯得艱難。然而，封鎖不僅在全球賽事前解除，封鎖發起人之一的沙烏地阿拉伯王儲穆罕默德・賓・薩爾曼（MBS），還披上了「卡達 2022」的圍巾，以貴賓身分，連同卡達君主一起登上世界盃開幕式的王室包廂。

世界盃及賽事前發生的事件，從許多方面指出今日波斯灣地區在中東地緣政治裡的三個核心特徵。首先是財富。這個只有一座城市的小國，能夠贏得全球賽事主辦權，都是源於區域的巨大化石燃料財富。卡達是全球人均財富最高的國家，但其波斯灣鄰國——沙烏地阿拉伯、阿拉伯聯合大公國、科威特、巴林及數量較少的阿曼，同樣擁有石油與天然氣儲備，讓它們的首都從寧靜的沙漠聚落，變成高聳大都市。其二是缺乏安全感。卡達封鎖事件只是區域內一系列不穩定中的最新一起。石油天然氣對世界經濟的重要性，以及伊朗、伊拉克等區域大國想要掌控這些資源的慾望，使得波斯灣成為一個高度不安定的地區。這一點從該區在沿海基地駐紮了六萬名美軍，及區域領導人購買大量武器可見一斑。

最後是權力。卡達主辦世界盃是對區域對手及大量西方批評的挑戰。甚至在比賽前夕打破承諾，不准在足球場提供酒精，國際足總（FIFA）及贊助商最終也接受這個決定。[2]卡達這個小國的行事作風，正如它的鄰國在啟動封鎖時的魄力，反映出它在國際事務中的新自信。這些波斯灣國家一度膽怯，任由區域及全球競爭對手在四周指手畫腳，但近期的財富，讓其中部分國家，尤其是沙烏地阿拉伯、阿拉伯聯合大公國跟卡達，擁有成為主要國際勢力的能力。事實上，封鎖本身是衝著卡達在廣大中東地區（不只是波斯灣）的政策而來，因為多哈就跟阿布達比及利雅德一樣，已成為區域政治的要角。儘管波斯灣地區仍是區域及全球競爭的戰場，以此為基地的三個新興強國在本地與國際上的影響力，也與日增長。

崛起：從珍珠採集到石油國

八個國家環繞著被稱為「波斯灣」或「阿拉伯海」的印度洋區域。其中，伊拉克跟伊朗（見第五章）因為近期跟其他國家有敵對衝突，通常被分開來看。沙烏地阿拉伯、卡達、阿拉伯聯合大公國、科威特、巴林與阿曼都是保守的君主國，依賴碳氫化合物的食租國（rentier states），也是海灣合作理事會的成員國。它們在一九八一年成立這個組織的部分原因，正是為了防禦伊拉克跟伊朗。這個地區位於阿拉伯半島的荒漠邊緣，發現石油天然氣之前人口稀少，當地部落酋長主宰著依賴貿易與珍珠採集的港口小城。英國在十八世紀開始注意到這個區域對保護印度航線的戰略價值。英國的影響逐漸加深，並跟阿拉伯側的統治酋長簽訂協議，以補充其先前在波斯（伊朗）側建立的聯繫。於是這些酋長的領地變成英國的保護國，讓倫敦控制了眾酋長的涉外事務，理論上允許內政保持自主。然而，英國的支持卻改變了這些領土的本質，獲得支持的家族最終成為獨立國家的統治君主。英國最終在一九七一年撤出時，科威特、巴林、卡達和阿拉伯聯合大公國可說是因為倫敦的長期勢力，才得以出現的國家。例外的是沙烏地阿拉伯跟阿曼。阿曼是擁有漫長歷史的海洋強國，其勢力曾擴展至印度洋，遠至非洲的桑吉巴島（Zanzibar），它在力量衰退後尋求英國保護。沙烏地阿拉伯則是一九三二年在英國支持下，經歷征服戰爭而成立的國家，但仍舊維持在倫敦的正式影響範圍之外。

沙烏地阿拉伯是海灣合作理事會中最大的國家，擁有三千四百萬人口，遠超過最接近的對手阿拉伯聯合大公國（九百萬人）。它還擁有成員國中最大的石油儲量——僅次於委內瑞拉的世界第二大石油儲量，讓沙烏地阿拉伯在海灣合作理事會占據主導地位。統治沙烏地阿拉伯的紹德家族（Al-Saud），利用宗教凝聚半島上的部落與遊牧民族，高度依賴保守的伊斯蘭教瓦哈比派（Wahhabism），將阿拉伯土地截然不同的區塊統一起來。也因此，利雅德當局歷來都希望維持區域現狀，擔心阿拉伯民族主義或政治伊斯蘭主義等意識形態威脅，可能會激勵人民推翻紹德家族。[3]卡達則位於跟沙烏地阿拉伯相連的小半島上，形式上信奉瓦哈比派伊斯蘭，但執行卻較為寬鬆。薩尼家族（Al-Thani）從十八世紀以來就統治卡達，但政權並不特別穩固，獨立之後的頭兩任君主（emir）分別遭到堂兄及兒子發動政變推翻。雖然過去就擁有相當儲量的石油，但直到一九九〇年代開發出巨大天然氣儲量後，才成為主要的燃料輸出國，也使其迅速成為全球最富有的國家之一。

阿拉伯聯合大公國在波斯灣地區獨樹一幟，它是由七個酋長國組成的聯邦，每個酋長國分別由不同家族控制。最重要的兩地是阿布達比跟杜拜。阿布達比擁有阿拉伯聯合大公國九四%的石油，因此主導了聯邦政治。根據慣例，獨立以來，統治阿布達比的納赫揚家族（Al-Nahyan）一直出任權力較大的總統職位，阿布達比的優越財力也讓其他酋長國接受這項安排。副總統一職則由統治杜拜的馬克圖姆家族（Al-Maktoum）擔任，儘管杜拜自身的石油財富不多，但它將自己打造成區域（如今也是全球）的貿易、金融、旅遊及服務業樞紐。阿布達比跟杜拜近年來都蓬勃發展，吸引了來自發達國家及發展中國家的勞工，人口從二〇〇〇年的三百三十萬增加到今天的九百多萬。相比之下，巴林的石油儲量非常有限，這使得統治巴林的哈利法家族（Al-Khalifa）將島嶼經濟多樣化，重點放在發展金融業。這在一定程度上是成功的，但巴林並未達到其他波斯灣國家所享有的國際自由，因此常常得依賴鄰國沙烏地阿拉伯。巴林對利雅德的依賴，更因為宗教人口的結構而加深。哈利法家族是遜尼派穆斯林，但大多數臣民是什葉派。巴林領導人擔心什葉派可能會反叛，紹德家族也有同樣憂慮，沙烏地阿拉伯的什葉派少數族群生活在該國油藏最豐富的地區。[4]

雖然波斯灣國家多為專制政體，科威特則是少數的例外。科威特擁有運作正常的國會，統治的薩巴赫家族（Al-Sabah）鮮少受到批評，歷史悠久的商人階層在石油發現後，仍然保持著影響力。因此，科威特是波斯灣國家中，唯一常被自由之家（Freedom House）智庫標示為「部分自由」的國家，其他的波斯灣國家均被評為「不自由」。[5]這一點，以及被大鄰國入侵的歷史恐懼，使科威特經常在波斯灣事務中採取中立或調解立場，避開利雅德、阿布達比及多哈的行動主義。阿曼同樣偏好中立。比起多數波斯灣國家，它跟伊朗的關係更為緊密，部分是因為兩國有著數世紀跨越海灣的合作歷史。統治阿曼的布賽迪家族（Al-Busaidi）也警惕過多的外國風險。阿曼在一九六〇及一九七〇年代經歷一場漫長內戰，少量的石油儲量無法像卡達或阿拉伯聯合大公國那樣以豪奢生活來安撫人民。

這六個波斯灣國家都跟美國淵源深厚，很大程度上形塑了它們的發展跟地緣政治地位。一九三八年，美國公司發現沙烏地阿拉伯的石油，但當前的夥伴關係是七年後才形成，當時華府同意保證利雅德的安全，以換取經濟實惠的能源供應。一九七一年英國撤出中東地區時，美國逐漸接下保護者的角色。兩年後，沙烏地阿拉伯領導了一場針對美國跟其他西方國家的石油禁運，抗議他們在贖罪日（Yom Kippur）戰爭／十月戰爭中支持以色列。此舉使得石油價格幾乎翻了四倍，美國經濟陷入衰退。這起事件讓華府認識到美國經濟仰賴波斯灣石油的程度之深，以及確保能源安全的重要性。一九七九年另一位產油盟友伊朗國王遭敵美的伊斯蘭共和國所取代後，更加深失去石油供應的憂慮。隨後伊朗陷入對伊拉克——另一個主要產油國——長達八年的戰爭，威脅到石油供應。白宮首度在一九八〇年宣布「卡特主義」，表示若有必要，將動用軍事力量保護美國在波斯灣的利益。卡特總統的繼任者雷根（Ronald Reagan）任內，美國鼓勵五個較小的波斯灣國家跟沙烏地阿拉伯在一九八一年聯合起來，成立了海灣合作理事會，承諾共同安全。此後，華府逐步增強美國在區域內的軍事存在，以海軍護衛科威特跟沙烏地的油輪，應對伊朗的攻擊威脅，因為兩國在兩伊戰爭期間金援伊拉克。伊拉克結束兩伊戰爭後，一九九〇年入侵科威特時，沙烏地阿拉伯擔心自己成為下個目標，便向華府求援。

一九九〇到九一年間，美國派軍七十萬人前往波斯灣地區，參與保護沙烏地不受伊拉克攻擊的「沙漠盾牌行動」，及將海珊逐出科威特的「沙漠風暴行動」。冷戰結束後進入美國主導全球的時代，後來所稱的「波斯灣戰爭」（Gulf War）也鞏固了華府在該區域內無可爭議的霸主地位。雖然多數美軍在擊敗海珊後撤離，白宮在一九九〇年代初期跟海灣理事會全部六個會員國達成協議，確保永久駐軍。除了沙烏地阿拉伯之外——沙國於二〇〇三年要求美軍撤出，因為後者的存在激起宗教反對聲浪——其他基地至今仍然存在。此舉使海灣合作理事會跟美國主導權牢牢地綁在一起，華府運用波斯灣地區作為主導中東的平台，包含對海珊的伊拉克進行懲罰性攻擊，以及對伊朗實施制裁。

然而，接下來十年卻出現緊張局勢。蓋達組織恐怖分子策劃了九一一恐怖襲擊，他們多數來自波斯灣國家——十九名恐怖分子中有十五名來自沙烏地阿拉伯，兩名來自阿拉伯聯合大公國——可見並非所有波斯灣國家公民都歡迎他們眼中的「帝國」存在。確實，蓋達組織的核心關切之一是，非穆斯林美軍出現在神聖的阿拉伯半島上。而美國對九一一事件的回應，是於二〇〇三年入侵伊拉克，這更引發了海灣理事會領導人的憂慮，特別是沙烏地阿拉伯。儘管海珊在入侵或威脅過的波斯灣國家中不受歡迎，但利雅德的憂慮是正確的，它預見移除海珊可能會引發宗派及聖戰士暴力，波及波斯灣其他地區。此舉還可能讓伊朗受益，因為波斯灣國家長期以來都擔心伊朗的伊斯蘭革命，會激勵自己的人民推翻專制政權。因此，當白宮忽視他們的警告，而使伊拉克發生了預想中的混亂時，令海灣理事會的領導人們相當不滿。令他們更加不爽的是，小布希總統事後為了證明自己入侵行動的正當性，逼迫他們擁抱民主並改善人權——這是過往美國領導人未曾提出的要求。雖然這些只是對美關係的漣漪而非波折，它們卻為接下來的更大緊張局勢鋪了路，也促使海灣理事會領袖尋求讓國際關係多元化，以減少對華府的依賴。

轉折：阿拉伯起義

二〇一一年阿拉伯的民眾起義震撼了波斯灣地區。除了一個國家以外，多數海灣理事會領袖最初都對抗議活動感到不安，決心防止類似動亂威脅到他們的政權。早期威脅遭到遏制後（巴林是以暴力壓制），起義帶來的區域新動態，促使幾個海灣理事會國家的外交政策發生轉變。波斯灣地區也未能免於這場動盪。當突尼西亞抗議者迫使專制總統辭職並逃往沙烏地阿拉伯後，埃及示威者隨之而起，阿拉伯世界各地的年輕運動者湧上街頭。在阿曼，抗議者要求改善生活水準、增加就業機會及減少貪腐，最終多數是以訴求得到預算增加、進行小規模改革及罷免部分部長作為安撫。沙烏地阿拉伯同樣爆發動亂，特別是什葉派為主的東部省分。利雅德迅速承諾提供一千三百億美元的新福利措施，但同時也逮捕了少數抗議者及反對派人士，並特別嚴厲鎮壓什葉派所主導的地區。科威特及阿拉伯聯合大公國也經歷了輕微的社會騷亂。[6]

最戲劇性的事件發生在巴林。二、三月期間，受到埃及總統倒台的啟發，數十萬人聚集在首都麥納瑪的珍珠圓環等公共場所，要求政治改革。雖然只有少數人反對君主制，多數人只是要求更多政治權利，給予無實權的國會更多權力，並要求長期擔任總理的王叔辭職下台。抗議活動的宗教因素不多，只不過多數抗議者來自巴林的什葉派多數，國王跟鄰國都沒忽略這一點。[7]沙烏地阿拉伯和阿拉伯聯合大公國特別擔心什葉派領導的革命，會將巴林變成自家門前的親伊朗衛星國，因此甚至錯誤聲稱抗議者是受到德黑蘭的鼓舞。一個月後，輕微讓步跟警力鎮壓都未能遏制抗議者，國王向海灣理事會鄰國求助。應巴林的請求，兩千名部隊（其中一千人來自沙烏地阿拉伯，五百人來自阿拉伯聯合大公國，少量來自卡達，但科威特跟阿曼均未出兵）從沙烏地阿拉伯越過橋樑，協助政權鎮壓動亂。數千名抗議者被逮捕，超過一百五十人遭殺害，許多人後來被政府解僱、剝奪公民資格或逐出大學。珍珠圓環則被夷為平地，以「改善交通流量」。[8]

海灣合作理事會的保守專制統治者，尤其是阿拉伯聯合大公國跟沙烏地阿拉伯，對埃及跟突尼西亞的獨裁者突然倒台感到震驚，對自己人民受到鼓舞而仿效也令它們驚駭。他們更對美國感到憤怒。美國總統歐巴馬促成埃及總統穆巴拉克遭到推翻（見第六章），令利雅德與阿布達比大為不滿，他們認為華府應該支持夥伴，同時私下擔心未來白宮可能也會同樣拋棄他們。因此，沙烏地阿拉伯跟阿拉伯聯合大公國都未事先告知華府出兵巴林之事，雖然美國第五艦隊就駐紮在當地。[9]穆巴拉克遭到拋棄，加上與華府的十年緊張關係，特別是對歐巴馬的不滿（沙烏地人很難親近歐巴馬），讓利雅德跟阿布達比得出結論：它們不能再依賴美國，必須提升自己涉入區域事務的程度。二〇一一年後的區域不穩中，利雅德跟阿布達比儘管保守，卻未一致反對推翻專制統治者。兩國都支持利比亞叛亂，利雅德還支持了敘利亞的反對派（見第一章）。然而，兩國都極為反對穆斯林兄弟會，並試圖阻止穆斯林兄弟會在這兩處戰場掌權，同時間（跟科威特合作）於二〇一三年資助埃及的軍事政變，推翻民選的穆斯林兄弟會總統。他們還在葉門合作，促成長期獨裁者下台，並於二〇一五年繼任者遭到親伊朗勢力推翻時，發動軍事干預（見第三章）。儘管傳統上利雅德跟阿布達比一向不願涉入區域事務，但二〇一一年的事件促使他們採取行動，試圖逆轉民眾起義，並阻止他們所憂慮的穆斯林兄弟會及伊朗勢力增長。

相對地，卡達對起義則持歡迎態度。在卡達支持下於多哈成立的阿拉伯語新聞台半島電視台，在抗議活動擴散到阿拉伯世界各處的過程中，發揮了重要作用。同時，多哈是利比亞叛亂者最直言不諱的啦啦隊（見第二章），一度也是敘利亞叛亂的支持者。跟沙烏地阿拉伯及阿拉伯聯合大公國不同，卡達跟穆斯林兄弟會關係密切，兄弟會的發言人與盟友常常登上半島電視台。隨著二〇一一年後塵埃落定，很快就發現在埃及、敘利亞跟利比亞，多哈當局支持的都是海灣理事會盟國的對手，並在衝突中追求不同結果。唯二的例外是巴林跟葉門。在巴林的情況裡，半島電視台對抗議活動明顯保持沉默，跟它對波斯灣外的革命進行全面報導，形成鮮明對比。阿曼或沙烏地阿拉伯的抗議活動也幾乎沒有報導。在葉門，最初干預的幾個月後，多哈加入沙烏地—阿聯領導的聯盟。儘管在中東其他地區與盟友之間存在著分歧，卡達表明了在波斯灣區域內，海灣合作理事會仍舊團結一志——至少目前為止是如此。

兼容：華府與北京之間？

波斯灣地區豐富的自然資源長期以來吸引了不少外國關注，但地理位置讓它的戰略重要性更加突出。大部分透過油輪運輸的石油跟天然氣，都必須通過狹窄的荷姆茲海峽（Strait of Hormuz），寬度僅有四十公里。伊朗控制著海峽一側，阿曼及阿拉伯聯合大公國則控制另一側，產油國及其客戶長期以來擔憂德黑蘭可能會故意關閉通道，擾亂全球燃料供應，推高油價。事實上，這確實是伊朗保留的「武器」，遭遇攻擊時可派上用場。保持海峽暢通是美國的主要目標之一，也是冷戰後美國在中東地區大規模部署軍隊以威懾伊朗的原因之一。除了這項地理特徵之外，波斯灣本來就位於印度洋上深具戰略價值的關鍵位置，靠近蘇伊士運河，並位於歐洲、非洲、印度、中國和東亞之間的主要航道上。

日前美國仍是最強大、最重要的外國勢力，然而近年來中國也強化自己在其中的地位。華府是唯一在區域內擁有多處基地的外國，也是唯一保證海灣理事會全數六國安全的國家。美國跟波斯灣國家都將此安排描述成「安全傘」，意指華府會在海灣理事會任何國家遭遇攻擊時提供保護。然而這種關係的動態已經改變。美國不再像過往那樣依賴波斯灣石油。由於

「頁岩革命」（Shale Revolution）大幅提高美國本土石油供應，加上來自加拿大的進口增長，美國現在幾乎不太從海灣理事會國家進口石油。[10]儘管如此，華府仍舊認為維持能源供應的流動至關重要，以維持全球合理油價，並確保主要盟友及貿易夥伴能取得燃料。這有時也符合華府在他處的戰略目的。例如，二〇二二年白宮敦促海灣理事會增加石油天然氣產量，以幫助歐洲盟友應對莫斯科入侵烏克蘭後損失的俄羅斯能源。美國與波斯灣的密切關係，最初是起源於一九四五年跟沙烏地阿拉伯之間的「可負擔的能源供應」協議，如今的重要性已不復以往。

然而，美國顯然無意放棄波斯灣。不同白宮政權有不同外交政策優先事項，但最終全都強調華府持續承諾的重要性。小布希需要波斯灣國家支持，為其「反恐戰爭」取得合法性（儘管它們心存疑慮），同時也需要當地的美軍基地對伊拉克與阿富汗進行攻擊。雖然歐巴馬本能地對專制君主抱持敵意，仍在二〇一一年起義後，在不同中東場域裡尋求他們的支持，儘管成果不一。隨後又在二〇一五年對伊朗的核協議中，再次尋求他們的認可。比起前任，川普雖對波斯灣領袖的態度較為友好，依據沙烏地（與以色列）的建議，廢除了歐巴馬的協議並重新對伊朗施加制裁。這也符合川普對交易式外交的偏好，此前沙烏地阿拉伯已同意購買價值一千億美元的美國武器。[11]拜登就像歐巴馬，一開始對波斯灣領袖抱持敵意，特別是對沙烏地阿拉伯王儲MBS。然而二〇二二年當他試圖說服波斯灣提高能源產量，以彌補西方盟友因烏克蘭戰爭制裁而損失的俄羅斯油氣時（卻未成功），立場有了一百八十度轉變。除了這些具體需求外，華府的政策制定者也焦慮地注意到中國的區域角色深化。除了留在波斯灣的各種好處之外，現在華府有許多人認為，美國至少得留在波斯灣，以防中國取而代之。

然而中國並非唯一加大影響力的外國勢力。二〇〇九年，法國同意在阿布達比建立一處新的軍事基地，駐紮六百五十名人員；二〇一四年，英國自一九七一年以來首次在區域內建立了永久設施，在巴林成立駐軍五百人的海軍基地。同時間，二〇一五年，土耳其同意在卡達建立一處軍事基地，最終可容納五千名土耳其兵員。[12]這些基地讓雙方都受益。外國政府在國內因為新的海外軍事基地而斬獲威望，儘管他們完全清楚，比起華府的影響力那是小巫見大巫。海灣理事會國家則從美國盟友處獲得進一步的安全保證，以防華府在危機之中不願前來相助。這一點在二〇一七年後，對多哈當局尤其重要。這些歐洲國家利用海灣國家與美國關係冷卻之際，增加自己的立足點，並強化貿易與外交聯繫。華府對此並不擔心，有些人甚至希望盟友能分擔保障波斯灣安全的責任。然而，對於中國，美國抱持不同的態度。

隨著中國的全球崛起，也激起它對中東地區的興趣。中國在敘利亞危機中扮演著顯著的外交角色，與俄羅斯聯手否決多項聯合國針對阿薩德總統的制裁決議，並深化在以色列、約旦、伊拉克、土耳其、伊朗和埃及的投資。[13]然而目前為止，最重要的關係無疑是跟海灣合作理事會的關係，擴大了中國在區域內的經濟、軍事與文化影響力。一九四九年的共產主義革命後，中國起初對波斯灣的興趣不大，視其為與美結盟的遙遠敵人。當它終於開始參與時，首先是在一九六〇年代支持阿曼內戰中的左翼叛軍。隨著尼克森的緩和策略，北京與西方的關係熱絡起來，鄧小平（一九七八至一九八九年在位）上台後採取低調外交政策，中國與波斯灣國家的關係很快跟著改善，貿易成為交流重點。這種關係在一九九〇與二〇〇〇年代逐漸演變成相互依賴的關係，波斯灣的能源支持中國經濟快速增長。到了二〇一四年，海灣理事會國家提供中國四分之一的液化天然氣（ＬＮＧ），僅次於澳大利亞，並提供中國三分之一的原油。[14]

然而，中國內外的變化促進雙方更緊密的關係。二〇〇八年的金融危機及後續效應，令西方經濟疲弱，中國卻繼續增長。一些中國精英開始質疑鄧小平的低調策略。北京更加積極參與全球事務，將新財富運用在影響力超越美國的區域——特別是撒哈拉以南的非洲與東南亞，創造自己的空間。二〇一二年習近平成為中國共產黨的領導人，隨後出任新的中國國家主席，中國的影響力也隨之擴張。習近平擊敗國內敵手，成為毛澤東以來最有權力的中國領袖，他放棄鄧小平的哲學，推動更積極的外交政策。川普對北京發動貿易戰，更鼓舞了中國民族主義，但在這之前，習近平就已經在南海展現強硬立場。他的核心策略是二〇一三年九月發起的「一帶一路倡議」（BRI）。這項四兆至八兆美金的龐大計畫，構想了跨越亞非歐三洲的新基礎建設連結，建立通往中國的陸地之「帶」與海上之「路」。中東被指定為一帶一路的「鄰近」地區，是中國重要的地緣戰略優先地區。一如美國，中國也認識到，國家的繁榮高度仰賴波斯灣的能源。到了二〇二三年，已經有一百四十個國家簽署了一帶一路協議，包括所有海灣理事會國家、伊拉克及伊朗。儘管進展有些停滯，許多一帶一路承諾的基礎設施啟動遲緩，但這項計畫仍舊代表著北京的意圖。

中國對波斯灣地區的興趣，主要在於經濟。海灣合作理事會是中國第八大進出口來源。[15]沙烏地阿拉伯是中國最大的貿易夥伴，既是中國建築公司的重要市場，也是中國最大的石油來源國。利雅德高度重視對中關係，甚至於接受了北京與其競爭對手伊朗（同樣是一帶一路的關鍵夥伴）之間的高度連結。正如沙烏地阿拉伯前駐美大使土耳其．費薩爾王子（Turki al Faisal）所說：「中國不一定比美國好，但它是比較不複雜的朋友。」[16]阿拉伯聯合大公國與中國的關係也發展良好。除了能源供應之外，中國還充分利用杜拜作為世界第三大再出口中心的角色。超過四千家中國公司以阿拉伯聯合大公國為基地，經營通過該港的關鍵貿易，而阿聯也是中國遊客主要出遊的地點。[17]在卡達，中國是液化天然氣的重要客戶，中國建築公司在二〇二二年世界盃的準備工作中扮演重要角色，建造了八萬九千個座位的決賽場地盧塞爾體育場（Lusail Stadium）。[18]多數波斯灣國家都有國家基礎建設計畫，以推動油氣之外的經濟多元化，如「2035 新科威特」及「沙烏地願景 2030」。中國投資與建設被視為實現這些目標的關鍵。

除了經濟之外，中國在波斯灣的興趣主要集中在軍事跟文化領域。過去，中國武器在波斯灣國家中不如美國、歐洲及俄羅斯武器受歡迎，儘管沙烏地阿拉伯過去曾進行過一些重大採購，而中國也正試圖擴大其市占比例。更重要的是獲取具有重要戰略意義的港口。二〇一〇年，阿拉伯聯合大公國成為首個迎接中國海軍的波斯灣國家，此後成為中國海軍定期停靠的港口，阿曼也是如此。[19]儘管華府擔憂，但迄今為止中國並未顯現出取代美國，成為該區域主要軍事力量的興趣，也未建立軍事基地或永久駐地。然而二〇一五年，一家中國公司簽署為期四十三年的合約，租下巴基斯坦（一帶一路倡議的早期簽署國）的瓜達爾港（Gwadar），該港西距荷姆茲海峽六百英哩，開啟了中國海軍將來可能在該區域擁有基地的可能性。文化也是雙方關係的一部分，尤其是伊斯蘭宗教。設在阿拉伯聯合大公國的各家伊斯蘭銀行，被視為中國對穆斯林多數的中亞國家（這些國家已加入一帶一路）的重要資金管道。中國本土也有相當數量的穆斯林少數族群，中國便善用與沙烏地阿拉伯的利益關係作為管理的手段。其中，寧夏省的回族穆斯林獲得較寬容的對待，北京開放並確保寧夏穆斯林前往麥加跟麥地那朝聖的名額，來展現自己的包容態度。相較之下，近年來新疆維吾爾族穆斯林遭到嚴厲鎮壓，北京則相當欣悅利雅德跟沙烏地宗教機構在此事上保持沉默。[20]

華府對中國在波斯灣區域的勢力擴張感到不滿是可以理解的，但或許也不需要驚慌。中國利用美國為海灣理事會國家提供的相對安全環境，來最大化自家利益，自己卻不需要為他們提供任何安全保障。華府的某些人，包括川普總統任內，曾指責中國「搭便車」，利用美國的安全保障，但同時間白宮也不希望北京增加在區域內的軍事影響力。此舉明顯對中國跟波斯灣國家都有利，雙方在不須承擔安全成本的情況下互利互惠。這使華府面臨兩難局面：

既不希望退出波斯灣以免區域陷入動盪，但也不希望中國增加軍事存在，因此美國被迫留下，但回報卻是逐漸遞減。

封鎖：卡達危機

美國的重要性在二〇一七至二〇二一年間席捲波斯灣的卡達危機中顯露無遺。多哈、利雅德跟阿布達比之間的緊張關係已經醞釀一段時間。歷史上，卡達獨立後的外交政策跟巴林一樣，都是以沙烏地阿拉伯外交政策為稽首。然而，一九九〇年代後卡達財富大幅增加，加上雄心勃勃的新君主哈馬德酋長上台，促使多哈決定擺脫束縛。它開始逐步推動獨立的區域政策，例如參與黎巴嫩、巴勒斯坦跟葉門問題的調解，經常無視沙烏地阿拉伯的立場，同時半島電視台開始頻繁批評利雅德跟其他海灣理事會國家。[21]二〇一一年後，卡達資助區域內各地的反對派，對象經常與穆斯林兄弟會一致，這也推升利雅德（及阿布達比）對這鄰國的不滿。

緊張局勢首先在二〇一四年爆發。前一年，哈馬德自願下台，將權力移交給兒子塔敏，沙烏地跟阿聯都認為後者比較軟弱順從。二〇一四年，沙烏地跟阿聯聯合巴林試圖撤回大使，一起斷絕跟卡達的外交關係，想要迫使塔敏放棄他父親支持兄弟會的外交政策。八個月後，卡達驅逐了部分兄弟會成員，雙方暫時和解、恢復關係，所有海灣理事會國家共同打擊伊拉克的伊斯蘭國。此時除了阿曼之外，所有國家都加入反葉門青年運動聯盟。[22]然而，二〇一五年後，沙烏地阿拉伯新的實際領導人ＭＢＳ想要追求更積極的外交政策，導致他做出一連串衝動之舉，例如介入葉門跟拘留黎巴嫩總理（見第七章）。他也受到阿聯王儲ＭＢＺ的強烈影響。ＭＢＺ從根本上反對穆斯林兄弟會，認為卡達持續資助可能會激勵阿聯境內的伊斯蘭主義者，挑戰他的統治。[23]關鍵是，川普當選進一步推動了他們二人的行動，因為川普將沙烏地阿拉伯納入他首次出訪的國家之一，似乎默許了ＭＢＳ和ＭＢＺ對卡達的立場。

二〇一七年川普夏季訪問的兩週後，封鎖就展開了。觸發事件是一則「假新聞」。駭客在卡達新聞社（Qatar News Agency）發布據稱來自塔敏發表的評論，讚揚哈馬斯、真主黨和伊朗。卡達立即堅稱這些言論不是真實的，但它們卻在沙烏地跟阿聯的媒體上大肆傳播。雖然沒有證據顯示這些駭客是阿布達比或利雅德的人，但兩國政府及盟友巴林與埃及，利用這起事件與卡達斷交。[24]沙烏地阿拉伯關閉了卡達唯一的陸地邊界，禁止卡達航空公司使用其空域。四個封鎖國家停止跟卡達的所有經濟往來，並驅逐卡達公民，阿聯及巴林的公民被禁止在社交媒體上表達對卡達的支持。四國隨即發布十三項要求，包含：關閉半島電視台；驅逐土耳其的新基地；停止與伊朗的外交聯繫；切斷跟穆斯林兄弟會、哈馬斯與真主黨的所有聯繫（被封鎖國認定為「恐怖分子」）；停止誣指四國干涉卡達內政；配合海灣理事會國家外交政策採取一致立場。若同意這些要求，將使卡達失去其國際獨立性，變成利雅德與阿布達比的附庸。所以塔敏拒絕了這些要求，改尋求克服封鎖的方法，他透過跟伊朗、土耳其及東亞國家協議，以海運和空運提供基本物資。四國聯盟的封鎖若是意圖削弱卡達的意志，此舉顯然失敗。多哈運用三千億美元的主權財富基金，付出高價，維持糧食物資流通，被圍困的民眾則團結支持年輕的酋長，強化他的地位。[25]

這場封鎖打破了海灣合作理事會表面上的穩定。阿拉伯起義期間，波斯灣國家堅稱自己在專制君主統治之下，享有區域內其他地方所沒有的平靜，方便地抹掉了巴林的動盪局勢。現在，理論上承諾共同安全的四個成員國卻對另一個成員國針鋒相對。科威特與阿曼保持中立，徒勞無功地嘗試調解。這兩國都擔心，若四國成功削弱卡達的獨立性，它們可能會成為下一個目標，特別是跟伊朗關係不錯的阿曼。整個區域都感受到這道裂痕的回音。分裂的利比亞的兩個政府各自支持不同邊；在非洲之角，卡達與阿聯各別支持索馬利亞的不同派系，也和自己的波斯灣盟友站在同一邊（見第十章）。伊朗，特別是土耳其，支持卡達並抗議封鎖。茅利塔尼亞（Mauritania）與吉布地這樣的小國，則加入抵制，取悅阿聯與沙烏地。然而，許多區域內的國家則保持中立。敘利亞跟葉門忙著內戰，黎巴嫩、伊拉克、突尼西亞、阿爾及利亞及摩洛哥則考慮雙方的財務影響力，兩邊押注。即便沙烏地阿拉伯的主要盟友約旦，也試圖採取中道。國際大國同樣不願強力支持任何一方。中國與歐盟是卡達液化天然氣的重要客戶，卡達也是它們經濟投資的來源，但它們也跟利雅德及阿布達比之間有大量貿易關係。因此，它們雖然敦促和解，但對於施壓任何一方促其讓步則持謹慎態度。

理論上唯一有足夠影響力解決此事的國家是美國，但川普政府混亂的外交處事卻成為障礙。危機爆發時，川普的國防部長與國務卿呼籲冷靜和解，因為他們意識到卡達的烏代德（Al-Udeid）空軍基地駐紮了一萬名美軍。然而，親近MBS的川普，幾天內就在推特上表示，卡達可能資助了奉行激進意識形態的團體。[26]這雖然不是光明正大支持封鎖，但利雅德跟阿布達比卻可能如此解讀，因為這跟他們稱多哈資助恐怖分子的說法一致。此外，隨後幾年中，川普幾乎未做出任何緩解危機的舉動，也沒有利用他的影響力施壓MBS。據報導，直到川普得知卡達每年向伊朗支付一億美元以使用伊朗空域，才開始試著結束封鎖，因為白宮正試圖通過制裁削弱伊朗經濟。[27]

然而，川普的特使直到他在二〇二〇年十一月落選後，才證實此事毫無成效。拜登對沙烏地阿拉伯比較強硬，他譴責後者在葉門的暴行及MBS被指涉入二〇一八年沙烏地異議人士哈紹吉遇害事件。[28]因此利雅德急於在拜登上任前解決爭端——或許是當成給川普的最後回報，或者是爭取即將上任政權的好感。二〇二一年一月初，拜登就職前兩週，川普官員與科威特共同促成結束封鎖。在這段期間卡達幾乎沒有做出任何讓步，這場封鎖行動也被視為失敗。塔敏隨即前往沙烏地阿拉伯參加海灣合作理事會高峰會，場上各國領袖相擁，象徵著聯盟表面恢復如常。然而，這次事件已經傷害了海灣合作理事會的信譽。

金磚：全球化的波斯灣

封鎖失敗的關鍵原因之一在於卡達融入全球經濟的程度。歐洲、中國與美國的領導人不僅擔心失去重要的液化天然氣供應，卡達還是重要的投資來源。光是在倫敦，多哈就擁有哈羅德百貨公司、碎片塔、薩沃伊旅館等地標資產，以及金絲雀碼頭（Canary Wharf）五〇%、希斯洛機場二〇%與森寶利超市（Sainsbury's）一四%的所有權。投資西方及亞洲經濟體，一直是所有波斯灣國家刻意進行的戰術，特別是最富裕的三國——沙烏地阿拉伯、阿拉伯聯合大公國及卡達。正如經濟學家亞當・哈尼耶（Adam Hanieh）指出，許多知名國際企業如瑞士信貸、德意志銀行、巴克萊銀行、大眾汽車、嘉能可商品交易公司（Glencore）、鐵行輪船公司（P&O）、英國航空及推特（譯註：已更名為X）如今都將波斯灣投資者列為主要股東或控股所有人。此外，歐洲三支頂級足球隊——曼城（Manchester City）、紐卡索聯（Newcastle United）及巴黎聖日爾曼（Paris St Germain）——此刻分別由阿拉伯聯合大公國、沙烏地阿拉伯及卡達所有。而巴塞隆納、拜仁慕尼黑、切爾西及阿森納等足球俱樂部，都曾受波斯灣區域的航空公司贊助。這些投資有著雙重目的。一方面，有經濟上的意義，替日益增長的主權財富基金增加資產——卡達就是巧妙運用這些基金來度過封鎖。但這些投資也有服務地緣政治的目標。讓外國經濟仰賴波斯灣的慷慨，因此面臨國內或國際威脅時，外國政府將更可能支持現任政權，就像二〇一七到二〇二一年間的卡達及二〇一一年的巴林。

波斯灣國家也廣泛投資發展中世界，特別是撒哈拉以南的非洲地區，藉由購買大量農田以確保「糧食安全」：為多數沙漠地區的王國保證糧食供應。[29]他們也將自己的經濟融入全球化核心之中。大量投資航空業令波斯灣國家的航空公司——卡達航空、阿聯酋航空（杜拜的航空公司）及阿提哈德航空（阿布達比的航空公司）——成為世界領先的航空公司，波斯灣也成為世界各航線的主要轉機點。事實上，二〇一五年杜拜國際機場超越希斯洛機場，成為世上最繁忙的國際旅客機場。同樣地，杜拜的傑貝阿利港（Jebel Ali）現在為全球第四大貨櫃港。波斯灣的重要性日漸成長，世界五大新興經濟體組成的金磚國家集團（含巴西、俄羅斯、印度、中國與南非），於二〇二三年邀請沙烏地阿拉伯及阿拉伯聯合大公國，連同其他四國，加入它們的行列。[30]

也許先前經濟學家不願將海灣理事會成員國納入新興經濟體的原因之一，是因為化石燃料仍占據經濟主導地位。儘管它們在其他領域有大量投資，但若石油天然氣的價值崩盤，許多人預測波斯灣的全球重要性與影響力將會蒸發。所有波斯灣國家政府對此都有高度警覺，因此啟動了多元經濟發展的大計畫。例如，二〇一六年發動的「沙烏地願景 2030」計畫，雄心勃勃的目標是希望透過擁抱其他投資來源，如旅遊、娛樂及體育，來擺脫對石油的依賴。阿拉伯聯合大公國也同樣推出各種「2030」策略文件，為阿布達比跟杜拜制定類似的多元計畫。然而，這並非新挑戰，波斯灣各國領導者數十年來一直在嘗試經濟多元化，但成果有限。阿曼在一九九五年推出的「願景 2020」計畫已經過了標的日期，成效微小。沙烏地阿拉伯的「沙烏地願景 2030」實施五年後，利雅德仍舊依賴石油出口來支撐其七〇%的預算。[31]對沙烏地阿拉伯來說問題特別嚴重，因為該國人口遠多於其他波斯灣國家，多數人民只要紹德家族繼續發放補貼、提供工作跟服務，似乎就能容忍專制統治。一旦全球能源價格突然崩盤且長期下跌，就會對此默認的契約帶來挑戰，因為儘管利雅德擁有大量財富也會迅速耗盡資金。相較之下，人口較少的卡達跟阿拉伯聯合大公國，有較佳的條件能利用主權財富基金來緩衝衝擊。儘管它們最終可能也需要找到替代收入來源，或考慮開放政治體制。

最後這個選項似乎不太可行。二〇一一年以來，多數波斯灣國家愈發專制，特別是巴林、沙烏地阿拉伯跟阿拉伯聯合大公國。自二〇一五年上台以來，MBS一方面有所讓步，另一方面卻愈加強硬。他縮減了「宗教警察」的權力，這些警察過去在沙烏地街頭監察人民，確保遵守伊斯蘭教規範。他也改善了女性權利，尤其是首度允許女性駕駛。但他對異議的容忍度比前人低得多，對人權及女權運動者等相對輕微的異議人士施以長期監禁。二〇二二年，一名三十多歲、育有兩子的母親，僅因在推特上關注轉發異議人士及運動者的訊息，竟被判處三十四年徒刑。[32]在沙烏地阿拉伯跟其他波斯灣國家中，社群媒體的監控尤其嚴格。一方面，由於阿拉伯起義最初是從臉書擴散開來，這些政權決心打擊任何革命再來的風聲。然而同時間，這些政權也有意識地利用數位媒體遂行己利。包含由廣告代理商聘請西方公關公司，在西方新聞媒體中發布正面報導，以及使用「機器人」和推特假帳號在網路上推動特定敘事。這些策略同時針對國內外觀眾。[33]在國內，領導者希望根除批評聲音，塑造正面形象；在國外，則努力改善外國，特別是西方國家對該區域的看法。這種形象塑造的日常行動，伴隨著一些大拜拜活動，例如阿拉伯聯合大公國在二〇二三年主辦COP28聯合國氣候變遷大會——雖然阿聯自己就是主要的排放大國；卡達主辦世界盃；利雅德對全球體育產業的重大投資。這些活動被批評者譏為「綠色洗白」和「體育洗白」。

危機：沙中之堡？

表面上，波斯灣領導者可能會對近幾十年的成就感到驕傲。這些歷史上的脆弱國家，自獨立以來，成功涉過一條深具潛在風險的道路，避開伊拉克及伊朗等強大鄰國宰制的風險，也多半閃過二〇一一年後動搖許多中東國家的內部裂痕。現在它們高度融入全球經濟，除了身為全球能源供應者的重要角色外，更運用財富善加投資，爭取西方及亞洲大國的支持。此外，他們成功地讓國際關係多角化發展，日益加深與中國及其他國家的關係，但也未嚴重損害對美國的關鍵安全關係。此舉讓它們在國際上擁有更大的獨立性，這在二〇二二年俄烏戰爭爆發後的表現尤其明顯。主要波斯灣國家選擇不加入西方對莫斯科的制裁，反而成為俄羅斯寡頭出逃的安全避風港，同時也拒絕增產石油來幫助能源短缺的西方經濟體。

然而波斯灣國家，特別是沙烏地阿拉伯、阿拉伯聯合大公國及卡達，在區域事務中愈發積極，也改變了中東的動態；傳統上的區域強國如埃及、敘利亞和伊拉克如今卻成為他人角逐之地，甚至包括傳統上較弱勢的波斯灣國家。雖然在這方面，他們也不是特別成功。卡達在利比亞、敘利亞與埃及的介入，未見回報；沙烏地阿拉伯對葉門的干預及對卡達的封鎖，多數也以失敗告終。阿拉伯聯合大公國則較為精明，它與沙烏地阿拉伯成功地在埃及得償所願，同時它在葉門有限度地參與中，得到比沙烏地阿拉伯更多的好處，但它在對卡達的封鎖同樣未能如願。這些相對的失敗是否會壓抑未來的積極行動，還不清楚。這三國的領導者都是新一代，跟一九八〇年代海灣合作理事會的創始世代不同。這可能是造成了某些激進政策的原因之一，但隨著時間推移，他們或許會趨於穩重。然而同時間，沙烏地跟阿聯的領導者也展現出比前人更加專制的性格，這可能是性格所致，而非缺乏經驗。

無論如何，儘管外交政策遭遇頓挫，波斯灣領導者目前仍舊相對安穩，但面臨著相同的未來挑戰。他們的成就、權力、影響力及外部支持，全都源於石油財富。若因全球從燃油引擎轉向電動車等因素，導致油價永久崩跌，波斯灣的重要性可能就會消退。因此所有國家都必須迅速找到經濟多元化發展的方法，讓接受補貼的民眾買單。實現這一點的同時，還要保持專制統治體制並不容易。只要財富源源不斷，西方（和亞洲）政府就會繼續支持，並對人權侵害及壓制政治視而不見。財富一旦枯竭，波斯灣可能會發現自己孤立無援。

非洲之角

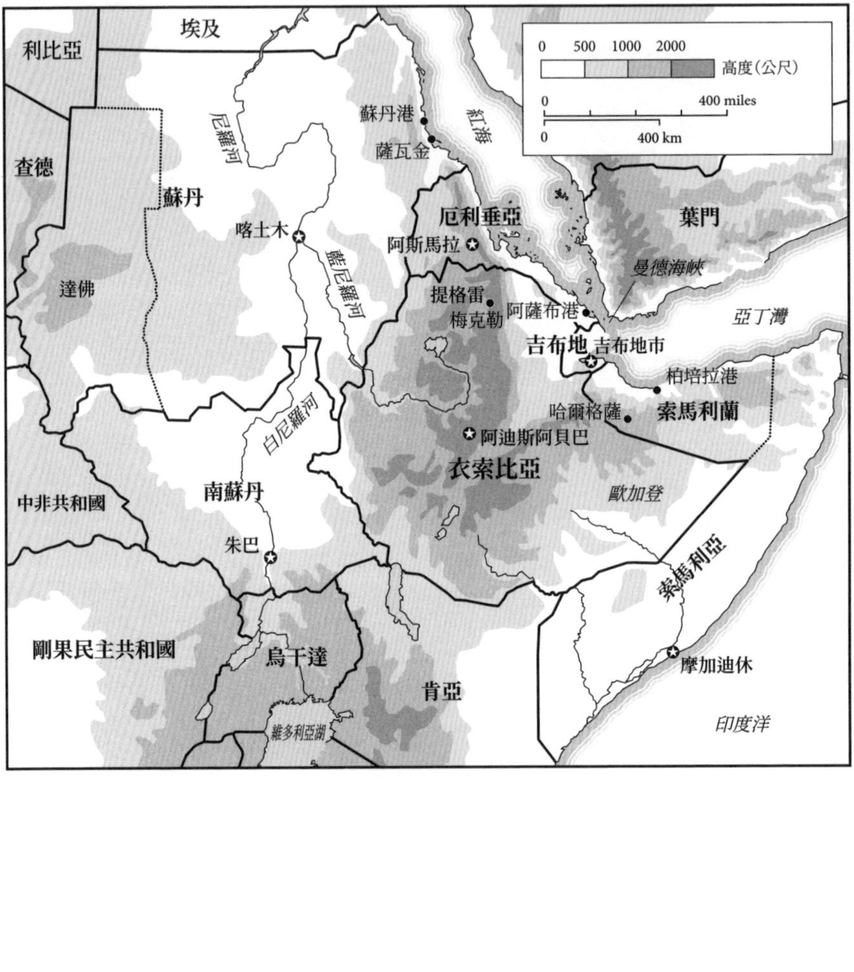
0 500 1000 2000
高度（公尺）
0 400 miles
0 400 km
埃及
利比亞
查德
蘇丹
尼羅河
喀土木
藍尼羅河
達佛
白尼羅河
南蘇丹
朱巴
中非共和國
剛果民主共和國
烏干達
維多利亞湖
肯亞
蘇丹港
薩瓦金
紅海
厄利垂亞
阿斯馬拉
提格雷
梅克勒
阿薩布港
吉布地
吉布地市
葉門
曼德海峽
亞丁灣
柏培拉港
哈爾格薩
索馬利蘭
阿迪斯阿貝巴
衣索比亞
歐加登
索馬利亞
摩加迪休
印度洋

第十章

非洲之角

新的舞台

非洲之角是世界上最美麗，也是最暴力的地區之一。這裡擁有壯麗的自然景觀及豐富文化：衣索比亞的蒼翠高地及古代教堂；索馬利亞的黃金沙灘與中世紀港口；厄利垂亞起伏的綠野丘陵與首都阿斯馬拉（Asmara）被遺忘的新藝術建築。然而，這裡也見證了國家崩潰、饑荒、種族清洗、大規模移民、海盜劫掠及部分近代史上最漫長且致命的戰爭。這個區域突出於非洲大陸之外，位於紅海及印度洋的交會處，自古以來就具有戰略重要性。曼德海峽的一側是厄利垂亞和吉布地，另一側是葉門，控制著通往紅海的通道及蘇伊士運河的貨物流通。亞丁灣的狹窄水域由非洲側的索馬利蘭（Somaliland）環繞，雖然索馬利蘭名義上仍屬於索馬利亞；倘若海灘遭到敵對勢力掌控，這裡也是掠奪者襲擊船隻之地。

十九世紀末及二十世紀初，歐洲帝國主義者試圖在這個區域擴張影響力，不論是保護及促進自己的貿易，或是為了在更大範圍的瓜分非洲過程中奪取土地。冷戰期間，美國跟蘇聯各自尋求代理人。蘇聯解體後，華府對這個區域特別有興趣，首先試圖穩定索馬利亞未果，隨後在九一一事件後，將非洲之角視為「反恐戰爭」的戰場。奇怪的是，儘管此地與阿拉伯半島跟埃及距離相近，現代中東國家對這個區域的興趣一直不大。然而，現在這個情況也有所改變。阿拉伯聯合大公國、卡達、沙烏地阿拉伯、伊朗、以色列和土耳其，都擴大涉入這個區域的事務。儘管非洲之角並不位於中東地區，但它已成為區域強權競爭的新舞台，有些人現在將此地視為自家「街區」的關鍵之一。

然而，非洲之角的局勢相當複雜，各國政府與人民並非消極的代理人。這個區域是由非洲超級大國衣索比亞所主導，它擁有非洲最大的軍隊跟第二大的人口數，多年來也持續干預鄰國內政，自然別人也投桃報李。非洲之角同樣擁有強烈的民族認同，這源於多年戰鬥及殖民劃分，那些決心堅定的領導人，雖然願意接受外部援助，但很少會受到外界控制。此外，中東並非唯一在此推進自己議程的外部勢力。儘管美國近期有些退縮，仍被視為最重要的勢力，法國則長期從吉布地的基地對此地發揮影響力。曾經在非洲之角擁有殖民地的義大利與英國，也維持自己的存在感；現在中國也登上了這個舞台。因此，幾個中東參與者的入局，可能會引發劇烈變化，給這個實際上不需要更多競爭的地區添薪加火。不過這同時可能有助於平息局勢，因為比起其他地方的破壞性干預，中東國家在此地的介入有時候反而更具有調和性。

背景：暴力的歷史

今日的非洲之角由四個國家組成：衣索比亞、厄利垂亞、索馬利亞與吉布地，儘管第五個地區——索馬利蘭，聲稱獨立於索馬利亞之外，但此獨立並未獲得國際承認。蘇丹雖位於非洲之角以外，但由於其紅海沿岸的戰略地位，使得中東的競爭勢力紛紛介入，因此這裡也將簡要討論蘇丹的情勢。非洲之角由衣索比亞主導，整個區域一億四千萬人口中，它占了約一億兩千萬人，是目前為止的經濟和軍事大國。[1]但衣索比亞是內陸國，受到周邊三個（或四個）較小國家的阻隔，這種地理位置導致彼此之間常常敵對的互動，並受到各國人口、經濟和文化差異的影響。衣索比亞擁有高原地帶，歷史悠久的定居農業使其能夠發展出生產剩餘、財富及政府組織，從而使其得以支配周邊的低地牧民鄰國。衣索比亞約有三分之二的居民信奉基督教，自西元四世紀開始崇奉東方正教，而索馬利亞、索馬利蘭與吉布地則多為穆斯林，是早在七世紀便轉宗伊斯蘭的初期信徒。厄利垂亞約有一半穆斯林、一半基督教徒。宗教差異雖非區域內唯一裂痕，但早在歐洲帝國主義者抵達之前，就已對部分過往敵對衝突產生作用。[2]

跟非洲所有國家不同的是，衣索比亞從未被殖民。十九世紀末當時非洲大陸其他地區正遭到其他歐洲人殘酷瓜分，義大利曾試圖殖民此地，最終卻受羞辱。隨後，衣索比亞模仿歐洲人，加入瓜分非洲的行列，將疆域擴展到傳統高地之外，建立一個包含索馬利人（Somali）與其他民族的帝國，形成了多民族國家。[3]衣索比亞的獨立也影響了歐洲涉入非洲之角的方式。意識到他們無法征服高地，歐洲人改而選在沿海低地建立殖民地，後來變成了四個較小的國家。義大利占領了後來的厄利垂亞及索馬利亞，以建立海上貿易，並將膽大無畏的衣索比亞人鎖在內陸。法國同樣在吉布地發展出一個前哨基地以推動貿易，但跟阿迪斯阿貝巴（Addis Ababa）當局合作，蓋了一條鐵路，將法國殖民地打造成衣索比亞的主要港口。同時間，英國則在索馬利蘭建立一個殖民地，主要是為了支援它在南葉門的海軍基地。墨索里尼（Benito Mussolini）的法西斯政權最終在一九三六年占領了衣索比亞，但第二次世界大戰初期，來自蘇丹及肯亞的英軍就迫使義大利人撤離，讓衣索比亞皇帝海爾．賽拉西（Hailie Selassie）復位。

這些殖民與本土的遺緒在冷戰期間產生戲劇性的後果。賽拉西利用自己作為法西斯受害者的身分，首先跟英國建立親密同盟，接著則跟美國合作，利用兩者說服聯合國，在戰後將厄利垂亞併入衣索比亞。這場談判的重要內容之一，是賽拉西隨後授予華府一處位於阿斯馬拉附近的通訊基地。[4]然而，賽拉西治下的國家日益專制且中央集權，令厄利垂亞人感到不滿。反抗衣索比亞統治的武裝抵抗始於一九六一年，最終演變成持續了三十年的全面性獨立戰爭。與此同時，受到當時左派意識形態啟蒙的人民革命，於一九七四年在阿迪斯阿貝巴爆發。賽拉西遭到推翻，經過激烈流血衝突後，取而代之的是名為德爾格（Derg）的馬克思主義軍事獨裁政權。

索馬利亞也同樣處於軍事統治之下。第二次世界大戰之後，英國跟如今民主化的義大利仍分別控制著索馬利蘭跟索馬利亞，直到一九六〇年兩國都獲得獨立，隨即合併。此時，國家民族主義熱潮使他們希望將所有「索馬利人」的土地統合進新國家的版圖內，特別是先前被衣索比亞占領的索馬利人的土地。摩加迪休（Mogadishu）當局認定衣索比亞正忙於革命及應對厄利垂亞分裂主義者的戰爭，遂於一九七七年乘機發動入侵。冷戰在此次攻擊及其結局中都扮演了關鍵的角色。一九六九年以來，索馬利亞執政的馬克思主義軍事獨裁者，因蘇聯盟友提供的軍事裝備而信心大增。他們認為衣索比亞在賽拉西遭推翻後，美國盟友有限的軍事援助令其變得脆弱。然而，摩加迪休卻錯估形勢。衣索比亞的軍隊不僅成功集結，當德爾格向莫斯科求援時，蘇聯看見讓非洲之角最大國家脫離美國的價值，因此轉而支持衣索比亞。阿迪斯阿貝巴擋下了入侵，擊碎索馬利亞民族主義者的夢想，並為一九九一年摩加迪休政權崩潰埋下伏筆。[5]這次入侵也促使法國終於在一九七七年正式讓吉布地獨立，但在當地保留一支永久駐軍，以防範索馬利亞任何軍事行動。

一九九一年對非洲之角而言是關鍵的一年。五月，經常瀕臨失敗邊緣的分離主義勢力終於進軍阿斯馬拉，持續多年的厄利垂亞戰爭終於結束。軍事失利促成了衣索比亞的德爾格垮台。這個殘暴的馬克思主義政權日漸失去民心，災難般的經濟政策，更造成了惡名昭彰的一九八四年大飢荒。軍事反對聲浪增強，特別是北方以提格雷族（Tigray）社群為中心的運動，發動叛亂。隨著衣索比亞軍隊在厄利垂亞的失敗中士氣低落，提格雷人民解放陣線（Tigray People's Liberation Front，簡稱 TPLF）幾乎不受阻礙地進軍阿迪斯阿貝巴，推翻了德爾格。不同於賽拉西跟德爾格的中央集權政府，新政府選擇了聯邦制，賦予衣索比亞各族群相當大的自治權。不過這並非民主制度，提格雷人民解放陣線及其盟友仍舊主導政權，但這為經濟發展及西方和解開了一條新路。[6]

相反地，索馬利國家體制卻在一九九一年崩潰。如同衣索比亞的情況，索馬利亞的獨裁政權也是嚴酷專制，激起北方地區的武裝反抗。但不像衣索比亞或厄利垂亞，大多數索馬利亞人擁有相同族裔背景，屬於不同部落。因此當統一所有索馬利人的偉大民族主義夢想化為泡影時，部落分歧重新浮現。主導北部（大致為舊英國索馬利蘭殖民地的區域）的部落覺得受到摩加迪休的忽視，因此在一九八〇年代初期發動叛亂，當然是獲得衣索比亞的支持。這場衝突最後引起索馬利亞政府猛烈鎮壓，轟炸行動造成超過六萬人喪生，幾乎摧毀了區域首府哈爾格薩（Hargeisa）。這場浩劫強化北方脫離索馬利亞的決心，因此三年後獨裁政權遭推翻時，索馬利蘭便宣布獨立。[7]隨著摩加迪休陷入混亂，再也沒有能力重新征服該省，索馬利蘭自此就保持事實上的獨立。

在摩加迪休，政權被另一個競爭部落推翻，迫使獨裁者逃亡。然而，不像衣索比亞或索馬利蘭，這些武裝集團並未帶來成立新政府的政治方案。相反地，他們劫掠首都，首都陷入無政府狀態，無法控制國內其他地區。權力真空由不同地方部落軍閥填補。接著國際勢力向不同的對戰首領提供援助，試圖重建秩序，反而令情況雪上加霜。索馬利亞開始仰賴外援，各派系為了獲取外部資金而展開鬥爭。美國曾短暫企圖穩定局面，於一九九二至一九九三年間領導一支聯合國特遣隊進駐摩加迪休，但此舉未能讓首都以外地區恢復秩序，之後隨著華府失去興趣並撤軍，戰鬥再度爆發。直到二〇〇〇年代中期，外部勢力基本上放任索馬利亞派系自生自滅，並贊助各種毫無成果的和平會議。

同時間，厄利垂亞跟衣索比亞間的和平也是稍縱即逝。儘管阿迪斯阿貝巴的新政府上任的首要行動之一，是同意厄利垂亞的獨立，但新戰爭又在一九九八年爆發。為了爭奪一塊相對無關緊要的小領土，引發了為期兩年的慘烈戰鬥，奪走超過十萬條人命——比厄利垂亞三十年獨立戰爭中喪生的人還多。[8] 衣索比亞軍事勝利後，雙方達成停火協議，關閉邊界但衝突仍未解決。在厄利垂亞自我封閉，憎恨衣索比亞及其盟友，特別是非洲聯盟跟美國的同時，衣索比亞則在凍結的衝突中繼續蓬勃發展。衣索比亞從九一一事件及華府對非洲之角的新關注中獲益不少。阿迪斯阿貝巴迅速成為「反恐戰爭」的合作夥伴，讓它獲取許多鄰國求之不得的高端軍事裝備。

華府在二〇〇二年重新介入非洲之角，啟動「持久自由－非洲之角」（Operation Enduring Freedom - Horn of Africa）行動，翌年，將一支常駐部隊移至吉布地的新基地，專門打擊伊斯蘭武裝分子，特別是在索馬利亞。[9] 在當地的無政府狀態下，伊斯蘭主義者的勢力逐漸增長，部分人士一開始是一九八〇年代加入阿富汗作戰，因此跟蓋達組織有關。然而，起初他們還被遮蓋在部落武裝分子之下。這個局面於二〇〇六年發生變化，當時一個名為伊斯蘭法庭聯盟（Islamic Courts Union）的伊斯蘭主義者聯盟占領摩加迪休，統治勢力擴展到索馬利亞南部多數地區，十多年來首度恢復某種程度的秩序與安全。然而，他們除了伊斯蘭主義之外，還自詡為索馬利亞民族主義者，再度威脅要入侵衣索比亞的索馬利人區域，迫使阿迪斯阿貝巴在美國同意下發動大規模的先發制人攻擊。但華府也警告衣索比亞後續不得進軍摩加迪休。[10]伊斯蘭法庭在此次攻擊下迅速遭到摧毀，衣索比亞建立了占領區行政組織，後來轉由非洲聯盟監管。此舉不僅粉碎了索馬利亞短暫的秩序，導致內戰回歸，還促使伊斯蘭法庭聯盟的年輕支持者組成索馬利青年黨（Al-Shabab）這個更極端的伊斯蘭主義索馬利武裝組織。這正是美國希望阻止的事。

進取：阿聯與非洲之角上的對手

地理接近性和文化關聯，特別是遜尼派伊斯蘭、東方正教會及阿拉伯認同——就阿拉伯聯盟成員索馬利亞和吉布地而言——確保了非洲之角在這些動盪期間能與中東維持著聯繫。然而，直到二十一世紀，鮮有中東政府對這個區域展現超出表面的興趣。以色列則是一個明顯的例外，它在一九六〇年代就跟賽拉西政府合作，協助其對抗厄利垂亞，並在賽拉西遭推翻後，持續跟德爾格政權保持祕密聯繫。這些聯結促成了一場著名的行動，一九八四年饑荒期間，以色列成功撤離一萬名衣索比亞猶太人，並將他們重新安置在以色列。到了二〇〇〇年代，以色列對該區域再度展現濃厚興趣，它增加了海軍涉入以及祕密行動，這次主要是為了對抗伊朗在紅海的活動。[11]伊朗跟蘇丹與厄利垂亞建立關係，這些國家之前也與以色列建立友好關係，伊朗並利用這些國家向加薩的巴勒斯坦盟友走私武器（見第四章）。伊朗船隻會停靠在阿薩布港（Assab）卸貨，然後通過蘇丹經由陸路走私到埃及，再進入加薩。

伊朗在紅海的活動同樣令沙烏地阿拉伯感到不安，特別是二〇一五年伊朗發動對葉門的戰爭之後（見第三章）。這促使利雅德加強了在非洲之角的介入，特別是吉布地跟厄利垂亞。沙烏地阿拉伯此舉也是回應卡達與土耳其日益增加的活動，兩者都是利雅德意欲對抗的對象。卡達跟索馬利亞的聯繫可追溯至伊斯蘭法庭聯盟時期，土耳其則是從二〇一一年後就開始加強經濟與軍事投資，安卡拉也提升跟蘇丹的互動。跟其他地方一樣，單一中東國家一進入某一區域，就會引發某種骨牌效應，吸引其他國家進入，以抗衡對手。

所有新進入非洲之角的中東國家裡，阿拉伯聯合大公國無疑是最引人注目的。如同利比亞、埃及與葉門的情況，阿布達比的介入源於二〇一一年阿拉伯起義後該國國際政策的轉向（見第九章）。這項變化主要源於領導人穆罕默德・賓・扎耶德（ＭＢＺ）的信念與政策取向。二〇二二年他同父異母的兄弟去世後，ＭＢＺ成為阿布達比的統治者暨阿拉伯聯合大公國的總統，但他從二〇〇四年開始，就以王儲之姿施展極大權力。他將關鍵盟友，特別是他同父母的親兄弟，安置在重要的政府職位上，藉此鞏固自己的統治。他也從阿聯其他主要酋長國獲利；二〇〇八／二〇〇九年的金融危機後，杜拜需要阿布達比提供兩百億美元紓困，ＭＢＺ趁機要求在安全與外交政策上更大的掌控權。[12]二〇一一年阿拉伯起義爆發時，ＭＢＺ在國內的強勢地位，讓他得以主導阿拉伯聯合大公國的對外反應。

隨著區域形勢轉變，ＭＢＺ的阿拉伯聯合大公國並未制定總體戰略規畫，而是施行一系列鬆散的優先事項。決策僅限於ＭＢＺ的密友小圈子，因此得以採取迅速且經常是見機行事的轉變。ＭＢＺ有兩個主要的防禦考量。首先是圍堵伊朗。阿布達比長期以來一直擔心，若強大的鄰國德黑蘭主導波斯灣或廣大中東區域，將會面臨入侵或被迫屈從的局面。其次，是對穆斯林兄弟會的恐懼。MBZ自幼便對伊斯蘭主義，特別是穆斯林兄弟會，產生深刻反感。他認為這個相對溫和的意識形態，與蓋達組織或伊斯蘭國的極端聖戰主義之間，幾乎沒有區別。儘管MBZ個人擁有宗教信仰，但他認為宗教應該在政治之外，並擔心穆斯林兄弟會可能會推翻他自己及其他專制政權。事實上，據報導他曾在二〇一一年警告歐巴馬，不要支持推翻穆巴拉克（見第六章）。他警告，若真的發生政變，穆斯林兄弟會將接管埃及，後續將影響多達八個其他阿拉伯國家。[13]

還有其他因素也推動阿拉伯聯合大公國的外交政策。其中之一就是商貿。阿布達比將開放經濟與國際貿易視為自己脫離碳氫燃料、實現經濟多元化的核心。因此它不僅投資自家的貿易與旅行樞紐還投資周邊地區，將自己定位為提升區域貿易的關鍵。[14]另一相關的優先考量的政策是聲望。MBZ致力為阿拉伯聯合大公國打造正面的全球形象，以吸引旅遊、投資及外交影響力。這包含投資甚受歡迎的國外企業，例如曼城足球俱樂部，並在一支專業且技藝高超的外交團隊協助下，全力提升阿拉伯聯合大公國在國際事務中的能見度。[15]最後，MBZ也很關注區域及全球權力的變化。雖然阿拉伯聯合大公國跟美國持續保持緊密關係，但華府二〇一一年後在中東的行動，顯示美國正收縮在中東的勢力，阿布達比的利益將無法再仰賴美國。因此，MBZ逐漸更親近鄰居沙烏地阿拉伯，特別是剛上任的實際統治者MBS，因為兩者在圍堵伊朗、反對穆斯林兄弟會和維護專制君主制上擁有共同利益。他還發展出更開放的外交政策，配合開放的經濟視野，拉攏中國、俄羅斯以及印度在內的非西方大國。

這些優先考量全都吸引阿拉伯聯合大公國進入非洲之角。阿拉伯聯合大公國參與葉門戰爭，部分原因是希望拉近跟利雅德的關係，部分原因則是為了限制伊朗的立足點，因此開始接觸厄利垂亞與索馬利蘭。對穆斯林兄弟會的恐懼，讓阿拉伯聯合大公國對土耳其與卡達產生敵意，並試圖在蘇丹跟索馬利亞包抄這兩個國家。對外交聲望的渴望，也讓阿拉伯聯合大公國嘗試為衣索比亞和厄利垂亞講和，重商的思維則促使其在厄利垂亞、吉布地與索馬利蘭投資港口設施。這一種取向的轉變也跟中國在非洲勢力日益升高有關，它希望自家在非洲之角的設施，能跟北京的「一帶一路」倡議發展相輔相成。然而，儘管阿拉伯聯合大公國動作不斷，仍舊只是多方勢力中的一環。如同競爭對手，阿拉伯聯合大公國終將發現，自己對非洲之角複雜政治的影響力與籌碼是有限的。

歧路：索馬利亞與索馬利蘭

索馬利亞與它所脫離的索馬利蘭，在二〇一〇年代中期意外成了中東競逐的舞台，特別是在卡達、土耳其跟阿拉伯聯合大公國之間，此外還有已在此競逐影響力的多方國際與區域強權。二〇〇六年末，衣索比亞占領摩加迪休，表面上是為了支持在多次國際和平會議之一裡成立的索馬利亞過渡政府，這個政府僅控制有限的領土。[16] 隨著伊斯蘭法庭聯盟敗退，阿迪斯阿貝巴在首都扶持過渡政府，建立一套聯邦體制，賦予各地相當大的自治權，這些地區由氏族領袖主導，他並引進一套間接投票制度，舉行一系列成功的總統選舉。然而，安全局勢仍舊不穩，新政府不管是在重建國家運作，或是將國家權威擴展到全國，都面臨重重困難。此外，選舉制度極為腐敗，讓外國政府得以對青睞的候選人提供巨額賄賂，協助買票。[17]

儘管國家的影響力有限，外國政府仍在索馬利亞尋求多方利益，希望摩加迪休政權能跟自己合作。法律秩序的崩潰，加上經濟弱勢，導致海盜活動明顯上升。由於索馬利亞位於主要國際航運路線附近的戰略位置，經常有許多相當誘人的目標；當油輪頻繁遭到劫持時，在國際社會響起了警鐘。與蓋達組織有關的索馬利青年黨持續活動，也引發了外界關注。索馬利青年黨在不同時期控制了索馬利亞中部與南部大片區域，進一步引發西方，特別是美國的介入，擔憂整個索馬利亞可能會淪為聖戰士的前哨站。二〇〇六年後，美國提升在區域內的部署，包括一支五百人的部隊，並在二〇一七年接管一處前蘇聯基地。英國派出一小支特種部隊，歐盟則派遣一支代表團，來訓練索馬利亞的軍隊。在海上，美國建立了一支三十三國聯合海上部隊（Combined Maritime Forces），對抗恐怖主義與海盜活動；歐盟則於二〇〇八年啟動打擊索馬利亞海盜的「亞特蘭大行動」（Operation Atalanta）。[18]但在遏制威脅的同時，外部勢力也看見機遇。幾個國家渴望獲得軍事基地及／或商港使用權。援助仍舊源源不絕流入，加上日漸增加的索馬利亞僑民匯款（多年人口外移的成果），在電信等領域出現更多經濟開放的機會。破壞環境的碳貿易及仍舊蓬勃的走私活動也吸引不少外部勢力。參與索馬利亞事務也是提升國際聲望的機會，包含投資基礎設施、人才培訓及提供大量人道援助，特別是在二〇一一年超過二十五萬人喪生的大饑荒之後。

所有外部勢力中，衣索比亞身為扶持索馬利亞當權政府上台的非正式保證人，無疑是其中最具影響力的一股勢力。它在索馬利亞西南省分駐有數千軍隊，官方來說，這些軍隊是非洲聯盟支持政府的部隊之一。阿迪斯阿貝巴當局也隨時派出更多部隊，二〇二二年便遣出兩千名士兵，將索馬利青年黨的勢力驅離邊界。[19]它也在索馬利亞政局裡建構維持代理人與盟友網絡，希望避免敵對勢力重新掌握摩加迪休政權。然而，儘管有這些資源的投入，當時它的影響力仍舊有限，這從二〇一七年反衣索比亞的索馬利亞民粹民族主義者當選總統，可見一斑。這件事進一步顯示了其他外部支持者在索馬利亞政治中扮演的角色。穆罕默德．阿卜杜拉希．穆罕默德（Mohamed Abdullahi Mohamed），也稱為法馬喬（Farmaajo），意外擊敗了現任總統哈桑．謝赫．穆哈莫德（Hassan Sheikh Mohamud）；這場選舉高度受到外國資金的影響。二〇一二年哈桑．謝赫當選時，情況也一樣。由於總統是由國會議員選出，議員則由部落領袖遴選而非普選，於是有許多議員以高價出賣自己的選票。二〇一二年，哈桑．謝赫從卡達獲得大量資金，卡達與支持哈桑．謝赫的溫和派索馬利亞伊斯蘭主義者過從甚密，因此多哈提供大量資金幫忙影響選舉。[20]

到了二〇一七年，更多資金來自海外，據傳國會議員每票索價五萬至十萬美元，索馬利亞人平均日收入僅為兩美元。[21]執政五年之後，哈桑．謝赫原本被認為能輕鬆連任。他跟在索馬利亞擴大影響力的土耳其建立了密切聯繫，安卡拉送來大量饑荒援助，成為索馬利亞第五大進口來源國。土耳其通過援助計畫，建設新醫院、學校和道路，並為土耳其公司贏得摩加迪休港口與機場改善升級的合約。二〇一七年稍晚，安卡拉還成立一處新的軍事訓練設施，協助強化索馬利亞的精銳部隊。但土耳其在這次選舉裡保持中立。相比之下，身為索馬利亞最大貿易夥伴及土耳其競爭對手的阿拉伯聯合大公國卻看見機會。阿拉伯聯合大公國同樣在索馬利亞進行投資，送來大量人道援助及反恐的協助，包含替索馬利亞軍隊提供訓練基地，阿布達比利用這些聯繫及巨額財富支持哈桑・謝赫的對手，希望推翻他們眼中的卡達與土耳其的人馬。

然而，土耳其雖保持中立，卡達的優先順序卻已改變。多哈覺得哈桑・謝赫將他們的索馬利亞伊斯蘭主義盟友撇在一邊，改而悄悄支持起法馬喬。[22]雖然哈桑・謝赫仍擁有最多資金，並擁有來自衣索比亞、美國和英國的重要支持，但他卻不受人民歡迎；反觀法馬喬，他的反衣索比亞競選演說卻贏得大眾認可。哈桑・謝赫誤用競選資金的同時，法馬喬則謹慎使用他的卡達資金，最終獲得大權。衣索比亞人隨即接納了這位新領導人，特別是在阿迪斯阿貝巴也更換了領導人之後；土耳其也跟新政府保持良好關係；但新政府跟阿拉伯聯合大公國的關係卻破裂了。法馬喬在二〇一七年的卡達封鎖期間保持中立，此舉激怒了阿布達比，這是波斯灣國家之間的競爭蔓延到非洲之角的明顯跡象。阿拉伯聯合大公國從索馬利亞軍事基地撤出，終止所有安全合作，更激怒摩加迪休的是，阿拉伯聯合大公國轉而與索馬利蘭洽談部署阿聯軍隊事宜。阿聯外交官後來承認，這可能是種過度反應，反而將原本的優勢拱手讓給卡達。[23]

相比之下，二〇二二年的選舉則看出，中東勢力之間採取了較不零和競爭的方式，二〇二一年初卡達封鎖解決，加上阿聯與土耳其關係相對融冰，都有幫助。這次選舉仍舊高度貪腐，國會議員的選票已上升到十萬至三十萬美元的價碼，大部分資金都來自波斯灣地區。[24]儘管卡達繼續資助法馬喬，但方式卻更加謹慎。過往幾年，法馬喬試圖擴大自己的權威，在摩加迪休跟其他地區與反對派發生激烈衝突，引發外界對重返內戰的擔憂。這次選舉同樣受到外部勢力影響。法馬喬政權末期，川普撤回駐索馬利亞軍中的四百五十名美軍，這些部隊原本有可能制止法馬喬的軍事野心。[25]這次衝突後法馬喬雖有所退讓，多哈與其他支持者卻逐漸與總統保持距離。法馬喬另一個主要外國支持者是衣索比亞的新總理，也因自家在二〇二〇年底爆發的提格雷內戰而分心。同時間，令人意外的是，阿拉伯聯合大公國決定支持哈桑．謝赫重返政權，儘管先前他跟卡達過從甚密。法馬喬的支持有限，哈桑．謝赫卻擁有阿聯資金，以及他國內外「不樹敵」的口號，對比競爭對手近期的暴力行徑，使得局勢對他有利，最終贏得競選重返總統大位。幾天後，美國新總統拜登則重新派駐四百五十名撤回的部隊。[26]儘管人們擔心衝突重燃，但相對和平的政權交替，暗示著當卡達與阿聯這類的外部勢力不把索馬利亞當成戰場時，也可以發揮調解作用。

外國勢力對索馬利政治的影響，不只在摩加迪休，也出現在脫離的索馬利蘭。索馬利蘭宣告從索馬利亞獨立之後，發展出一個成功穩定的民主政府，在非洲之角區域內獨樹一格。這個制度正式明文於二〇〇一年的憲法，是奠基在部落關係跟合作談判之上，從內部發展出來，而不是像摩加迪休是在二〇〇六年從外部強加。索馬利蘭雖仍未獲得國際承認，部分原因是非洲聯盟不會在摩加迪休未同意之下接受這個分離的共和國，而摩加迪休則持堅決反對的態度。[27]即便如此，哈爾格薩仍發展出重要的外交關係，這部分是歸功於索馬利蘭的戰略位置，部分則是因為其龐大僑民，以及推動獨立及維持民主結構深具影響力的商業社群。一九九一年以來，對摩加迪休的敵意讓索馬利蘭跟衣索比亞保持密切聯繫，後者則喜見索馬利亞巴爾幹化的分離狀態。

二〇一六年，阿迪斯阿貝巴游說阿拉伯聯合大公國開發索馬利蘭的柏培拉港

（Berbera），此事備受爭議。這項協議給予總部位於杜拜的杜拜環球港務公司（DP World）為期三十年的港口特許經營權，並擁有五一％的股份，另外三〇％的股份分給索馬利蘭，一九％則歸衣索比亞。儘管摩加迪休正式表達憤怒，卻仍對此項協議給予橡皮圖章式的批准，據報導是因為收到自阿布達比的資金，並有來自阿迪斯阿貝巴的壓力。[28]此項交易給了索馬利蘭強大的外部保護者，因此進一步促成非正式脫離。此外，阿拉伯聯合大公國跟英國資助的四億美元興建案，建設從柏培拉港到衣索比亞邊境的公路，讓阿迪斯阿貝巴獲得另一處港口，也進一步強化索馬利蘭不依賴摩加迪休的生存能力。如前所述，阿拉伯聯合大公國利用這些商業繫帶，來強化自己的軍事聯結。杜拜環球港務公司的協議中包含了一個選項，可以在柏培拉港中興建一處阿聯陸海軍基地；二〇一七年阿布達比跟摩加迪休關係惡化時，也提升了跟索馬利蘭的軍事合作，協助訓練索國海岸警衛隊、警察與安全部隊。[29]

然而，對外聯繫增加，反而對索馬利蘭的民主產生影響。二〇二二年，預定舉行的總統選舉因過程爭議而遭延遲，政府與反對派發生衝突，造成五人喪生。外來貿易湧入，特別是柏培拉港的發展，加上外國政府拉攏索馬利蘭的興趣大增——特別是宣布反中立場且與台灣建立關係之後——更拉升了選舉風險。隨著利益與風險的增加，派系立場變得更加強硬，合作模式逐漸削弱，特別是對一九八〇年代暴力幾乎毫無記憶的新一代崛起之下。[30]儘管索馬利蘭仍是非洲之角的民主異數，隨著它對外部勢力的重要性增加，也難以完全避免摩加迪休所遭遇的有害外部干預。

兩極：衣索比亞與厄利垂亞

二〇一〇年代以來，中東對衣索比亞與厄利垂亞的影響也日漸升高，雖然影響力不如鄰國索馬利亞那麼明顯。二〇一八年阿拉伯聯合大公國成功調解兩國之間的長期衝突，是最具影響力的介入之一。然而，這很大程度上是衣索比亞內部的變革所推動。一九九一年以來，在提格雷人民解放陣線游擊隊領袖梅萊斯．澤納維（Miles Zenawi）所設計的後德爾格聯邦體制下，衣索比亞享有一定程度的政治穩定，儘管是威權統治。在澤納維二〇一二年去世後，權力雖平穩過渡給繼任者，隱藏的緊張局勢仍在二〇一六年浮現。經過數年群眾抗議，特別是針對政府的人權侵害之後，澤納維的繼任者辭職，由當年四十二歲的阿比．阿邁德（Abiy Ahmed）接任。阿比上任後承諾進行國內改革，當即釋放數千名政治犯，並承諾與厄利垂亞談和，為阿拉伯聯合大公國的調停鋪路。阿比的上台方式在一定程度上也促成了這個變化。澤納維建立的政黨聯盟主導了一九九一年後的衣索比亞政局，卻在選擇阿比時出現裂痕。澤納維的提格雷人民解放陣線拒絕支持這名新總理，阿比遂於二〇一九年解散這個延續了二十八年的聯盟，組建新的「繁榮黨」（Prosperity Party），將提格雷人民解放陣線排除在外。此舉也有助於跟厄利垂亞的和平；厄利垂亞的執政黨曾與提格雷人民解放陣線同為一九八〇年代對抗德爾格的盟友，後來卻因交惡而分道揚鑣。[31]

阿迪斯阿貝巴的變化正符合阿拉伯聯合大公國的需要，後者近年來開始跟歷史上相對孤立的厄利垂亞政府建立更緊密的聯繫。為了促進合作，阿布達比在二〇一八年六月對衣索比亞經濟注入三十億美元，雙方隨後達成一項協議。[32]一九九八年引發戰爭的爭端獲得解決，前線去軍事化，兩國關係重建。阿比對厄利垂亞及波斯灣調解者的友好態度，表明他對外事務持更加開放的態度。他放棄過往領袖對索馬利亞的敵意，跟當時的索馬利亞總統法馬喬建立更密切的關係。更重要的是，他結束了衣索比亞長期以來對阿拉伯中東國家的疑慮，這種疑慮可以追溯到冷戰期間，當時一些阿拉伯國家支持厄利垂亞分裂勢力中的穆斯林團體。

此舉向阿拉伯聯合大公國及沙烏地阿拉伯更多的投資敞開了大門。然而，衣索比亞作為非洲大國，並非中東競爭可以輕易搖撼，因此它也加強了跟阿布達比與利雅德競爭對手土耳其、卡達與伊朗的聯繫。根據報導，二〇二〇年衣索比亞內戰再度爆發時，伊朗向阿迪斯阿貝巴提供了武器。[33]儘管國際友誼蓬勃發展，美國仍然是其中的重要安全夥伴，雖然自「反恐戰爭」以來的有限軍事存在也在二〇一八年結束。阿比日益增長的影響力，讓他獲得了二〇一九年的諾貝爾和平獎，表彰他跟厄利垂亞的和解。

然而，對阿比的讚譽很快在二〇二〇年爆發的提格雷戰爭中蒙上陰影。被排除在權力之外的提格雷人民解放陣線在北部提格雷地區，再度為提格雷族的權利而戰，抗議阿比重新中央集權的作法。提格雷人民解放陣線與衣索比亞聯邦軍的軍事活動都有所增加，緊張局勢升高。二〇二〇年十一月爆發衝突，提格雷人民解放陣線對駐紮在提格雷的聯邦軍隊發動叛亂，促使阿迪斯阿貝巴當局發動大規模反攻。隨後爆發一場重大衝突，兩年內造成高達六十萬人喪生。雙方均犯下戰爭罪，包括平民大屠殺及大規模性侵事件。[34]此時阿比的新盟友厄利垂亞也加入戰局，從北方攻擊提格雷。提格雷聯邦首府梅克勒（Mekelle）雖多次易手，阿比最終還是贏得勝利；面對圍困造成提格雷地區普遍饑荒的提格雷人民解放陣線，最終求和。二〇二二年十一月，雙方在非洲聯盟調解下達成停火協議，提格雷人民解放陣線同意解除武裝，提格雷重新回到聯邦控制之下。然而，戰爭卻凸顯出未來的問題，因為衣索比亞其他地區也對阿迪斯阿貝巴的中央集權表達抗議。對西方盟友來說，這場戰爭更是苦澀難吞，因為他們才剛將阿比捧為和平使者。阿拉伯聯合大公國跟其他中東國家則沒有那麼不滿。然而，阿布達比在這場戰爭中的影響力非常有限，它發現慷慨資助未能換來足夠的影響力，這一點也在衣索比亞爭議性的「衣索比亞復興大壩」（Grand Ethiopia Renaissance Dam）毫無妥協餘地的情況下得到印證。此壩威脅到流入蘇丹跟埃及的尼羅河水量（兩者均是阿拉伯聯合大公國的盟友），而阿布達比在其中的調解幾乎沒有任何影響（見第六章）。儘管如此，衣索比亞與埃及、沙烏地阿拉伯及阿拉伯聯合大公國在二〇二三年受邀加入金磚國家集團，可能會替四國未來的妥協提供更多機會（及動機）。

中東國家對厄利垂亞的影響更加明顯，幫助該國擺脫長達數十年的國際孤立，即使這最終對長期受到壓迫的厄利垂亞人生活影響不大。獨立後，勝利的分裂勢力厄利垂亞人民解放陣線（Eritrean People’s Liberation Front，簡稱 EPLF）形成了民族主義政權，有些人稱其為極權政權。專制總統伊薩亞斯·阿費沃爾基（Isaias Afwerki）是厄利垂亞人民解放陣線的前領袖，自一九九一年以來持續掌握權力，未曾遭受挑戰。伊薩亞斯政權試圖重現厄利垂亞人民解放陣線軍事對抗衣索比亞時的軍事紀律主義，因此強迫從學生開始至四十歲以下女性、五十歲以下男性所有公民都必須服役。有些人在軍中服役，但許多人最終被分配到勞動營，參與公共基礎設施建設，或是替黨內領袖擁有的公司工作。因為想要逃離這種現代奴役制度，使得厄利垂亞成為全球人均難民產量最高的國家之一。[35]

在國際上，伊薩亞斯的本能是孤立主義。在他爭取獨立的鬥爭過程中，除了蘇丹提供的一些物資外，他幾乎未曾得到任何支持；衣索比亞則獲得冷戰時的兩大強國支持。一九九八至二〇〇〇年的戰爭之後，衣索比亞利用它的國際影響力，尤其是讓非洲聯盟常駐在阿迪斯阿貝巴，進一步孤立厄利垂亞。聯合國安理會被說服，因為厄利垂亞的人權侵害人問題而通過對其實施武器禁運及其他制裁，儘管類似罪行發生在其他地方並未受到懲罰；厄利垂亞也缺乏外部支持者來阻止此事。阿斯馬拉藉機支持敵人的敵人，例如索馬利亞的伊斯蘭主義者，這對它自己也沒有幫助，反而引起華府的不滿。同樣，二〇〇八年，厄利垂亞允許伊朗使用阿薩布港，更進一步激怒美國、沙烏地阿拉伯跟以色列。

阿拉伯聯合大公國與沙烏地阿拉伯的葉門戰爭，為厄利垂亞提供了一條部分擺脫外交困境的出路。阿布達比跟利雅德除了想將伊朗趕出阿薩布港，還在尋找對抗葉門青年運動的軍事基地。杜拜港務公司最近才遭鄰國吉布地驅逐，促使阿拉伯聯合大公國也在尋找其他紅海港口。利雅德跟阿布達比接觸伊薩亞斯，提供他亟需的經濟支持及重新融入國際社會的機會，以換取將伊朗逐出阿薩布並將此地提供給他們使用。[36]厄利垂亞接受此項提議，並加入了對抗葉門青年運動的國際聯盟。阿布達比迅速採取行動，利用此處設施對葉門發動攻擊，並將蘇丹傭兵送往前線。阿拉伯聯合大公國隨後兌現承諾，於二〇一八年促成厄利垂亞跟衣索比亞的和平協議，打破其孤立狀態，並成功遊說解除多項聯合國制裁，只有武器禁運例外。[37]伊薩亞斯擁抱和解精神，與索馬利亞恢復關係，跟阿比與法馬喬形成三方協議，並同意跟吉布地解決長期存在的邊界爭議。然而他急切加入提格雷戰爭以及厄利垂亞被控涉入的戰爭罪行，招致與阿比相似的國際反感。此外，儘管國內民眾期望與衣索比亞談和可以改善國內局勢，卻並未看到任何改進的跡象。雖然波斯灣國家在追求自身戰略及商業利益的同時，幫非洲之角解決了長期衝突，卻似乎又給提格雷地區的新衝突起了個頭，且普通百姓的生活也未見顯著改善。

籠絡：吉布地與蘇丹

在非洲之角的歷史上，吉布地可說是個例外，基本上它避開了困擾鄰國的暴力與不穩。這很大程度上是得益於外部保護。吉布地直到一九七七年才脫離法國控制，獨立後仍繼續駐有一支規模不小的法國軍隊。衣索比亞也是吉布地的堅定保衛者；這個世界上人口最稠密的內陸國，高度依賴吉布地的港口進行國際貿易，特別是在跟厄利垂亞長期交惡的年代依賴尤深。事實上，吉布地港的壅堵及尋求海上新出路的需求，讓阿迪斯阿貝巴選擇跟阿斯馬拉和解，並支持索馬利蘭發展柏培拉港。[38]二〇〇一年起，吉布地還接納了更多國際軍事基地，提供另一層外部保護。相比非洲之角其他國家，吉布地規模較小，人口不足一百萬。大多數人住在吉布地市，獨立時這裡稱為「法國索馬利蘭」。儘管宗教上團結於遜尼派伊斯蘭之下，吉布地人卻有不同族裔，大約六〇%的人口為索馬利人，二五%為阿法爾人（Afar）兩大群體，加上少數阿拉伯、衣索比亞或歐洲裔的群體。獨立以來，政治上一直由索馬利人主導，其中多數屬於依薩氏族（Issa clan），這個氏族產出吉布地僅有的兩位總統。現任領導人伊斯瑪儀・歐馬爾・戈雷（Ismaïl Omar Guelleh）自一九九九年以來就掌握權力，他是由叔叔及前任領導人親自挑選的接班人。經過五次連任，他的統治被自由之家智庫評為「不自由」，他運用專制手段維持政權，反對派受到嚴厲限制，人權侵害時有所聞，媒體新聞自由也受到嚴重限制。[39]

然而，吉布地作為非洲之角穩定的孤島，優越的地理位置為領導層帶來重要的外部支持和資金。法國基地歷史最久、規模最大，駐有一千四百五十名士兵，並配有幻象戰鬥機，有時還有核潛艇停靠。法國支持歐盟「亞特蘭大行動」反海盜部隊時，吉布地還接待過西班牙跟德國的軍事及後勤人員。二〇〇一年，吉布地同意租借給美國一處新基地——列蒙尼耶營（Camp Lemonnier），美國積極想在非洲之角建立駐軍，以支持它的「反恐戰爭」。列蒙尼耶營在二〇一三年大幅擴建，目前駐有一千名士兵，也是美國在非洲唯一的永久軍事基地。這個基地是華府在中東區域無人機與監控基地網絡的核心，特別著重打擊索馬利青年黨跟葉門的蓋達組織阿拉伯半島分支（見第三章）。值得注意的是，吉布地視自己為地主而非美國盟友，因此也跟其他國家達成類似協議。二〇一一年，它同意接納日本基地，兩年後接納義大利基地。據傳俄羅斯跟印度也在探索建立基地的可能性，但兩國至今仍未獲批准。相較之下，中國則於二〇一七年獲准在吉布地開設基地。二〇〇八年以來，北京就開始運用吉布地港作為反海盜行動的一環，也是中國在非洲的商業擴展樞紐。美國對其競爭對手如此接近列蒙尼耶營感到憂慮，但吉布地堅稱兩者可以並存。北京在此興建第一個海外海軍基地，是中國區域擴張的一部分，吉布地在一帶一路倡議中扮演關鍵角色。中國協助吉布地的關鍵基礎設施建設，例如衣索比亞—吉布地鐵路、衣索比亞—吉布地水道及吉布地港的提升計畫。[40]

由於有強大的外部勢力存在，中東國家在吉布地爭奪影響力方面就面臨挑戰，這也解釋了它們為何願意在非洲之角尋求其他機會。阿拉伯聯合大公國跟沙烏地阿拉伯投入最為積極。阿拉伯聯合大公國的杜拜港務公司從二〇〇六年起就負責運營吉布地港，但二〇一五年吉布地宣稱這家港務公司故意不充分利用碼頭，所以撤回協議。這項紛爭導致兩國的關係裂痕，戈雷下令駐紮境內的少量阿拉伯聯合大公國（及沙烏地）軍隊離境。沙烏地阿拉伯最終在二〇一六年與吉布地達成協議，計劃成立一個新的沙烏地基地，但該基地迄今仍未開始建設。[41]諷刺的是，吉布地與阿布達比的爭執，可能對戈雷造成意想不到的負面影響。這起事件加速阿拉伯聯合大公國與厄利垂亞及索馬利蘭建立更緊密的關係，因為它在尋找新基地及港口。阿薩布、柏培拉或其他港口發展成功的話，將會挑戰吉布地壟斷衣索比亞貿易的地位，也降低阿迪斯阿貝巴保護小鄰國的動機。至於吉布地接納外國基地的「房東」模式是否可以延續，目前仍不清楚。若華府與北京日漸升高的競爭關係變得緊張，這個模式必定難以維持。更複雜的是，吉布地對中國的經濟依賴愈來愈深。新的基礎建設計畫讓吉布地的公共債務在二〇一六年到二〇一八年間幾乎翻了一倍，使得該國對北京的債務沉重——這種情形在其他國家（如斯里蘭卡）已被證明是相當危險的處境。[42]對外部勢力來說，吉布地的價值在於它的穩定，戈雷跟未來領導者必須警惕，確保外部勢力干擾不會威脅到這一點。

蘇丹的歷史則跟鄰國不同，因為它的兩個殖民統治者分別是中東國家埃及與歐洲的英國。十九世紀初，埃及的統治者穆罕默德・阿里（見第六章）征服了蘇丹大部分地區，即使埃及於一八八二年被納入英帝國，他的繼任者仍然統治這些區域。蘇丹叛亂遭到英軍猛烈鎮壓，導致這個區域轉由開羅與倫敦共同管理，實際上後者才是主導。一九五二年埃及革命後，埃及放棄對蘇丹的主權，並推動蘇丹獨立，藉此將英國逐出埃及的南緣。一九五六年蘇丹獨立，但埃及對這個南部的鄰國仍保持相當大的關注，主要是因為蘇丹就位於至關重要的尼羅河上游。

一如這個地區似乎形成的某種模式，蘇丹獨立後經歷數位專制領袖荼毒，其中最具影響力的，是一九八九至二〇一九年期間統治蘇丹的歐馬爾・巴席爾（Omar al-Bashir）。就像厄利垂亞政府，蘇丹政權在這段時期的多數時間裡都面臨國際譴責與孤立。國內方面，巴席爾發動兩場血腥戰爭：一場對抗基督徒為主的南部地區，此區最終於二〇一一年脫離穆斯林為主的北部；另一場則是從二〇〇三年開始，對抗西部的達佛人（Darfuri），造成大規模屠殺與饑荒，而被指控種族滅絕。對外方面，一九九〇年代初期，巴席爾與蓋達組織結盟，為其提供庇護，並在二〇〇〇年代與伊朗及哈馬斯結盟，讓德黑蘭建立對加薩的補給線。也因此，喀土木遭到一系列經濟與軍事制裁。然而，這個局面在二〇一〇年代開始轉變，部分原因是巴席爾政策的一些緩和，包括南部戰爭和平結束、達佛地區的衝突情勢緩和以及切斷跟蓋達組織的所有聯繫。一如厄利垂亞的情況，阿拉伯聯合大公國與沙烏地阿拉伯也利用財政激勵及重新融入國際的提議，來說服蘇丹遠離伊朗。蘇丹切斷了與德黑蘭的聯繫，加入由沙烏地領導的葉門聯軍，是戰爭初期人數最多的外國軍隊之一。[43] 然而，想要籠絡蘇丹的不只是阿聯跟沙烏地，土耳其在二〇一七年同意發展前鄂圖曼紅海城市薩瓦金（Suakin）遺址成為觀光勝地，同時聲稱可能在此建立軍事設施。當時，埃及、阿聯與土耳其的關係緊張，傳言中開羅打算派兵到阿薩布港的阿聯基地，對抗土耳其的擴張主義，因為開羅一直認定蘇丹是自己的勢力範圍。安卡拉在二〇一八年緩和局勢，堅稱自己在薩瓦金沒有軍事計畫，儘管仍舊有這種可能性。[44]

巴席爾在二〇一九年遭到推翻後，外部影響讓蘇丹的政治局勢變得更加複雜。有如八年前埃及與突尼西亞的場景重演，民眾抗議導致巴席爾的安全部隊首腦發動政變，推翻總統。新領導層由阿卜杜勒．法塔赫．布爾漢將軍（Abdel Fattah al-Burhan）領導的軍方，以及快速支援部隊（Rapid Support Forces，簡稱 RSF）所主導。後者是巴席爾在達佛戰爭時成立的準軍事組織，後來成為巴席爾的近衛軍。[45]布爾漢跟快速支援部隊的領導人穆罕默德．「赫梅蒂」．哈姆丹．達加洛（Mohamed 'Hemedti' Hamdan Dagalo）將軍曾在葉門共同作戰，跟沙烏地阿拉伯及阿拉伯聯合大公國都建立密切聯繫。在美國的某些壓力下，利雅德與阿布達比利用這種影響力，說服將軍們在巴席爾下台後，接受某種程度的人民統治。阿布達比特別希望將土耳其、卡達及其盟友穆斯林兄弟會排除在後巴席爾時代的蘇丹之外，這個目標基本上是達成了。然而，歷經兩年的軍民聯合統治，過程中時常發生抗議活動，軍方終於在二〇二一年再度發動政變。許多人，特別是對現狀感到沮喪的蘇丹民間反對派，認定是阿聯與沙烏地支持讓軍方更加有恃無恐。然而，出乎軍方意外的是，兩國對於此次奪權並不熱切，他們認為先前的安排已給予他們足夠影響力，並不需要政變帶來的不穩。[46]相對的是，此刻的埃及獨裁者賽西將軍，則對布爾漢表示支持，將後者視為有潛力的門徒。

外部勢力進一步影響了隨後的混亂局面。抗議者很快重返街頭，美國跟歐盟凍結了蘇丹的發展計畫，非洲聯盟則暫停蘇丹的會員資格。經歷一年多的混亂治理後，軍政府在二〇二二年底同意一項妥協方案，這個方案高度受到美國、沙烏地阿拉伯及阿拉伯聯合大公國等外部壓力的影響。然而，軍方跟快速支援部隊之間的緊張關係逐漸升高。軍隊指揮部由蘇丹精英主導，視赫梅蒂與快速支援部隊為貧困部落出身的暴發戶。赫梅蒂毫不掩飾它最終將統治蘇丹的渴望，也令軍政府名義上的首腦布爾漢憂慮。雙方對二〇二一年的政變也存在分歧，赫梅蒂主張加強與民間合作以壓制反對這個主張的布爾漢。二〇二三年四月，兩派之間爆發戰鬥，並迅速升級成重大衝突。

戰鬥在首都喀土木及快速支援部隊的根據地達佛激烈展開，引發了恐慌。超過一百萬人流離失所，而喀土木大片區域遭到摧毀。外部勢力雖未驅動這場競爭，卻也促成事態演進。阿拉伯聯合大公國跟快速支援部隊關係密切，此外還有俄羅斯。俄羅斯的瓦格納集團在蘇丹有個小規模行動，據傳提供武器給這些準軍事組織。[47] 同時間，沙烏地阿拉伯跟軍方較為親近，埃及也是如此。埃及似乎最渴望看到布爾漢擊敗對手，將此視為重新確立埃及影響力的方式；因為埃及在此的影響力近期遭到波斯灣盟友邊緣化。儘管外部勢力努力斡旋停火，尤其是美國跟沙烏地阿拉伯在吉達進行調停，但進展甚微，蘇丹似乎正逐步滑向內戰。儘管沙烏地阿拉伯、阿拉伯聯合大公國、埃及和美國名義上都是盟友，但這些關鍵外部勢力卻缺乏共識；而由非洲聯盟主導的另一段和平進程同樣未見成效。由於族群衝突的歷史，蘇丹有可能成為該區域內最新的失敗國家，也將成為中東競爭的另一處新舞台，此不穩定局面也可能會蔓延到易燃的鄰國，如查德、南蘇丹與利比亞。[48]

外力：干擾者還是穩定者？

評估過去十多年中東勢力進入非洲之角的情況時，重要的是得記住，這些新的外部勢力到來前，區域內就已擁有長久的暴力歷史。歐洲帝國主義跟冷戰競爭都曾發揮其作用，但許多問題是根源於區域的動態環境，特別是區域超級大國衣索比亞周圍環繞著弱小鄰國，這些都是它試圖影響的對象。中東國家在二〇〇〇年代開始介入之前，非洲之角四國中，有兩國處於冷戰狀態，第三國基本上已經解體。中東的介入是否令局勢惡化？卡達、阿拉伯聯合大公國與土耳其在索馬利亞政治中的競爭對立，並未帶來好處，反而進一步腐蝕了選舉程序，加深緊張局勢。同樣地，阿拉伯聯合大公國拉攏索馬利蘭，使得哈爾格薩與摩加迪休愈發疏遠，並間接對其民主制度造成挑戰。然而，這些緊張局勢大多早已存在，不能將責任完全歸咎於外部勢力。此外，非洲之角近期最動搖穩定性的發展，主要還是源自內部。衣索比亞二〇〇六年入侵索馬利亞、二〇二〇年爆發提格雷戰爭、索馬利青年黨的成長，以及法馬喬在摩加迪休奪權失敗。這些事件雖然有中東國家在內的外國勢力於其中發揮影響力，但都是源自於非洲之角本地及區域政治。

另一方面，部分中東介入還是有積極影響。援助與基礎設施建設的成長，無論是土耳其與阿拉伯聯合大公國在索馬利亞的作為，或是厄利垂亞和索馬利蘭的新港口設施建設，全都有穩定經濟，甚至還有穩定政治的潛力。或許近期中東國家最大的成就，是阿拉伯聯合大公國在二〇一八年促成了厄利垂亞和衣索比亞的和平協議，它利用自家的深口袋來扶持這樁交易。然而再一次，當地因素更為重要：阿比推動解決衝突的意願以及伊薩亞斯終結孤立的渴望。阿布達比雖然促成會談，但非發起人，換成其他調解者也可能達成類似成果。因此，綜合來看，中東國家雖然提升了在該區域內的存在，但影響力有限。這一點或許並不令人驚訝；他們進入的是一個早已習慣外部影響的地區，當地政府很擅長從外國贊助者榨取更多利益，而僅報以有限讓步。事實上，儘管中東國家表現出極大熱情，但他們得跟全球主要勢力，如美國、歐盟和中國，競爭及／或合作。即便相同的外部勢力也出現在中東，但就阿拉伯聯合大公國、沙烏地阿拉伯、伊朗和土耳其這樣的區域大國，在本地擁有的合法性與既有網絡，而這些在非洲之角並不存在。因此，這些國家的影響力往往會受限，也就不足為奇。非洲之角雖然成為中東競爭的新舞台，除非發生戲劇性改變，否則這區域不太可能像中東某些地區那樣被中東地區勢力所主導。

結語

阿勒坡是敘利亞的第二大城，也是本書開篇之處；摩加迪休則是非洲之角的索馬利亞首都，本書結尾之地；兩處相距兩千五百英哩。即便如此，它們仍有相似處。兩者都是古老的貿易城市，豐富的歷史遺產至今仍可從布滿彈孔的中世紀建築窺見。兩地近期都經歷惡劣內戰，重創一度繁榮聚落的多數區域。同時，近年來兩者的命運都深受外部勢力影響，牽涉的外國政府不全然相同。俄羅斯、伊朗及以色列是敘利亞的主要涉入者，對索馬利亞沒什麼興趣，卻將關注放在非洲之角其他地方。阿拉伯聯合大公國雖與敘利亞在後衝突時期有些接觸，但內戰期間並非主要勢力，反而在索馬利亞非常活躍。然而，參與這兩場衝突的其他主要外國勢力卻是一樣的：卡達、土耳其、沙烏地阿拉伯、美國，以及某種程度的中國與歐盟。阿勒坡與摩加迪休遠非特例。介於兩者之間的土地上，同樣能看到這些外國政府介入中東各地的衝突，無論是利比亞和葉門的內戰，或者伊拉克、黎巴嫩、巴勒斯坦、庫德斯坦、埃及或波斯灣地區的政治紛爭。中東區域內的不安形勢，似乎令內部分歧容易受到外部勢力所利用。這種情況一旦發生，競爭對手便會蜂擁而入，爭取主導地位。

複雜的競爭

本書試圖透過檢視中東地區發生國際與區域競爭的原因及過程，讓讀者認識中東的地緣政治。過程中，作者提出數個論點。首先也是最簡單的論點，就是強調「中東」這個區域內國際關係的複雜性。書中討論的十個案例都點出，衝突與不穩定的各種簡化解釋，如宗教、石油或帝國主義，對於衝突和不穩定的原因都是不恰當且毫無幫助的。這些因素反而應該納入一組更廣泛、更細緻、更多元面向的成因與解釋架構來思考。

第二個論點，是強調內部與外部參與者在衝突推動過程中的互動，而非只優先考慮某一單方面因素。這一點在歷史上及當代都適用。例如，歐洲帝國主義給數個中東國家留下了不穩定的政治秩序。法國在黎巴嫩賦予馬隆派基督徒權力，並在敘利亞施行分治的策略，為後續的破壞性認同政治奠定基礎。英國在伊拉克確立遜尼派穆斯林的優越地位，猶太人在巴勒斯坦的優先地位，也是如此。在其他地方，歐洲人透過在波斯灣建立新的小國，在非洲之角圍著衣索比亞建立一連串不穩定國家，並在第一次世界大戰之後否決庫德斯坦獨立建國，因而形塑改變了這個區域的樣貌。然而，這些從外部施加的政策，會跟接受新結構的內部參與者產生互動，因為新結構為他們帶來利益。獨立到來時，執政精英大多維持殖民時期建立的制度，更時常利用這些分裂作為控制手段，在伊拉克、敘利亞、黎巴嫩、巴勒斯坦、利比亞、葉門與埃及都可見一斑。這些傾向分而治之的政權又與外部勢力互動，藉以鞏固統治，無論是跟冷戰時期的超級大國，抑或是跟當時的區域強權，如納瑟治下的埃及。

內部與外部參與者之間的持續互動，延續至今。敘利亞、利比亞和葉門的衝突雖被隨意稱為「代理人戰爭」，但國內的衝突參與者卻遠非傀儡。敘利亞的阿薩德、葉門的薩利赫以及利比亞的哈夫塔，都能一再找到方法利用外國利益來最大化自己的目標，即使受到一些外部條件的限制。同樣，黎巴嫩、庫德族、伊拉克與非洲之角的政治人物，在面對外部壓力時也表現出驚人的頑強。事實上，這迫使部分區域強國得從頭培養自己的本地盟友，例如伊朗在伊拉克跟敘利亞的什葉派民兵，或土耳其支持的親安卡拉敘利亞反抗軍。由於對當地盟友缺乏信心，俄羅斯跟阿拉伯聯合大公國不得不向敘利亞、利比亞及葉門部署傭兵。因此儘管單獨將主導權歸於內部或外部因素的論點頗受歡迎，實際上卻顯得多餘。國家很少存在於真空之中，領導人與其對手無時無刻不在意識並考量其行動在外界的反應。同時，儘管外部勢力傾盡全力，也很難完全控制另一個國家的內部行動。即便培養了一群盟友，這些盟友跟其他國內參與者的互動也會產生不可測的後果，這些結果又會產生在地回應。簡而言之，內部與外部因素歷來並將持續互相作用，共同影響在地的結果。

第三個論點則集中在二十一世紀中東衝突為何明顯增加的原因上，並指出美國近期政策是一個重要因素。一九九〇與二〇〇〇年代，華府進入中東及其周邊地區，成為主導力量或霸權。它在波斯灣地區建立基地，主導以色列—巴勒斯坦的和平進程，向葉門及衣索比亞等盟友傾注反恐資金與武器，並推動黎巴嫩、埃及和沙烏地阿拉伯進行改革，同時排斥和懲罰那些反抗的國家，如伊朗、敘利亞、利比亞及伊拉克。儘管此舉並未真正成功，卻在華府的盟友及敵人之間創造出美國將持續主導的預期。然而，二〇〇三年災難性入侵伊拉克，伴隨著全球權力平衡轉變嚇到美國了。前後幾任總統歐巴馬、川普與拜登都想撤出中東，導致該地區的混亂與機會主義滋生。儘管美國仍舊是中東的強大勢力，例如對抗伊斯蘭國並維持重要的安全與經濟聯盟，但它已不再是毫無疑問的霸權。然而，美國這三十年的主導試探擾亂了該區域的平衡，許多近期的衝突就是出於失衡的影響。

這跟最後一個論點有關，亦即華府撤出之後留下來的權力真空，使多方區域與其他國際勢力得以介入，這些場域過去都是由美國主導。不像東亞的中國、北美的美國，或非洲之角的衣索比亞，中東並沒有一個顯而易見的區域霸主，而是一系列中型強國。在美國主導時，沒有國家能與之匹敵；隨著華府撤出後，這些區域強國不再受制於單一強大的本地巨頭。相反地，土耳其、伊朗、以色列與沙烏地阿拉伯，全都願意進入新的競爭舞台一較長短；阿拉伯聯合大公國跟卡達，儘管規模較小，也利用其豐厚身家參與其中。這場區域競爭因為新的國際強權加入而更加複雜，有些國家試圖利用華府撤出的時機（如俄羅斯跟中國），或者持續基本上毫無成果的參與（歐盟）。跟其他區域相比，二〇一一年後的中東局勢特別不穩，原因就在於干預勢力的數量之多，而且往往追求各自利益。更不幸的是，二〇一一年阿拉伯起義爆發在全球與區域權力變動的背景下，創造出好幾處不穩定的舞台，讓競逐得以展開，同時參與者數量激增。結果就是加劇並擴大了區域的不穩定，付出代價的卻是生活在被競逐國家中的平民。

贏家寥寥

對出手干預的政府來說，這類行動是否值得？整體來看，也許不值得。阿拉伯起義的十年後，也是伊拉克戰爭的二十年後，本書所介紹的十個干預國中，少有能夠宣稱因為參與中東衝突而提升區域或全球地位者。美國的處境變得更糟糕。入侵伊拉克導致中東動盪不安，壯大了伊朗並催生了先前不存在的聖戰士威脅，還使得美國民眾的士氣低落，不願再支持出戰國外。受伊拉克事件影響所及，對二〇一一年起義後華府與中東區域的接觸投下了陰影，導致美國自我設限將目標遏制在德黑蘭與打擊聖戰主義，結果也是褒貶不一。歐盟的處境也變得更加不利，比起美國盟友追求主導地位前，歐盟鄰近地區顯得更加動盪，三不五時引發大規模移民或聖戰士攻擊。

俄羅斯暫時從中東干預中獲利，特別是介入敘利亞及利比亞之後，然而其他地方的事件，特別是二〇二二年入侵烏克蘭則抵消了部分成果。儘管俄羅斯仍保持著二〇一一年前不曾擁有的影響力，但它在東歐的挫敗，戳穿了因干預敘利亞而贏得的威望，烏克蘭戰場的任何潛在失利都可能進一步弱化它的區域地位。相比之下，中國應該是國際強權中地位提升最多的國家，但它在區域內的參與仍然有限，多集中在經濟與外交的推進上，軍事部署僅限於非洲之角。這或許點出了聚焦經濟有其優勢，但這種地位是基於美國在波斯灣提供的安全穩定上。倘若美國撤出波斯灣，或北京與華府之間的競爭走向暴力，這種「搭便車」行為就難以為繼。若是如此，中國可能不得不重新評估不在中東建立軍事存在的決定。

對區域強國來說，全都有某些斬獲，也有其他損失。最成功的，無疑是以色列跟阿拉伯聯合大公國。以色列成功維持了巴勒斯坦占領區的控制權，並通過《亞伯拉罕協議》建立新連結，遏制伊朗的擴張。然而，它持續的右傾跟壓迫巴勒斯坦人，則損害了以色列的全球聲譽，讓部分西方選民（可能還包含政治人物）質疑是否該與以色列持續維持盟友關係。另一方面，阿拉伯聯合大公國大幅擴張其區域影響力，四處干預，並提升了它在區域內及全球的外交影響力。但它對葉門的干預，令阿拉伯聯合大公國在西方的負面形象也愈來愈強，更因此成為某些人的攻擊目標。相較之下，卡達與伊朗有過成功的時候，但挫敗隨之而來。卡達在阿拉伯起義前後十分活躍，但遭到海灣合作理事會盟友反對時，它在敘利亞、埃及、利比亞及波斯灣的影響力也遭限制。雖然不算是敗北，但未來幾年內，多哈在區域與國際事務上可能會更加小心謹慎。二〇〇〇及二〇一〇年代裡，伊朗成功擴大自己在伊拉克、黎巴嫩、敘利亞及葉門的影響力，達到前所未有的程度，但此一發展也導致國際與區域的反彈制裁。國內問題，部分受到制裁的經濟衝擊與反抗執政精英殘暴行為的影響，因而引發的新抗議運動，可能進一步限制德黑蘭未來的區域雄心。

同時間，沙烏地阿拉伯與土耳其的干預行動成果同樣是好壞參半。沙烏地阿拉伯雄心勃勃介入敘利亞、卡達、埃及與非洲之角的多場衝突，雖成效不大，但也未給利雅德帶來災難後果。然而，最大的介入行動——葉門，卻截然不同，不僅造成沙烏地阿拉伯的國際聲譽受損，還付出了巨額的財政成本，除了遭受蹂躪的南方鄰國之外，沒看到什麼明確成果。話雖如此，這些行動都幫忙鞏固MBS的國內地位，長期來說是正面或負面發展還有待觀察。土耳其也多次嘗試介入敘利亞、利比亞、伊拉克、埃及、庫德斯坦與非洲之角，結果同樣好壞參半。這些行動同樣也幫艾爾多安鞏固權力，但跟沙烏地阿拉伯不同的是，他是個老手，當他最終離開政壇時，土耳其可能還不會動搖，因此很可能改變安卡拉的區域觀點。

難以回頭

對於某些觀點的讀者來說，或許很容易下個定論，認定中東地區區域穩定的關鍵，在於回歸美國主導地位。畢竟，儘管不算完美，但在一九九〇年到二〇〇三年間是相對安全的時期，或許可以再次複製那段時光？但這是錯誤的思路。首先，重建那個時期的條件已經不存在，全球、區域及地方環境的變化，已經讓華府即便想要，也難以重建霸權。其次，美國主導實際上有害區域生態，創造出權力失衡，並提高人們的期望值。此外，這樣的主導霸權也難以持續。美國入侵伊拉克的災難讓自己的霸權內爆，但即使沒有此事件，其他因素最終仍可能促使美國撤軍，並引發本書中所描述的真空狀態內的爭奪。因此，問題的根源或許不在於美國決定撤出，而在於最初過度介入該區域。

然而，對於今日的西方政策制定者來說，這就留下了一些不堪的選擇。他們可以主張再次主導，但這將比過往更加困難，且長期來說仍然是難以延續。另一種選擇則是接受區域可能在幾年內都保持不穩定狀態，直到區域及全球勢力達成新的權力平衡。這可能會是個血腥暴力的過程，從某種意義上來說，這正是二〇一一年以來正在發生的情況。然而這個過程也不必然艱辛。一九六七年，前一代中東領導人在六日戰爭敗給以色列之後，在蘇丹首都喀土木達成共識，決定停止相互干預對方內政。接下來十年中，這項協定大體得以維持，直到舊習再度浮現。二〇二〇年代初期，這類成熟的政治風範開始滲入區域政治，過往的對手土耳其、卡達、阿拉伯聯合大公國與沙烏地阿拉伯放下屠刀，重建友好關係。利雅德甚至在二〇二三年與死敵德黑蘭重啟關係，值得注意的是，這項協議是由中國中介調停，暗示它們之間的十年競爭已經成為過去。二〇二三年中，當沙烏地阿拉伯與伊朗受到中國及其他成員國邀請加入金磚集團時，這樣的緩和情勢似乎進一步得到加強。儘管如此，競爭國家間的高層協議是否能轉化成競逐國家間緊張局勢的降溫，仍尚待觀察。沙伊兩國達成協議後，敘利亞的阿薩德重新被接納為阿拉伯聯盟成員，並出現葉門和平談判取得突破的跡象，表示區域衝突可能會相應減緩。話雖如此，同時間蘇丹與加薩地帶的暴力升級，雖然受到外部競爭的影響，但並不全然由外部勢力所決定，顯示出仍存在著許多不穩定的角落。

此外，區域競爭的餘韻可能不再限於中東。非洲之角的競爭是個最全面的案例，但近幾年也看到競爭在其他地方展開。俄羅斯和土耳其在二〇二〇年亞美尼亞與亞塞拜然的戰爭中，分別支持不同陣營；而以色列、埃及和阿拉伯聯合大公國則在賽普勒斯的天然氣勘探爭端中，對上土耳其。中東強國的影響力已經擴展超出區域範圍，從土耳其與中亞的連結、沙烏地與巴基斯坦的關聯、阿拉伯聯合大公國與印度日益增長的關係中，可見一斑。同樣地，伊朗也透過真主黨，跟西非的什葉派社群建立了愈來愈多的聯繫。一方面，這可能會減少中東區域內部的緊張局勢，區域大國朝向不同方向尋求擴大影響力。另一方面，這種介入也提高了風險：一旦這些遙遠地區的國家內部動態引發衝突，中東的競爭可能會再次影響局勢。

對西方領導人跟評論家來說，可能難以接受讓中東區域自行其是，因為他們習慣了自家政府出手干預，而且往往是出於對中東區域問題的簡化解釋。然而，最終這些有機的區域性、地方性解決方案與妥協——希望是出於對相關因素真正複雜性的理解——會比外部強加的解決方案更能奠定長期的成功。歐巴馬在二〇一六年的爭議發言中指出，中東領導人需要「找到一種有效方式來共享他們的鄰區」。[1]回頭想想過去十年左右的劇烈衝突與不穩，這些中東領導人跟國際勢力選擇爭奪區域勢力之時，他的看法也許是對的。

致謝

若少了許多人的協助與指導，這本書將無法面世。感謝我在耶魯大學出版社的編輯海瑟・麥卡倫（Heather McCallum），她自始至終對我鼓勵有加，並協助完善本書論點與範疇。同時我也衷心感謝耶魯大學出版社的蘇菲・里奇蒙（Sophie Richmond）和瑞秋・隆斯代爾（Rachael Lonsdale）的細緻編校工作。大衛・賴許（David Lesch）曾細讀初期草稿，提出寶貴建議，還有另一位匿名審稿人也給予重要意見，對此我深表感謝。此外，我還想誠摯感謝 Kristian Coates Ulrichsen、May Darwich、Tim Eaton、Jacob Eriksson、Jef Feltman、Laleh Khalili、Thomas McGee、Peter Salisbury 及 Bassel Salloukh，他們各自審閱不同章節的草稿，並提供專業建議。此外還感謝倫敦瑪麗女王大學的前系主任大衛・威廉斯（David Williams），他對我的工作給予極大支持，讓我延長研究休假，專心完成本書的寫作。

這項計畫是我過去十多年來中東國際關係研究的結晶，間接引用了過往研究計畫的無數訪談與田野工作。我想感謝多年來與我互動的中東地區人士，這些訪談雖未直接引述於書中，但這些交流讓我對區域地緣政治有了更深刻的理解。同樣地，由於本書多數引述次級資料，我也必須感謝許多優秀學者及分析師，在我之前產出豐富的學術成果，供我汲取養分。我特別必須感謝提姆・馬歇爾（Tim Marshall）的《用十張地圖看懂全球政經局勢》（*Prisoners of Geography*）。我們的內容雖然明顯不同，我卻是有意識地效法馬歇爾清晰精彩的結構，將我的分析拆解成容易吸收、相互連結卻又獨立成篇的章節，最終串聯成書，力求讓複雜的地緣政治以容易理解的形式呈現。我還得感謝瑪麗女王大學的傑出學生，我在本書中試圖回答他們多年來提出的許多問題，這也協助我發展對題目的思索。

對於研究過程中參與的兩大學術網絡，我也要深表謝意。馬克・林區（Marc Lynch）主持的「中東政治科學計畫」（POMEPS）及西蒙・馬本（Simon Mabon）及愛德華・瓦斯尼吉（Edward Wastnidge）主持的「宗派主義、代理人與去宗派化」網絡，這些學術交流的機會讓我能跟全球頂尖的中東地緣政治學者與專家交流思想，形塑了本書的內容。

最後，衷心感謝家人朋友給我的愛與支持。我的妻子琳茜（Lindsay）及女兒瑪歌

（Margot）與碧翠絲（Beatrice）在漫長的研究寫作過程中，為我帶來歡樂與慰藉。我實在難以用言語表達內心的幸福與感激之情。

註釋

序言

1. 這種觀點有許多案例：政治人物如歐巴馬認為遜尼派與什葉派之間的分歧是中東衝突的主要根源，參見 Patrick Temple-West, 'Obama cites Sunni, Shia Islamic conflicts', *Politico*, 28 Sept. 2014, https://www.politico.com/blogs/politico-now/2014/09/obama-cites-sunni-shia-islamic-conflicts-196210 (accessed 10 March 2023)；又如記者湯瑪斯・弗里曼（Thomas Friedman）討論美國政治如何受到中東部落主義的「影響」，參見 'Have we reshaped Middle East politics or started to mimic it?', *New York Times*, 14 Sept. 2021, https://www.nytimes.com/2021/09/14/opinion/america-democracy-middle-east-tribalism.html (accessed 10 March 2023)；或流行文化中，例如《每日秀》（*The Daily Show*）指出，歐洲帝國主義者任意劃定的邊界是造成中東不穩的原因，參見 Nick Danforth, 'Stop blaming colonial borders for the Middle East's Problems', *The Atlantic*, 11 Sept. 2013, https://www.theatlantic.com/international/archive/2013/09/stop-blaming-colonial-borders-for-themiddle-easts-problems/279561/ (accessed 10 March 2023)。
2. Ariel I. Ahram, *War and Conflict in the Middle East and North Africa* (London: John Wiley & Sons, 2020), p. 48.
3. Fred Halliday, *The Middle East in International Relations* (Cambridge: Cambridge University Press, 2005), pp. 1-18.
4. Christopher Phillips, *The Battle for Syria: International Rivalry in the New Middle East* (New Haven, CT and London: Yale University Press, 2016; 3rd edn 2020), pp. 1-9.
5. 關於定義中東的有趣討論，請見 Brian Whitaker, 'Middle of where?', *Guardian*, 4 June 2008, https://www.theguardian.com/commentisfree/2008/jun/04/middleeast；另見北卡羅萊納大學中東與伊斯蘭研究中心的 'Where is the Middle East?' (https://mideast.unc.edu/where/)，有一系列地圖展示了隨著時間推移，人們對中東地區位置認知的變化。
6. Christopher Phillips, *Everyday Arab Identity: The Daily Reproduction of the Arab World* (London: Routledge, 2013), pp. 8-39.
7. Marc Lynch, 'The end of the Middle East: How an old map distorts a new reality', *Foreign Affairs*, 101 (2022), https://www.foreignaffairs.com/africa/middle-east-map-new-reality (accessed 10 April 2023).
8. 為了避免過多學術術語讓讀者感到負擔，我選擇不在正文裡討論這些國際關係理論。然而對於想更深入了解的讀者，在此提供更多細節。若想了解國家內部結構的重要性，可參考「歷史社會學」學者的研究；著重國內外決策精英的人，可參考「新古典現實主義」。關注宗教或意識形態等身份認同問題者，可參閱「建構主義」相關作品。探討國際結構和權力平衡者，可參考「新現實主義」相關作品。涉及種族的討論，「批判種族理論」與「去殖民化」都是不錯的起點；「女性主義」與「酷兒理論」則是探討性別與性取向的有用入門。近來，學門中還興起「綠色理論」，關注更多環境議題。關於這些理論的摘要說明及國際關係學門概論，可參閱 John Baylis, Patricia Owens, and Steve Smith (eds), *The Globalization of World Politics: An Introduction to International Relations* (Oxford: Oxford University Press, 2022)。以中東為重心的相關理論探討，可參閱 Marc Lynch, Jillian Schwedler, and Sean Yom (eds), *The Political Science of the Middle East: Theory and Research since the Arab Uprisings* (Oxford: Oxford University Press, 2022).
9. Curtis Ryan, 'Shifting alliances and shifting theories in the Middle East', memo in *POMEPS Studies* 34: *Shifting Global Politics and the Middle East* (2019), pp. 7-13.

10. Edward Said, *Culture and Imperialism* (New York: Vintage, 1993), pp. xi-xxviii.

11. Halliday, *The Middle East in International Relations*, p. 6.

12. Steven Simon and Jonathan Stevenson, 'The end of Pax Americana: Why Washington's Middle East pullback makes sense', *Foreign Affairs*, 94:6 (2015), pp. 2-10.

13. Micah Zenko, 'What Obama really meant by "No boots on the ground" ', *The Atlantic*, 3 Dec. 2015, https://www.theatlantic.com/international/archive/2015/12/obama-boots-on-the-ground/418635/ (accessed 10 Feb. 2023).

14. 西方國家有多種稱呼伊斯蘭的說法，包括「達耶許」（Daesh，部分中東人士使用的貶義）及「ISIS」（該組織二〇一三年至二〇一四年間的名稱縮寫，全名意為伊拉克與大敘利亞地區伊斯蘭國）。本書中，二〇一四年後的段落，都稱該組織為「伊斯蘭國」。

15. Christopher Layne, 'This time it's real: The end of unipolarity and the Pax Americana', *International Studies Quarterly*, 56 (2012), pp. 203-13.

16. Christopher Phillips, 'The international system and the Syrian civil war', *International Relations*, 36:3 (2022), pp. 358-81.

17. Ibid.

18. Bassel F. Salloukh, 'Overlapping contests and Middle East international relations: The return of the weak Arab state', *Political Science and Politics*, 50:3 (2017), pp. 660-63.

19. Martin Chulov and Michael Safi, 'Did Jordan's closest allies plot to unseat its king?', *Guardian*, 26 May 2021, https://www.theguardian.com/world/2021/may/26/did-jordans-closest-allies-plot-to-unseat-its-king (accessed 10 May 2023).

20. May Darwich, 'Foreign policy analysis and armed non-state actors in world politics: Lessons from the Middle East', *Foreign Policy Analysis*, 17:4 (2021), pp. 1-11.

第一章　敘利亞：破碎的馬賽克

1. *New York Times*, 'The 31 places to go in 2010', 7 Jan. 2010, https://www.nytimes.com/2010/01/10/travel/10places.html (accessed 1 June 2023).

2. Phillips, *The Battle for Syria*, p. 1.

3. James Barr, *A Line in the Sand: Britain, France and the Struggle that Shaped the Middle East* (London: Simon & Schuster, 2011).

4. Haian Dukhan, *States and Tribes in Syria: Informal Alliances and Conflict Patterns* (London: Routledge, 2018), pp. 26-49.

5. Ben White, The Emergence of *Minorities in the Middle East: The Politics of Community in French Mandate Syria* (Edinburgh: Edinburgh University Press, 2011), p. 1.

6. Phillips, *Everyday Arab Identity.*

7. David Lesch, *The New Lion of Damascus: Bashar al-Assad and Modern Syria* (New Haven, CT and London: Yale University Press, 2005), p. 1.

8. Bassam Haddad, 'The Syrian regime's business backbone', *Middle East Report* 262 (2012).

9. Geneive Abdo, The New Sectarianism: *The Arab Uprisings and the Rebirth of the Shia-Sunni Divide* (Washington, DC: Saban Center for Middle East Policy at Brookings, 10 April 2013).

10. 'Interview with Syrian President Bashar al-Assad', *Wall Street Journal*, 31 Jan. 2011.

11. 'Syrians commemorate graffiti that "kickstarted" the Syrian revolution', *The New Arab*, 17 Feb. 2022, https://www.newarab.com/news/syrians-rememberanniversary-iconic-revolution-graffiti (accessed 1 June 2023).

12. Al Jazeera, 'Profile: Bashar al-Assad', *Al Jazeera* 17 April 2018, https://www. aljazeera.com/news/2018/4/17/profile-bashar-al-assad (accessed 2 June 2023).

13. Phillips, *The Battle for Syria*, pp. 50-53.

14. Rania Abouzeid, 'Meet the Islamist militants fighting alongside Syria's rebels', *Time*, 26 July 2012.

15. Dexter Filkins, 'The shadow commander', *New Yorker*, 30 Sept. 2013.

16. Ibid.

17. Henri J. Barkey, 'Erdoğan's foreign policy is in ruins', *Foreign Policy*, 4 Feb. 2016.

18. Ibid.

19. Khaled Yacoub Oweis, 'Insight: Saudi Arabia boosts Salafist rivals to al Qaeda in *Syria', Reuters*, 1 Oct. 2013, http://www.reuters.com/article/2013/10/01/us-syria-crisis-jihadists-insight-idUSBRE9900RO20131001 (accessed 13 Oct. 2015).

20. Phillips, *The Battle for Syria*, p. 130.

21. Elizabeth Dickinson, 'Follow the money: How Syrian Salafis are funded from the Gulf ', *Diwan* (Carnegie Endowment for International Peace), 23 Dec. 2013, http://carnegieendowment.org/syriaincrisis/?fa=54011 (accessed 17 March 2014). 除非另行說明，本書中所用貨幣皆為美元。

22. Mark Mazzetti, Adam Goldman, and Michael S. Schmidt, 'Behind the sudden death of a $1 billion secret C.I.A. war in Syria', *New York Times*, 2 Aug. 2017, https://www.nytimes.com/2017/08/02/world/middleeast/cia-syria-rebel-armtrain-trump.html (accessed 10 May 2023).

23. Phillips, *The Battle for Syria*, p. 80.

24. Thomas McGee, 'Mapping action and identity in the Kobani crisis response', *Kurdish Studies Journal*, 4:1 (2016), pp. 51-77.

25. Dimitri Trenin, 'Putin's Syria gambit aims at something bigger than Syria', *The Tablet*, 13 Oct. 2015, http://www.tabletmag.com/jewish-news-and-politics/194109/putin-syria-trenin (accessed 24 Feb. 2016).

26. Steven Lee Myers and Anne Barnard, 'Bashar al-Assad finds chilly embrace in Moscow trip', *New York Times*, 21 Oct. 2015, https://www.nytimes.com/2015/ 10/22/us/politics/assad-finds-chilly-embrace-in-moscow-trip.html (accessed 10 May 2023).

27. Phillips, 'The international system and the Syrian civil war'.

28. Charles Lister, *The Syrian Jihad: Al-Qaeda, the Islamic State and the Evolution of an Insurgency* (London: Hurst, 2016), p. 338.

29. Haid Haid, 'Did Turkey abandon Aleppo to fight Syrian Kurds?', *Now*, 4 Oct. 2016, https://now.mmedia.me/lb/en/commentaryanalysis/567401-didturkey-abandon-aleppo-to-fight-the-syrian-kurds (accessed 10 Aug. 2017).

30. Lewis Sanders and Khaled Salameh, 'Syrian mercenaries sustain Turkey's foreign policy', DW, 30 Sept. 2020, https://www.dw.com/en/turkey-syrianmercenaries-foreign-policy/a-55098604 (accessed 12 April 2023).

31. Ehud Eilam, 'Israel and the Russian presence in *Syria', in Israeli Strategies in the Middle East: The Case of Iran* (Cham: Springer International Publishing, 2022) pp. 125-36.

32. Andrew England and Laura Pitel, 'Syria: What is Turkey's grand plan?', *Financial Times*, 27 July 2022, https://www.ft.com/content/a14241de-8dbf-4a69-b064-2991f5992503 (accessed 22 May 2023)

第二章　利比亞：地中海的無政府狀態

1. Statista, 'Oil production in Libya from 1998 to 2021', Statista, 2 March 2023, https://www.statista.com/statistics/265194/oil-production-in-libya-in-barrelsper-day/#:~:text=Lybia's%20oil%20production%20amounted%20 to,thousand%20barrels%20of%20oil%20daily. (accessed 24 May 2023).
2. Dirk Vandewalle, *A History of Modern Libya* (Cambridge: Cambridge University Press, 2012), pp. 30-31.
3. Ulf Laessing, *Understanding Libya since Gaddafi* (London: Hurst, 2020): Kindle edn, l. 866.
4. Vandewalle, *A History of Modern Libya*, p. 190.
5. Mark Tran, 'Libya undecided on future of African investments', *Guardian*, 27 Jan. 2012, https://www.theguardian.com/global-development/2012/jan/27/libya-undecided-future-african-investments (accessed 10 Jan. 2023).
6. Laessing, *Understanding Libya*, Kindle edn, l. 483.
7. Al Jazeera, 'Former French President Sarkozy charged over Libyan financing', Al Jazeera 16 Oct. 2020, https://www.aljazeera.com/news/2020/10/16/formerfrench-president-sarkozy-charged-over-libyan-financing (accessed 20 Feb. 2023).
8. Simon Denyer, 'Gaddafi's son: We will deal with terrorists first and then talk reform', Washington Post, 17 April 2011, https://www.washingtonpost.com/world/gaddafis-son-we-will-deal-with-terrorists-first-then-we-will-talkreform/2011/04/17/AFbTpHvD_story.html (accessed 23 April 2023).
9. Laessing, *Understanding Libya*, Kindle edn, l. 1958.
10. Ibid., l. 1984.
11. Laessing, Understanding Libya, Kindle edn, l. 837.
12. Missy Ryan, 'Libyan force was lesson in limits of U.S. power', *Washington Post*, 5 Aug. 2015, https://www.washingtonpost.com/world/national-security/asecurity-force-for-libya-becomes-a-lesson-in-failure/2015/08/05/70a3ba90-1b76-11e5-bd7f-4611a60dd8e5_story.html (accessed 10 March 2023).
13. Jeff Goldberg, 'The Obama doctrine', *The Atlantic*, April 2016, https://www. theatlantic.com/magazine/archive/2016/04/the-obama-doctrine/471525/ (accessed 10 March 2023).
14. Wolfram Lacher, Libya's *Fragmentation: Structure and Process in Violent Conflict* (London: I.B. Tauris, 2020), p. 66.
15. Kristian Coates Ulrichsen, *Qatar and the Arab Spring* (London: Hurst, 2014), p. 112.
16. Andreas Krieg, 'Qatar: From activism to pragmatism', Sadeq Institute, 17 March 2021.
17. Tarek Megerisi, 'Libya's global civil war', Policy Brief, European Council on Foreign Relations, June 2019, https://ecfr.eu/publication/libyas_global_civil_ war1/ (accessed 3 April 2022).
18. Lacher, *Libya's Fragmentation*, p. 70.
19. Tim Eaton, *The Libyan Arab Armed Forces*, Research Paper (London: Chatham House, June 2021).
20. Laessing, *Understanding Libya*, Kindle edn, l. 1263.
21. Ibid., l. 1125.
22. Frederic M. Wehrey, *The Burning Shores* (London: Farrar, Straus and Giroux, 2018), pp. 202-20.
23. Megerisi, 'Libya's global civil war'.

24. Wehrey, *The Burning Shores*, p. 210.
25. Nadja Berghoff and Anas al-Gomati (eds), *The Great Game* (Tripoli: Sadeq Institute, 22 Feb. 2021).
26. Lacher, *Libya's Fragmentation*, p. 285.
27. Ibid., p. 107.
28. Laessing, *Understanding Libya*, Kindle edn, l. 2309.
29. Ibid., l. 3177.
30. Laessing, *Understanding Libya*, Kindle edn, l. 3312
31. Eaton, *The Libyan Arab Armed Forces*.
32. Samer Al-Atush and Laura Pitel, 'Russia reduces number of Syrian and Wagner troops in Libya', *Financial Times*, 28 April 2022, https://www.ft.com/content/88ab3d20-8a10-4ae2-a4c5-122acd6a8067 (accessed 10 June 2023).
33. Ibid.
34. Ahmet S. Yahya, 'Erdoğan's Libya adventure: Turkey, Russia, gas pipelines and missiles', *The Investigative Journal*, January 2020, https://www.researchgate.net/ publication/338555807_Erdoğan%27s_Libyan_Adventure_Turkey_Russia_ Gas_Pipelines_and_Missiles (accessed 2 March 2023).

第三章　葉門：「世界上最嚴重的人道危機」

1. Helen Lackner, *Yemen in Crisis: Road to War* (London: Verso, 2019), p. 34.
2. Fred Halliday, *Revolution and Foreign Policy: The Case of South Yemen*, 1967- 1987 (Cambridge: Cambridge University Press, 2002), pp. 1-8.
3. Lackner, *Yemen in Crisis*, p. 108.
4. Halliday, *Revolution and Foreign Policy*, pp. 41-3.
5. Lackner, *Yemen in Crisis*, p. 120.
6. Isa Blumi, *Destroying Yemen* (Oakland, CA: University of California Press, 2018), p. 155.
7. Lackner, *Yemen in Crisis*, p. 219.
8. Ibid.
9. Ibid., p. 239.
10. Ibid., p. 41.
11. Ibid., p. 291.
12. Ginny Hill, *Yemen Endures: Civil War, Saudi Adventurism and the Future of Arabia* (London: Oxford University Press, 2017), p. 263.
13. Noel Brehony and Saud Sarhan (eds), *Rebuilding Yemen: Political, Economic and Social Challenges* (Berlin: Gerlach, 2015), p. 2.
14. Gregory Johnson, 'Seven Yemens: How Yemen fractured and collapsed and what comes next', The Arab Gulf States Institute in Washington, Oct. 2021 https://agsiw.org/wp-content/uploads/2021/10/Johnsen_Yemen_ONLINE.pdf (accessed 24 Jan. 2022)
15. Ibid.
16. Lackner, *Yemen in Crisis*, p. 72
17. Madawi Al-Rasheed, 'King Salman and his son: Winning the US losing the rest', LSE Middle

East Centre Paper Series (2017), https://eprints.lse.ac.uk/84283/ (accessed 21 Sept. 2023).

18. Hill, *Yemen Endures*, p. 238.
19. Thomas Juneau, 'Iran's policy towards the Houthis in Yemen: A limited return on a modest investment', *International Affairs*, 92:3 (2016), pp. 647-63.
20. Sam Perlo-Freeman, Aude Fleurant, Pieter Wezeman and Siemon Wezeman, 'Trends in world military expenditure 2015,' SIPRI Fact Sheet, April 2016, https://www.sipri.org/sites/default/files/EMBARGO%20FS1604%20Milex%20 2015.pdf (accessed 21 Sept. 2023).
21. Johnson, 'Seven Yemens'.
22. Borzou Daragahi, 'Yemen has become a Vietnam-like quagmire for Saudi Arabia - with no simple solution to end the war', *Independent*, 10 Oct. 2021, https://www.independent.co.uk/independentpremium/voices/yemen-saudiarabia-houthis-b1935664.html (accessed 21 Dec. 2022).
23. Peter Salisbury, *Risk Perception and Appetite in UAE Foreign and National Security Policy*, Research Paper (London: Chatham House, July 2020), https:// www.chathamhouse.org/sites/default/files/2020-07-01-risk-in-uae-salisbury.pdf (accessed 2 March 2023).
24. Elisabeth Kendall, *Iran's Fingerprints in Yemen, Issue Brief* (Washington, DC: Atlantic Council, October 2017).
25. Ibid.
26. Juneau, 'Iran's policy towards the Houthis'.
27. Johnson, 'Seven Yemens'.
28. International Crisis Group, *Rethinking Peace in Yemen*, Middle East Report 216 (Brussels: International Crisis Group, 2 July 2020).
29. Lackner, *Yemen in Crisis*, p. 86.
30. Ibid., p. 57.
31. Johnson, 'Seven Yemens'.
32. BBC, 'Yemen: UK to resume Saudi arms sales after humanitarian review', *BBC News*, 7 July 2020, https://www.bbc.co.uk/news/uk-politics-53324251 (accessed 3 April 2023).
33. Johnson, 'Seven Yemens'.

第四章　巴勒斯坦：消失之地

1. Anshel Pfeffer, 'The Israel-Palestine conflict is not just about land. It's a bitter religious war', *Guardian*, 20 Nov. 2014, https://www.theguardian.com/ commentisfree/2014/nov/20/israel-palestine-conflict-religious-war (accessed 20 Jan. 2023).
2. Massoud Hayoun, *When We Were Arabs: A Jewish Family's Forgotten History* (London: The New Press, 2019).
3. Joel Beinin and Lisa Hajjar, 'Palestine, Israel and the Arab-Israeli conflict: A primer', Middle East Research and Information Project (2014).
4. Ibid.
5. Rashid Khalidi, *The Hundred Years' War on Palestine: A History of Settler Colonial Conquest and Resistance* (London: Macmillan, 2020), p. 8.
6. Ibid., p. 25.
7. Zena Al-Tahhan, 'More than a century on: The Balfour Declaration explained', *Al Jazeera*, 2

Nov. 2018, https://www.aljazeera.com/features/2018/11/2/morethan-a-century-on-the-balfour-declaration-explained (accessed 4 Feb. 2023).

8. Khalidi, *The Hundred Years*' War, p. 25.
9. Beinin and Hajjar, 'Palestine, Israel and the Arab-Israeli conflict'.
10. Ibid.
11. C.R. Jonathan and Glenn Frankel, 'Iron fist policy protested in Israel', *Washington Post*, 24 Jan. 1988, https://www.washingtonpost.com/archive/politics/1988/01/24/iron-fist-policy-protested-in-israel/3235bc64-60f0-4462-9b88-c273c49cc6c2/ (accessed 10 Nov. 2022).
12. Avi Shlaim, 'The rise and fall of the Oslo Peace Process', in Louise Fawcett (ed.), *International Relations of the Middle East* (Oxford: Oxford University Press, 2016), p. 285.
13. Khalidi, *The Hundred Years*' War, p. 203.
14. Orna Ben-Naftali, Michael Sfard, and Hedi Viterbo, *The ABC of the OPT: A Legal Lexicon of the Israeli Control over the Occupied Palestinian Territory* (Cambridge: Cambridge University Press, 2018).
15. Saleh Hijazi and Hugh Lovatt, 'Europe and the Palestinian Authority's authoritarian drift', European Council on Foreign Relations, 20 April 2017, https:// ecfr.eu/article/commentary_europe_and_the_palestinian_authoritys_authoritarian_drift_7274/ (accessed 10 April 2023).
16. David Ignatius, 'The Mideast deal that could have been', *Washington Post*, 26 Oct. 2011, https://www.washingtonpost.com/opinions/the-mideast-deal-thatcould-have-been/2011/10/25/gIQAxaREKM_story.html (accessed 10 Nov. 2022).
17. Mairav Zonszein and Daniel Levy, 'Israel's winning coalition: Culmination of a long rightward shift', International Crisis Group Q&A, 8 Nov. 2022, https:// www.crisisgroup.org/middle-east-north-africa/east-mediterranean-mena/ israelpalestine/israels-winning-coalition (accessed 10 Dec. 2022).
18. Khalidi, *The Hundred Years*' War, p. 248.
19. Mehul Srivastava, 'Netanyahu ratchets up anti-Arab rhetoric ahead of knife-edge vote', *Financial Times*, 29 March 2019, https://www.ft.com/content/169dcc74-4a9e-11e9-bbc9-6917dce3dc62 (accessed 12 Dec. 2022).
20. 奧斯陸政治體制崩潰細節，請見 Ben-Naftali et al., *The ABC of the OPT*。
21. Zonszein and Levy, 'Israel's winning coalition'.
22. UN, 'Israeli occupation of Palestinian territory in facts and figures', United Nations: The Question of Palestine https://www.un.org/unispal/in-facts-andfigures/ (accessed 10 May 2023).
23. Adi Cohen, 'Go West Bank: Israel is using the housing crisis to lure Israelis into becoming settlers', *Haaretz*, 15 Feb. 2023, https://www.haaretz.com/israelnews/2023-02-15/ty-article-magazine/.premium/go-west-bank-israelshousing-crisis-plan-turns-even-more-israelis-into-settlers/00000186-545cde95-a1fe-f65f212f0000 (accessed 25 April 2023).
24. Khalidi, *The Hundred Years' War*, p. 209.
25. Ibid., p. 217.
26. John Mearsheimer and Stephen Walt. 'The Israel lobby', *London Review of Books*, 28:6 (2006), pp. 3-12.
27. Nasuh Uslu and İbrahim Karataş. 'Evaluating Hamas' struggle in Palestine', *Insight Turkey*, 22:1 (2020), pp. 109-24.
28. B'Tselem, 'Fatalities', B'Tselem Statistics, https://www.btselem.org/statistics/ fatalities/after-2009-01-19/by-date-of-death (accessed 10 May 2023).

29. Khalidi, *The Hundred Years'* War, p. 224.

30. Ibid. pp. 209-10.

31. Shlomo Roiter Jesner, 'Qatar is using the Palestinians to assert its regional influence', *Foreign Policy*, 26 Jan. 2021, https://foreignpolicy.com/2021/01/26/qatar-is-using-the-palestinians-to-assert-its-regional-influence/ (accessed 2 May 2023).

32. Palestinian Central Bureau of Statistics, 'On the occasion of International Population Day', 11 July 2022, https://pcbs.gov.ps/post.aspx?lang=en&ItemID=4279 (accessed 12 March 2023).

33. Zonszein and Levy, 'Israel's winning coalition'.

34. Ibid.

35. Michael Barnett, Nathan Brown, Marc Lynch, and Shibley Telhami, 'Israel's one-state reality: It's time to give up on the two-state solution', Foreign Affairs, 102 (2023).

36. Khalidi, *The Hundred Years'* War, p. 253

第五章　伊拉克：破碎的共和國

1. Ali A. Allawi, *Faisal I of Iraq* (New Haven, CT and London: Yale University Press, 2014), pp. 410-32.

2. Zaid Al-Ali, *The Struggle for Iraq's Future: How Corruption, Incompetence and Sectarianism have Undermined Democracy* (New Haven, CT and London: Yale University Press, 2014), Kindle edn, l. 405.

3. Ibid., l. 466.

4. Harvey Sicherman, 'Saddam Hussein: Stalin on the Tigris', Foreign Policy Research Institute, 7 Feb. 2007, https://www.fpri.org/article/2007/02/saddamhussein-stalin-tigris/ (accessed 2 Feb. 2023).

5. Fanar Haddad, *Sectarianism in Iraq: Antagonistic Visions of Unity* (London: Hurst, 2014), pp. 65-9.

6. Al-Ali, *The Struggle for Iraq's Future*, Kindle edn, l. 677.

7. Elana Schor, 'Saddam Hussein had no direct ties to al-Qaida, says Pentagon study', *Guardian*, 13 March 2008, https://www.theguardian.com/world/2008/mar/13/iraq.usa (accessed 10 Jan. 2023).

8. BBC, 'Chilcot Report: Findings at a glance', *BBC News*, 6 July 2016, https://www.bbc.co.uk/news/uk-politics-36721645 (accessed 10 April 2023).

9. Al-Ali, *The Struggle for Iraq's Future*, Kindle edn, l. 841.

10. Ibid., Kindle edn, l. 1265.

11. Garrett M. Graff, 'Orders of disorder: Who disbanded Iraq's army and de-Baathified its bureaucracy?', *Foreign Affairs*, 5 May 2023, https://www.foreignaffairs.com/middle-east/iraq-united-states-orders-disorder (accessed 24 May 2023).

12. Al-Ali, *The Struggle for Iraq's Future*, Kindle edn, l. 1649.

13. Ibid., Kindle edn, l. 1219.

14. Erica Hunter, 'Changing demography: Christians in Iraq since 1991', in Daniel King (ed.), *The Syriac World* (London: Routledge, 2018), pp. 783-96.

15. Austin Long, 'The Anbar awakening', *Survival*, 50:2 (2008), pp. 67-94.

16. Lister, *The Syrian Jihad*, p. 34.

17. Firas Maksad and Kenneth M. Pollack, 'How Saudi Arabia is stepping up in Iraq', *Foreign Affairs*, 21 Aug. 2017, https://www.foreignaffairs.com/articles/middle-east/2017-08-21/how-saudi-arabia-stepping-iraq (accessed 10 Nov. 2022).
18. Arash Azizi, *The Shadow Commander: Soleimani, the US, and Iran's Global Ambitions* (London: Simon & Schuster, 2020), Kindle edn, l. 3064.
19. Jessica Watkins, Iran in Iraq: *The Limits of 'Smart Power' amidst Public Protest*, LSE Middle East Centre Paper Series 37 (July 2020).
20. Ibid.
21. For further details on the deal, see Kali Robinson, 'What is the Iran nuclear deal?', Backgrounder, Council on Foreign Relations, 20 July 2022, https://www.cfr.org/backgrounder/what-iran-nuclear-deal (accessed 23 April 2023).
22. Guardian, 'Isis captured 2,300 Humvee armoured vehicles from Iraqi forces in Mosul', *Guardian*, 1 June 2015.
23. Janice Dickson, 'Turkey turns blind eye to ISIS fighters using its hospitals: sources', *Ipolitics*, 27 May 2015, http://ipolitics.ca/2015/07/27/turkey-turnsblind-eye-to-isis-fighters-using-its-hospitals-sources/ (accessed 14 Oct. 2015).
24. Fanar Haddad, 'Understanding Iraq's Hashd al-Sha'bi: State and power in post2014 Iraq', The Century Foundation, 5 March 2018, https://tcf.org/content/report/understanding-iraqs-hashd-al-shabi/ (accessed 10 Nov. 2022).
25. Azizi, *The Shadow Commander*, Kindle edn, l. 4047.
26. David McDowall, *A Modern History of the Kurds* (London: Bloomsbury, 2021), Kindle edn, l. 19048.
27. Ibid., Kindle edn, l. 19661.
28. Haddad, 'Understanding Iraq's Hashd al-Sha'bi'.
29. Ben Hubbard, Palko Karasz, and Stanley Reed, 'Two major Saudi oil installations hit by drone strike, and US blames Iran', *New York Times*, 14 Sept. 2019, https://www.nytimes.com/2019/09/14/world/middleeast/saudi-arabia-refineries-drone-attack.html (accessed 10 April 2023).
30. Alissa J. Rubin and Ronin Bergman, 'Israeli airstrike hits weapons depot in Iraq', *New York Times*, 22 Aug. 2019, https://www.nytimes.com/2019/08/22/world/middleeast/israel-iraq-iran-airstrike.html (accessed 7 May 2023).
31. Azizi, *The Shadow Commander*, Kindle edn, l. 4394.
32. Al-Ali, *The Struggle for Iraq's Future*, Kindle edn, l. 214.
33. Taif Alkhudary, 'From Muhasasa to Mawatana: The election boycott movement and prospects for effective democracy in Iraq', LSE Blogs, 1 Oct. 2021, https://blogs.lse.ac.uk/mec/2021/10/01/from-muhasasa-to-mawatana-theelection-boycott-movement-and-prospects-for-effective-democracy-in-iraq/ (accessed 10 Jan. 2023).
34. 二〇二二年，國際透明組織（Transparency International）發布的清廉印象指數中，伊拉克在一百分中拿到二十三分，位列全球一百八十個國家中的第一百五十七名。在中東地區，伊拉克僅高於飽受戰爭摧殘的敘利亞、利比亞及葉門。見：https://www.transparency.org/en/cpi/2022 (accessed 1 May 2023).

第六章　埃及：衰落的巨人

1. Population figures as of November 2022; see Andrew Douglas, '10 largest cities in the world', *World Atlas*, 1 Nov. 2022, https://www.worldatlas.com/cities/10-largest-cities-in-the-world.html (accessed 10 March 2023).
2. Robert Springborg, *Egypt* (London: John Wiley & Sons, 2017), p. 29.
3. 關於英國在埃及的帝國統治細節，請見 Peter Mangold, *What the British Did: Two Centuries in the Middle East* (London: I.B. Tauris, 2016), pp. 109-19.
4. James Jankowski, *Egypt: A Short History* (London: Oneworld, 2000), p. 134.
5. Ibid., p. 167.
6. Yezid Sayigh, *Owners of the Republic: An Anatomy of Egypt's Military Economy* (Beirut: Carnegie Middle East Center, 2019), https://carnegie-mec.org/2019/11/18/owners-of-republic-anatomy-of-egypt-s-military-economypub-80325 (accessed 20 June 2022).
7. Ibid.
8. Springborg, *Egypt*, p. 81.
9. 'Population in Egypt - Egypt: Demographics', Place Explorer, Data Commons, https://datacommons.org/place/country/EGY?category=Demographics (accessed 10 March 2023).
10. Jankowski, *Egypt*, pp. 174-8.
11. Vali Nasr, *The Dispensable Nation* (London: Scribe, 2013), p. 166.
12. Khalil al-Anani, 'Upended path: The rise and fall of Egypt's Muslim Brotherhood', *Middle East Journal*, 69:4 (2015), pp. 527-43.
13. Ibid.
14. Springborg, *Egypt*, p. 62.
15. Ibid., p. 62.
16. Ibid., p. 93.
17. Ibid., pp. 13-18.
18. David Butter, *Egypt and the Gulf: Allies and Rivals*, Research Paper (London: Chatham House, April 2020), www.chathamhouse.org/sites/default/files/CHHJ8102-Egypt-and-Gulf-RP-WEB_0.pdf (accessed 22 Feb. 2023).
19. Ibid.
20. Mark Heartsgaard, 'Secret tapes of the 2013 Egypt coup plot pose a problem for Obama', *Daily Beast*, 5 Oct. 2015, http://www.thedailybeast.com/articles/2015/05/10/secret-tapes-of-the-2013-egypt-coup-plot-pose-a-problemfor-obama.html (accessed 10 Nov. 2015).
21. Butter, *Egypt and the Gulf*.
22. Ibid.
23. Ibid.
24. Jeremy M. Sharp, *Egypt: Background and US Relations*, Congressional Research Service report, 17 July 2022, https://crsreports.congress.gov/product/pdf/RL/RL33003/116 (accessed 10 Dec. 2022).
25. Ibid.
26. Kim Ghattas, *The Secretary: A Journey with Hillary Clinton from Beirut to the Heart of American Power* (London: Macmillan, 2013), Kindle edn, l. 3972.

27. Alan Gresh, 'Barack Obama. "Lackey" of Egypt's Muslim Brotherhood', Orient XXI, 13 Sept. 2018, https://orientxxi.info/magazine/barack-obama-lackey-ofegypt-s-muslim-brotherhood,2623 (accessed 3 Nov. 2023).

28. Clark Mindock, ' "Where's my favourite dictator?" Trump comment on Egyptian president "met with stunned silence", report says', *Independent*, 13 Sept. 2019, https://www.independent.co.uk/news/world/americas/us-politics/trump-egypt-president-sisi-favorite-dictator-meeting-a9104951.html (accessed 20 Jan. 2023).

29. Sharp, 'Egypt: Background and US relations'.

30. Butter, *Egypt and the Gulf.*

31. Sayigh, *Owners of the Republic.*

32. Springborg, *Egypt*, p. 97.

33. Sharp, 'Egypt: Background and US relations'.

34. Hamza Handawi, 'Egypt has lost more than 3,000 in fight against militants since 2013, says El Sisi,' *The National*, 27 April 2022, https://www.thenational-news.com/mena/2022/04/27/egypt-has-lost-more-than-3000-in-fightagainst-militants-since-2013-says-el-sisi/ (accessed 21 September 2023).

35. Al Jazeera, 'Egyptian pound has lost half of its value since March', *Al Jazeera* 1 Jan. 2023, https://www.aljazeera.com/news/2023/1/11/egyptian-pound-haslost-half-of-its-value-since-march (accessed 10 April 2023).

36. Butter, *Egypt and the Gulf.*

37. Springborg, *Egypt*, p. 188.

第七章　黎巴嫩：崩潰中的國家

1. Ussama Makdisi, 'After 1860: Debating religion, reform, and nationalism in the Ottoman Empire', *International Journal of Middle East Studies*, 34:4 (2002), pp. 601-17.

2. Andrew Patrick, *America's Forgotten Middle East Initiative: The King-Crane Commission of 1919* (London: I.B. Tauris, 2015), pp. 130-64.

3. Michael Hudson, 'The Palestinian factor in the Lebanese civil war', *Middle East Journal*, 32:3 (1978), pp. 261-78.

4. Stathis N. Kalyvas, 'The ontology of "political violence": Action and identity in civil wars', *Perspectives on Politics*, 1:3 (2003), pp. 475-94.

5. David Hirst, *Beware of Small States: Lebanon, Battleground of the Middle East* (London: Bold Type Books, 2011), pp. 75-98.

6. Amos Barshad, 'The world's most dangerous census', *The Nation*, 17 Oct. 2019, https://www.thenation.com/article/archive/lebanon-census/ (accessed 21 March 2023).

7. Nicholas Blanford, *Killing Mr Lebanon: The Assassination of Rafik Hariri and its Impact on the Middle East.* (London: I.B. Tauris, 2006), pp. 40-74.

8. Andrew Arsan, *Lebanon: A Country in Fragments* (London: Hurst, 2020), p. 6.

9. Bassel Salloukh, 'Taif and the Lebanese state: The political economy of a very sectarian public sector', *Nationalism and Ethnic Politics*, 25:1 (2019), pp. 43-60.

10. Khaled Abu Toameh, 'Poll: Nasrallah most admired leader in Arab world', *Jerusalem Post*, 16 April 2008, https://www.jpost.com/middle-east/pollnasrallah-most-admired-leader-in-arab-world (accessed 4 May 2022).

11. Arsan, *Lebanon: A Country in Fragments*, p. 149.
12. Azizi, *The Shadow Commander*, Kindle edn, l. 3100.
13. Ramzy Baroud, ' "Balance of terror" drives Israel's approach to Lebanon', *Arab News*, 10 Aug. 2020, https://www.arabnews.com/node/1717476 (accessed 6 Aug. 2022).
14. Lilach Shoval, 'Israel's shadow war with Iran escalates in Syria with attacks, drone interception', *Al-Monitor*, 3 April 2023, https://www.al-monitor.com/originals/2023/04/israels-shadow-war-iran-escalates-syria-attacks-droneinterception#ixzz83x7eTjJx (accessed 20 May 2023).
15. Arsan, *Lebanon: A Country in Fragments*, p. 95.
16. Ibid., p. 422.
17. Liz Sly and Susan Haidamous, 'Trump's sanctions on Iran are hitting Hezbollah and it hurts', *Washington Post*, 18 May 2019, https://www.washingtonpost.com/ world/middle_east/trumps-sanctions-on-iran-are-hitting-hezbollahhard/2019/05/18/970bc656-5d48-11e9-98d4-844088d135f2_story.html (accessed 22 Feb. 2022).
18. Stefan Lehne, *Time to Reset the European Neighbourhood Policy* (Brussels: Carnegie Europe, Feb. 2014), https://carnegieendowment.org/files/time_ reset_enp.pdf (accessed 20 Feb. 2023).
19. Mattia Serra, 'The EU's Lebanon policy: No easy way forward', Italian Institute for International Political Studies - ISPI, 13 May 2022, https://www.ispionline.it/en/pubblicazione/eus-lebanon-policy-no-easy-way-forward-35013 (accessed 1 Sept. 2022).
20. International Crisis Group, *Managing Lebanon's Compounding Crises*, Middle East Report 228, 28 Oct. 2021, https://www.crisisgroup.org/middle-east-north-africa/east-mediterranean-mena/lebanon/228-managing-lebanons-compoundingcrises (accessed 20 Jan. 2023).
21. Serra, 'The EU's Lebanon policy'.
22. Heiko Wimmen, 'Lebanon's vicious cycles', Op-ed, MENA, International Crisis Group, 13 May 2022, https://www.crisisgroup.org/middle-east-north-africa/eastmediterranean-mena/lebanon/lebanons-vicious-cycles (accessed 15 Aug. 2022).
23. Arsan, *Lebanon: A Country in Fragments*, p. 387.
24. International Crisis Group, *Managing Lebanon's Compounding Crises.*
25. Ibid.
26. Ibid.
27. Ibid.
28. Wimmen, 'Lebanon's vicious cycles'.
29. Ibrahim Halawi, 'Elite resilience in Lebanon at a time of deep crises', Institute for Social Justice and Conflict Resolution (2021), https://pure.royalholloway.ac.uk/ws/portalfiles/portal/42345677/Elite_Resilience_in_Lebanon_at_a_Time_of_Deep_Crises.pdf (accessed 10 May 2022).
30. Ibid.

第八章　庫德斯坦：山中的奮鬥

1. McDowall, *A Modern History of the Kurds*, Kindle edn, l. 1124.
2. Ibid., Kindle edn, l. 1160.
3. Abbas Vali, 'The Kurds and their Others: Fragmented identity and fragmented politics', *Comparative Studies of South Asia, Africa and the Middle East*, 18:2 (1998), pp. 82-95.

4. Djene Rhys Bajalan, 'The First World War, the end of the Ottoman empire, and the question of Kurdish statehood: A "missed" opportunity?', Ethnopolitics, 18:1 (2019), pp. 13-28.
5. Raymond Kévorkian, *The Armenian Genocide: A Complete History* (London: I.B. Tauris, 2011), pp. 799-806.
6. McDowall, *A Modern History of the Kurds*, Kindle edn, l. 7333.
7. Ibid., l. 7363.
8. *Guardian*, 'Turkish forces kill 32 Kurdish militants in bloody weekend as conflict escalates', 11 Jan. 2016, https://www.theguardian.com/world/2016/jan/11/turkish-forces-kill-32-kurdish-militants-in-bloody-weekend-asconflict-escalates (accessed 10 Jan. 2023).
9. Stefanie K. Wichhart, 'A "new deal" for the Kurds: Britain's Kurdish policy in Iraq, 1941-45', *Journal of Imperial and Commonwealth History*, 39:5 (2011), pp. 815-31.
10. McDowall, *A Modern History of the Kurds*, Kindle edn, l. 10808.
11. Human Rights Watch, 'Genocide in Iraq: The Anfal campaign against the Kurds', July 1993, https://www.hrw.org/reports/1993/iraqanfal/ANFALINT.htm (accessed 10 Feb. 2023).
12. Garrett Nada and Caitlin Crahan, 'Iran's troubled provinces: Kurdistan', United States Institute of Peace - USIP, 3 Feb. 2021, https://iranprimer.usip.org/blog/2020/sep/08/iran%E2%80%99s-troubled-provinces-kurdistan (accessed 1 April 2023).
13. Bryan R. Gibson, *Sold Out? US Foreign Policy, Iraq, the Kurds, and the Cold War* (London: Springer, 2016), pp. 163-98.
14. McDowall, *A Modern History of the Kurds*, Kindle edn, l. 8944.
15. Ibid., l. 14822.
16. Michael M. Gunter, 'The Kurdish question in perspective', *World Affairs*, 166 (2003), p. 197.
17. Aliza Marcus, *Blood and Belief: The PKK and the Kurdish Fight for Independence* (London: NYU Press, 2009), pp. 76-88.
18. Şaban Kardaş, 'From zero problems to leading the change: Making sense of transformation in Turkey's regional policy', TEPAV Turkish Policy Brief Series 5 (2012).
19. McDowall, *A Modern History of the Kurds*, Kindle edn, l. 16804.
20. International Crisis Group, 'Turkey's PKK conflict: A visual explainer', updated 1 Feb. 2023, https://www.crisisgroup.org/content/turkeys-pkk-conflict-visualexplainer (accessed 10 April 2023).
21. France 24, 'Turkey marks fifth anniversary of failed coup that prompted sweeping crackdown', 15 July 2021, https://www.france24.com/en/europe/20210715-turkeymarks-fifth-anniversary-of-failed-coup-against-Erdoğan (accessed 10 April 2023).
22. Thomas McGee, ' "Nothing is ours anymore" - HLP rights violations in Afrin, Syria', in Hannes Baumann (ed.), *Reclaiming Home: The Struggle for Just Housing, Land and Property Rights in Syria, Iraq and Libya* (London: Friedrich Erbert Stiftung, 2019), pp. 120-141.
23. Harriet Allsopp, *The Kurds of Syria: Political Parties and Identity in the Middle East* (London: I.B. Tauris, 2016), ch. 7.
24. Zeynep Kaya and Robert Lowe, 'The curious question of the PYD-PKK relationship', in Gareth Stansfield and Mohammed Shareef (eds), *The Kurdish Question Revisited* (London: Hurst, 2017).
25. Phillips, *The Battle for Syria*, p. 133.
26. Thomas McGee, ' "Rojava": Evolving public discourse of Kurdish identity and governance in Syria', *Middle East Journal of Culture and Communication*, 15:4 (2022), pp. 385-403.

27. Amy Austin Holmes and Wladimir van Wilgenburg, 'Kurds and Arabs in northeast Syria: Power struggle or power sharing?', *The National Interest*, 11 Aug. 2019, https://nationalinterest.org/feature/kurds-and-arabs-northeastsyria-power-struggle-or-power-sharing-72281 (accessed 24 May 2023).

28. McGee, ' "Nothing is ours anymore" '.

29. McDowall, *A Modern History of the Kurds*, Kindle edn, l. 11972.

30. Ibid., l. 19117.

31. Ibid., l. 19127.

32. Ibid., l. 19111.

33. Michael Rubin, 'Is Iraqi Kurdistan a good ally?', American Enterprise Institute, Middle Eastern Outlook 1, 7 Jan. 2008, https://www.aei.org/publication/is-iraqi-kurdistan-a-good-ally/ (accessed 8 June 2023).

34. International Crisis Group, *After Iraqi Kurdistan's Thwarted Independence Bid*, Middle East Report 199, 27 March 2019, https://www.crisisgroup.org/middleeast-north-africa/gulf-and-arabian-peninsula/iraq/199-after-iraqi-kurdistansthwarted-independence-bid (accessed 2 April 2023).

35. McDowall, *A Modern History of the Kurds*, Kindle edn, l. 9239.

36. Ibid., l. 12085.

第九章　波斯灣地區：財富與不安

1. Zainab Mansour, 'Qatar hosts more than 1.4 million visitors during FIFA World Cup', *Gulf Business*, 19 Dec. 2022, https://gulfbusiness.com/qatarhosts-more-than-1-4-million-visitors-during-fifa-world-cup/ (accessed 10 April 2023).

2. Sean Ingle, 'Qatar bans beer from World Cup stadiums after 11th-hour U-turn', *Guardian*, 18 Nov. 2022, https://www.theguardian.com/football/2022/nov/18/qatar-bans-beer-from-world-cup-stadiums-fifa-u-turn (accessed 10 April 2023).

3. Adam Hanieh, *Money, Markets, and Monarchies: The Gulf Cooperation Council and the Political Economy of the Contemporary Middle East* (Cambridge: Cambridge University Press, 2018), Kindle edn, l. 769.

4. Ibid., l. 827.

5. Freedom House, 'Kuwait - Freedom in the world 2023', 2022, https://freedomhouse.org/country/kuwait/freedom-world/2023 (accessed 23 May 2023).

6. Christopher Davidson, *After the Sheikhs: The Coming Collapse of the Gulf Oil Monarchies* (London: Hurst, 2012), pp. 214-15; Mehran Kamrava, 'The Arab Spring and the Saudi-led counterrevolution', Orbis, 56:1 (2012), pp. 96-104.

7. Jonathan Fulton, *China's Relations with the Gulf Monarchies* (London: Routledge, 2018), p. 75.

8. Ethan Bronner, 'Bahrain tears down monument as protestors seethe', *New York Times*, 18 March 2011, https://www.nytimes.com/2011/03/19/world/middleeast/19bahrain.html (accessed 12 May 2023).

9. Ghattas, *The Secretary: A Journey with Hillary Clinton*, p. 260.

10. Ed Crooks, 'The US shale revolution', *Financial Times*, 24 April 2015, https://www.ft.com/content/2ded7416-e930-11e4-a71a-00144feab7de (accessed 20 Jan. 2023).

11. Fulton, *China's Relations with the Gulf Monarchies*, p. 77.

12. Jane Kinninmont, *The Gulf Divided: The Impact of the Qatar Crisis*, Research Paper (London: Chatham House, May 2019).
13. Phillips, *The Battle for Syria*, pp. 285-88.
14. Hanieh, *Money, Markets, and Monarchies*, Kindle edn, l. 1144.
15. Fulton, *China's Relations with the Gulf Monarchies*, p. 1.
16. Ibid., p. 38.
17. Ibid., p. 1.
18. Zhong Nan, 'CRCC nets contract for Qatar stadium', *China Daily*, 1 Dec. 2016, www.chinadaily.com.cn/business/2016-12/01/content_27535600.htm (accessed 1 Jan. 2023).
19. Fulton, *China's Relations with the Gulf Monarchies*, p. 154.
20. Ibid., p. 99.
21. Kinninmont, *The Gulf Divided.*
22. Ibid.
23. Salisbury, *Risk Perception and Appetite.*
24. Kinninmont, *The Gulf Divided.*
25. Ibid.
26. Ibid.
27. Vivian Yee and Megan Specia, 'Gulf states agree to end isolation of Qatar', *New York Times*, 5 Jan. 2021, https://www.nytimes.com/2021/01/05/world/middleeast/ gulf-qatar-blockade.html (accessed 10 Feb. 2023).
28. Ibid.
29. Hanieh, *Money, Markets, and Monarchies*, Kindle edn, l. 965.
30. Ibid., l. 324.
31. Fulton, *China's Relations with the Gulf Monarchies*, p. 101.
32. Stephanie Kirchgaessner, 'Saudi woman given 34-year prison sentence for using Twitter', *Guardian*, 16 Aug. 2022, https://www.theguardian.com/world/2022/aug/16/saudi-woman-given-34-year-prison-sentence-for-usingtwitter#:~:text=A%20Saudi%20student%20at%20Leeds,and%20retweeting%20dissidents%20and%20activists (accessed 10 May 2023).
33. Marc Owen Jones, *Digital Authoritarianism in the Middle East: Deception, Disinformation and Social Media* (London: Hurst, 2022) Kindle edn, l. 338.

第十章　非洲之角：新的舞台

1. 'Population in Ethiopia - Ethiopia: Demographics', Data Commons, https://datacommons.org/place/country/ETH/?utm_medium=explore&mprop=count&popt=Person&hl=en (accessed 10 March 2023).
2. Christopher Clapham, *The Horn of Africa: State Formation and Decay* (London: Hurst, 2023), p. 43.
3. Ibid.
4. Ibid., p. 49.
5. Ibid., p. 67.
6. Bekele Bengessa Hirbe, *Intrastate Conflict in the Horn of Africa: Implications for Regional*

Security (1990-2016) (London: Lexington, 2021), pp. 147-76.

7. Alex de Waal, *The Real Politics of the Horn of Africa: Money, War and the Business of Power* (London: Polity, 2015), pp. 130-40.

8. Michael Woldemariam, 'The Eritrea-Ethiopia thaw and its regional impact', *Current History*, 118: 808 (2019), pp. 181-7.

9. Neil Melvin, 'The foreign military presence in the Horn of Africa', Stockholm International Peace Research Institute, SIPRI Background Papers, April 2019, https://www.sipri.org/publications/2019/sipri-background-papers/foreignmilitary-presence-horn-africa-region (accessed 1 May 2023).

10. Clapham, *The Horn of Africa*, p. 156.

11. Melvin, 'The foreign military presence in the Horn of Africa'.

12. Salisbury, *Risk Perception and Appetite*.

13. Matthew Hedges, 'United Arab Emirates: Reversing the revolution', in Berghoff and al-Gomati (eds), *The Great Game*, pp. 76-8.

14. Salisbury, *Risk Perception and Appetite*.

15. Ibid.

16. Clapham, *The Horn of Africa*, p. 148.

17. Abdi Ismail Samatar, 'Somalia's election raises more questions than answers', *The Conversation*, 31 May 2022, https://theconversation.com/somalias-election-raises-more-questions-than-answers-183833 (accessed 1 June 2023).

18. Jessica Larsen and Finn Stepputat, 'Gulf state rivalries in the Horn of Africa: Time for a Red Sea policy?', DIIS Policy Brief, 1 March 2019, https://www.diis.dk/en/research/gulf-state-rivalries-in-the-horn-of-africa-time-a-red-seapolicy (accessed 10 May 2023).

19. Mohamed Dhaysane, 'Ethiopia deploys new troops into neighboring Somalia', VOA, 8 Aug. 2022, https://www.voanews.com/a/ethiopia-deploys-new-troopsinto-neighboring-somalia-/6693095.html (accessed 10 March 2023).

20. Samatar, 'Somalia's election raises more questions than answers'.

21. Ibid.

22. Brendon Cannon, 'Foreign state influence and Somalia's 2017 presidential election: An analysis', *Bildhaan: An International Journal of Somali Studies*, 18:1 (2019), pp. 20-49.

23. Salisbury, *Risk Perception and Appetite*.

24. Omar Mahmood, 'A welcome chance for a reset in Somalia', International Crisis Group Q&A, 31 May 2022, https://www.crisisgroup.org/africa/horn-africa/ somalia/welcome-chance-reset-somalia (accessed 1 Jan. 2023).

25. Ibid.

26. Ibid.

27. International Crisis Group, 'Overcoming Somaliland's worsening political crisis', Statement, 10 Nov. 2022, https://www.crisisgroup.org/africa/horn-africa/somalia/overcoming-somalilands-worsening-political-crisis (accessed 10 Dec. 2022).

28. Cannon, 'Foreign state influence and Somalia's 2017 presidential election'.

29. Melvin, 'The foreign military presence in the Horn of Africa'.

30. International Crisis Group, 'Overcoming Somaliland's worsening political crisis', Statement, 10 Nov. 2022.

31. 關於阿比崛起掌權的細節，請見 Jonathan Fisher and Meressa Tsehaye Gebrewahd, ' "Game over"? Abiy Ahmed, the Tigrayan People's Liberation Front and Ethiopia's political crisis', *African Affairs*, 118:470 (2019), pp. 194-206.

32. Woldemariam, 'The Eritrea-Ethiopia thaw and its regional impact'.

33. Lynch, 'The end of the Middle East'.

34. Mariel Müller, 'In Ethiopia's Tigray war, rape is used as a weapon', *DW*, 17 March 2023, https://www.dw.com/en/in-ethiopias-tigray-war-rape-is-used-asa-weapon/a-65022330 (accessed 10 May 2023).

35. Clapham, *The Horn of Africa*, p. 134.

36. Melvin, 'The foreign military presence in the Horn of Africa'.

37. Woldemariam, 'The Eritrea-Ethiopia thaw and its regional impact'.

38. Clapham, *The Horn of Africa*, p. 175.

39. Freedom House, 'Djibouti - Freedom in the world 2023', 2022, https://freedomhouse.org/country/djibouti/freedom-world/2023 (accessed 23 May 2023).

40. Melvin, 'The foreign military presence in the Horn of Africa'.

41. Ibid.

42. Ibid.

43. Camille Lons, 'Gulf countries reconsider their involvement in the Horn of Africa', Online analysis, International Institute for Strategic Studies - IISS, 1 June 2021, https://www.iiss.org/blogs/analysis/2021/06/gulf--horn-of-africa (accessed 10 June 2022).

44. Melvin, 'The foreign military presence in the Horn of Africa'.

45. International Crisis Group, 'A race against time to halt Sudan's collapse', Briefing 190/Africa, 22 June 2023, https://www.crisisgroup.org/africa/horn-africa/sudan/b190-race-against-time-halt-sudans-collapse (accessed 1 July 2023).

46. International Crisis Group, 'A critical window to bolster Sudan's next government', Statement/Africa, 23 Jan. 2023, https://www.crisisgroup.org/africa/horn-africa/sudan/critical-window-bolster-sudans-next-government (accessed 10 May 2023).

47. Jason Burke, ' "It is like a virus that spreads": Business as usual for Wagner group's extensive Africa network', *Guardian*, 6 July 2023, https://www.theguardian.com/world/2023/jul/06/putin-wagner-africa-business-yevgenyprigozhin-kremlin (accessed 8 July 2023).

48. International Crisis Group, 'A race against time to halt Sudan's collapse'.

結語

1. Goldberg, 'The Obama doctrine'.

延伸閱讀

序言

Ahram, Ariel I., *War and Conflict in the Middle East and North Africa* (London: Polity, 2020).

Gause, F. Gregory, *Beyond sectarianism: The new Middle East Cold War*, Brookings Doha Center Analysis Paper 11 (Doha, Qatar: Brookings Doha Center, 2014).

Halliday, Fred, *The Middle East in International Relations: Power Politics and Ideology* (Cambridge: Cambridge University Press, 2005).

Lynch, Marc, 'The end of the Middle East: How an old map distorts a new reality', *Foreign Affairs*, March/April (2022).

Phillips, Christopher, 'The international system and the Syrian civil war', *International Relations*, 36:3 (2022): 358-81.

Simon, Steven and Jonathan Stevenson, 'The end of Pax Americana', *Foreign Affairs*, Nov./Dec. (2015).

第一章　敘利亞：破碎的馬賽克

Dagher, Sam, *Assad or We Burn the Country: How One Family's Lust for Power Destroyed Syria*. (London: Hachette UK, 2019).

Lesch, David, *Syria: A Modern History* (London: Polity, 2019).

Lister, Charles, *The Syrian Jihad: Al-Qaeda, the Islamic State and the Evolution of an Insurgency* (London: Hurst, 2016).

Phillips, Christopher, *The Battle for Syria: International Rivalry in the New Middle East* (New Haven, CT and London: Yale University Press, 2016, 3rd edn 2020).

Yassin-Kassab, Robin and Leila Al-Shami, *Burning Country: Syrians in Revolution and War* (London: Pluto, 2016).

Yazbek, Samar, *The Crossing: My Journey to the Shattered Heart of Syria* (London: Rider, 2015).

第二章　利比亞：地中海的無政府狀態

Collombier, Virginie and Wolfram Lacher (eds), *Violence and Social Transformation in Libya* (London: Hurst, 2023).

Eaton, Tim, *The Libyan Arab Armed Forces*, Research Paper (London: Chatham House, June 2021).

Lacher, Wolfram, *Libya's Fragmentation: Structure and Process in Violent Conflict* (London: I.B. Tauris, 2020).

Laessing, Ulf, *Understanding Libya Since Gaddafi* (London: Hurst, 2020).

Pargeter, Alison, *Libya: The Rise and fall of Qaddafi* (New Haven, CT and London: Yale University Press, 2012).

Wehrey, Frederic M., *The Burning Shores* (London: Farrar, Straus and Giroux, 2018).

第三章　葉門：「世界上最嚴重的人道危機」

Blumi, Isa, *Destroying Yemen* (Oakland, CA: University of California Press, 2018).

Hill, Ginny, *Yemen Endures: Civil War, Saudi Adventurism and the Future of Arabia* (London: Oxford University Press, 2017).

Lackner, Helen, *Yemen in Crisis: Road to War* (London: Verso Books, 2019).

Johnson, Gregory, 'Seven Yemens: How Yemen fractured and collapsed and what comes next', The Arab Gulf States Institute in Washington, October 2021, https://agsiw.org/wp-content/uploads/2021/10/Johnsen_Yemen_ONLINE.pdf (accessed 24 January 2022).

Juneau, Thomas, 'Iran's policy towards the Houthis in Yemen: A limited return on a modest investment', *International Affairs*, 92:3 (2016): 647-63.

Ramani, Samuel, 'Deterrence through diplomacy: Oman's dialogue facilitation initiatives during the Yemeni civil war', *Middle East Journal*, 75:2 (2021): 285-303.

第四章　巴勒斯坦：消失之地

Beinin, J. and J. Hajjar, 'Palestine, Israel and the Arab-Israeli conflict: A primer', Middle East Research and Information Project, 2014.

Black, Ian, *Enemies and Neighhbours: Arabs and Jews in Palestine and Israel 1917- 2017* (London: Penguin, 2018).

Freedman Robert (ed.), *Israel under Netanyahu: Domestic Politics and Foreign Policy* (London: Routledge, 2019).

Khalidi, Rashid, *The Hundred Years' War on Palestine: A History of Settler Colonial Conquest and Resistance* (London: Macmillan, 2020).

Pappé, Ilan, *The Biggest Prison on Earth: A History of the Occupied Territories* (London: Oneworld, 2019).

Shlaim, Avi, *Israel and Palestine: Reappriasals, Revisions and Refutations* (London: Verso, 2010).

第五章　伊拉克：破碎的共和國

Al-Ali, Zaid, *The Struggle for Iraq's Future: How Corruption, Incompetence and Sectarianism have Undermined Democracy* (New Haven, CT and London: Yale University Press, 2014).

Azizi, Arash, *The Shadow Commander: Soleimani, the US, and Iran's Global Ambitions.* (London: Simon & Schuster, 2020).

Bluemel, James and Renad Mansour, *Once Upon a Time in Iraq: History of a Modern Tragedy* (London: Penguin, 2021).

Calculli, Marina, 'Middle East security: The politics of violence after the 2003 Iraq war', in L. Fawcett (ed.) *International Relations of the Middle East* (Oxford: Oxford University Press, 2019): 226-40.

Dodge, Toby, *Iraq; From War to a New Authoritarianism* (London: Routledge, 2013).

Haddad, Fanar, 'From existential struggle to political banality: The politics of sect in post-2003 Iraq', *Review of Faith & International Affairs*, 18:1 (2020): 70-86.

第六章　埃及：衰落的巨人

Adly, Amr, *Cleft Capitalism: The Social Origins of Failed Market Making in Egypt*. (Stanford, CA: Stanford University Press, 2020). al-Anani, Khalil, 'Upended path: The rise and fall of Egypt's Muslim Brotherhood', *Middle East Journal*, 69:4 (2015): 527-43.

Kirkpatrick, David D., *Into the Hands of the Soldiers* (London: Bloomsbury, 2018).

Sayigh, Yezid, 'Owners of the republic: An anatomy of Egypt's military economy', Carnegie Middle East Center, 2019, https://carnegie-mec.org/2019/11/18/owners-of-republic-anatomy-of-egypt-s-military-economy-pub-80325 (accessed 20 June 2022).

Springborg, Robert, *Egypt* (London: John Wiley & Sons, 2017).

Wickham, Carrie Rosefsky, *The Muslim Brotherhood* (Princeton, NJ: Princeton University Press, 2015).

第七章　黎巴嫩：崩潰中的國家

Arsan, Andrew, *Lebanon: A Country in Fragments* (London: Hurst, 2020).

Halawi, Ibrahim and Bassel Salloukh, 'Pessimism of the intellect, optimism of the will after the 17 October protests in Lebanon', *Middle East Law and Governance*, 12:3 (2020): 322-34.

Hirst, David, *Beware of Small States: Lebanon, Battleground of the Middle East*. (London: Bold Type Books, 2011).

Makdisi, Karim, 'Lebanon's October 2019 uprising: From solidarity to division and descent into the known unknown', *South Atlantic Quarterly* 120:2 (2021): 436-45.

Salloukh, Bassel, Rabie Barakat, Jinan S. Al-Habbal, Lara W. Khattab, and Shoghig Mikaelian (eds), *The Politics of Sectarianism in Postwar Lebanon* (London: Pluto Press, 2015).

Salloukh, Bassel, 'Taif and the Lebanese state: The political economy of a very sectarian public sector', *Nationalism and Ethnic Politics*, 25:1 (2019): 43-60.

第八章　庫德斯坦：山中的奮鬥

Allsopp, Harriet and Wladimir Van Wilgenburg, *The Kurds of Northern Syria: Governance, Diversity and Conflicts*, vol. 2 (London: Bloomsbury, 2019).

Gourlay, William, 'Kurdayetî: Pan-Kurdish solidarity and cross-border links in times of war and trauma', *Middle East Critique*, 27:1 (2018): 25-42.

Marcus, Aliza, *Blood and Belief: The PKK and the Kurdish Fight for Independence*. (London: NYU Press, 2009).

McDowall, David, *A Modern History of the Kurds* (London: Bloomsbury Publishing, 2021).

McGee, T., '"Rojava": Evolving public discourse of Kurdish identity and governance in Syria', *Middle East Journal of Culture and Communication*, 15:4 (2022): 385-403.

Vali, Abbas, 'The Kurds and their Others: Fragmented identity and fragmented politics', *Comparative Studies of South Asia, Africa and the Middle East*, 18:2 (1998): 82-95.

第九章　波斯灣地區：財富與不安

Fulton, Jonathan, *China's Relations with the Gulf Monarchies* (London: Routledge, 2018).

Hanieh, Adam, *Money, Markets, and Monarchies: The Gulf Cooperation Council and the Political Economy of the Contemporary Middle East* (Cambridge: Cambridge University Press, 2018).

Jones, Marc Owen, *Digital Authoritarianism in the Middle East: Deception, Disinformation and Social Media* (London: Hurst, 2022).

Kamrava, Mehran, *Troubled Waters: Insecurity in the Persian Gulf* (Ithaca, NY: Cornell University Press, 2018).

Kinninmont, Jane, *The Gulf Divided: The Impact of the Qatar Crisis*, Research Paper (London: Chatham House, May 2019).

Ulrichsen, Kristian Coates, *Qatar and the Gulf Crisis: A Study of Resilience* (London; Hurst, 2020).

第十章　非洲之角：新的舞台

Bengessa Hirbe, Bekele, *Intrastate Conflict in the Horn of Africa: Implications for Regional Security (1990-2016)* (London: Lexington, 2021).

Clapham, Christopher, *The Horn of Africa: State Formation and Decay* (London: Hurst, 2023).

Darwish, May, 'Saudi-Iranian rivalry from the Gulf to the Horn of Africa: Changing geographies and infrastructures', *POMEPS*, 38 (March 2020), https://pomeps.org/saudi-iranian-rivalry-from-the-gulf-to-the-horn-of-africa-changing-geographies-and-infrastructures-1 (accessed 1 March 2023). de Waal, Alex, *The Real Politics of the Horn of Africa: Money, War and the Business of Power* (London: Polity, 2015).

Melvin, Neil, 'The foreign military presence in the Horn of Africa', Sipri Background Papers, April 2019, https://www.sipri.org/publications/2019/sipri-backgroundpapers/foreign-military-presence-horn-africa-region (accessed 1 March 2023).

Woldemariam, Michael, 'The Eritrea-Ethiopia thaw and its regional impact', *Current History*, 118: 808 (2019): 181-7.

Horizon 視野 011

騷動火藥庫：10 場衝突全解新中東

Battleground: 10 Conflicts that Explain the New Middle East

作者　克里斯多夫・菲力普斯（Christopher Phillips）
翻譯　林玉菁

明白文化事業有限公司

社長暨總編輯　林奇伯
文字編輯　張雅惠
責任編輯　楊鎮魁
文稿校對　張雅惠、楊鎮魁
封面設計　兒日設計
內文排版　大光華印務部

出版　明白文化事業有限公司
地址：231 新北市新店區民權路 108-3 號 6 樓
電話：02-2218-1417　傳真：02- 8667-2166
發行　遠足文化事業股份有限公司（讀書共和國出版集團）
地址：231 新北市新店區民權路 108-2 號 9 樓
郵撥帳號：19504465　遠足文化事業股份有限公司
電話：02-2218-1417
讀書共和國客服信箱：service@bookrep.com.tw
讀書共和國網路書店：https://www.bookrep.com.tw
團體訂購請洽業務部：02-2218-1417 分機 1124
法律顧問　華洋法律事務所　蘇文生律師
印製　博創印藝文化事業有限公司
出版日期　2025 年 1 月初版
定價　630 元
ISBN　978-626-99329-4-8（平裝）
9786269932900（EPUB）
書號　3JHR0011

國家圖書館出版品預行編目 (CIP) 資料

騷動火藥庫：10 場衝突全解新中東 / 克里斯多夫 . 菲力普斯 (Christopher Phillips) 著；林玉菁譯 . -- 初版 . -- 新北市：明白文化事業有限公司出版：遠足文化事業股份有限公司發行，2025.01
面；　公分 . -- (Horizon 視野；11)
譯自：Battleground : 10 conflicts that explain the new Middle East.
ISBN 978-626-99329-4-8(平裝)

1.CST: 中東問題 2.CST: 中東戰爭 3.CST: 地緣政治 4.CST: 國際關係

578.1935　　113019184